# LÍBRATE
## DE LOS ALTIBAJOS
## HORMONALES

# LÍBRATE
## DE LOS ALTIBAJOS
# HORMONALES

lorraine pintus

Vida

*La misión de Editorial Vida es ser la compañía líder en satisfacer las necesidades de las personas con recursos cuyo contenido glorifique al Señor Jesucristo y promueva principios bíblicos.*

**LÍBRATE DE LOS ALTIBAJOS HORMONALES**
Edición en español publicada por
**Editorial Vida – 2012**
**Miami, Florida**

©2012 por Lorraine Pintus
**Este título también está disponible en formato electrónico.**

This book was first published in the United States by Moody Publishers, 820 N. LaSalle Blvd., Chicago, IL 60610 with the title
   **Jump Off the Hormone Swing**
   **©2011 by Lorraine Pintus**
Translated by permission.

Traducción: *Marijo Hooft*
Edición: *Madeline Díaz*
Diseño interior: *Cathy Spee*

RESERVADOS TODOS LOS DERECHOS. A MENOS QUE SE INDIQUE LO CONTRARIO, EL TEXTO BÍBLICO SE TOMÓ DE LA SANTA BIBLIA NUEVA VERSIÓN INTERNACIONAL. © 1999 POR BÍBLICA INTERNACIONAL.

Esta publicación no podrá ser reproducida, grabada o transmitida de manera completa o parcial, en ningún formato o a través de ninguna forma electrónica, fotocopia u otro medio, excepto como citas breves, sin el consetimiento previo del publicador.

ISBN: 978-0-8297-6231-0

CATEGORÍA: Vida cristiana / Crecimiento espiritual

IMPRESO EN ESTADOS UNIDOS DE AMÉRICA
PRINTED IN THE UNITED STATES OF AMERICA

12 13 14 15 ❖ 6 5 4 3 2 1

# CONTENIDO

Prólogo del Dr. Roy Stringfellow     7
Carta de Linda Dillow     9

1. Diario de una mujer con las hormonas enloquecidas     11

## Parte 1: Síntomas físicos

2. SPM y perimenopausia: El qué, cuándo y por qué     25
3. El drama mensual: En la montaña rusa de las hormonas     41
4. Tu cerebro y las hormonas: Medio cerebro es algo terrible para desperdiciarlo     61
5. Las diez cosas más elegidas para el alivio físico     75
6. El descubrimiento físico     89

## Parte 2: Síntomas mentales/anímicos

7. Líbrate de los altibajos hormonales     99
8. Actitudes peligrosas     111
9. Actitudes positivas     127
10. Diecisiete maneras de aplacar el estrés     143
11. El descubrimiento mental     157

## Parte 3: Síntomas espirituales

12. Rechaza las mentiras espirituales     177
13. Abraza las verdades espirituales     195
14. Las diez mejores disciplinas para permanecer conectadas con Dios     211
15. SPM y perimenopausia: Los beneficios     228
16. El descubrimiento espiritual     240

El fin comienzo: Lánzate a sus brazos     253

Reconocimientos     256
Apéndice: Registro de síntomas     258
Estudio bíblico     260
Notas     279

# PRÓLOGO
# DR. ROY STRINGFELLOW

*L*orraine es una investigadora talentosa y una escritora más talentosa aún, la cual presenta un enfoque interesante y personal del complejo y a menudo confuso mundo de las interacciones que rodean los temas abarcados en *Líbrate de los altibajos hormonales*.

Como obstetra y ginecólogo considero que su investigación es impresionante en cuanto a los detalles y que ella está evidentemente comprometida con la verdad y la precisión. Su mensaje está organizado, los datos son correctos y a menudo resulta divertido. El mismo se ve reforzado con observaciones francas provenientes de sus propias luchas con los cambios hormonales. Ella incluye no solo la historia de su propia experiencia, sino también observaciones y anécdotas de poco más de mil mujeres que entrevistó a fin de conocer acerca de sus síntomas premenstruales y la perimenopausia. La primera sección del libro es educativa, entretenida, y más que nada nos permite entender las complejidades de los cambios e interacciones hormonales. Con el fin de tratar exitosamente cualquier afección médica, primero precisamos entender los puntos básicos de la afección. Este libro le brinda a quienes no son expertos en el tema una comprensión sin igual de las bases hormonales del síndrome premenstrual (en lo adelante SPM) y la perimenopausia, la forma en que el medioambiente cambiante causa los síntomas angustiantes y cómo reconocerlos y lidiar con ellos.

Los profesionales médicos tendemos a enfocarnos en los aspectos físicos del SPM y la perimenopausia, y en una menor medida tratar con los síntomas emocionales. Muy pocos se sienten capacitados o preparados para tratar con el factor espiritual. Casi todos negarían que haya un lado espiritual en estas afecciones. Sin embargo, Lorraine no elude esas áreas. Ella analiza la forma en que los cambios hormonales afectan las emociones, por qué las mujeres reaccionan del modo en que lo hacen, y qué pueden hacer para evitar o atenuar esos efectos. Entender lo que está ocurriendo y seguir sus sugerencias ayudará de modo dramático a las mujeres a manejar esos problemas por sí mismas, o al menos a reducir su dependencia de la intervención médica.

Muchísimas mujeres son conscientes de que Satanás las ataca cuando están más vulnerables, y difícilmente encontraremos un momento en que las mujeres están más sensibles al ataque que cuando los trastornos físicos y emocionales del SPM y la perimenopausia han debilitado la determinación y la confianza personal. A diferencia de muchos en la profesión médica, Lorraine trata la guerra espiritual de forma directa. Ella describe con claridad los ataques espirituales que las mujeres enfrentan a menudo cuando las hormonas oscilan, y ha emprendido una importante revisión de las Escrituras con respecto a estos ataques espirituales y cómo combatirlos.

Su experiencia personal y las historias de muchas otras mujeres que entrevistó están intercaladas a lo largo de todo el libro, agregándole un toque muy personal. Ella claramente desea que sus lectoras vean dónde cometió errores y puedan evitar incurrir en los mismos; desea que saquen ventaja de los años de estudio y esfuerzo que ha dedicado a lidiar con estas afecciones.

Este es un libro fascinante y bien escrito, que enseña y prepara a las mujeres para tratar con dos de las afecciones más comunes que probablemente enfrentarán en su vida. También hay una cuota de humor en el mismo, pero el mensaje de esperanza y las sugerencias a fin de dominarlos son invalorables para las mujeres que sienten los síntomas premenstruales y/o perimenopáusicos. La parte que habla de los efectos espirituales de los cambios hormonales y los puntos de vista bíblicos que permean esta obra elevan a *Líbrate de los altibajos hormonales* a un nivel por encima de otros libros sobre esta materia. Yo se lo recomendaría altamente a todas mis pacientes que sufren cambios hormonales, y asimismo recomendaría que sus esposos o las personas que las rodean también lo lean. Es en verdad un libro de lectura obligatoria.

ROY STRINGFELLOW
Miembro del Colegio Estadounidense de Obstetricia y Ginecología
Socio mayoritario, Ginecología Avanzada en Colorado Springs, CO.

*Para: Aquella que lucha con los desequilibrios hormonales.*

Desearía volver a experimentar el SPM otra vez.

Probablemente estés pensando: «*¿Estás loca, Linda Dillow? ¿Dices que quieres atravesar "todo el asunto de las hormonas" de nuevo?*».

Sí, lo quiero. Nunca nadie me dijo cómo lidiar con esa parte de mi vida. Sin embargo, en este libro Lorraine les dice a las mujeres cómo hacerlo *bien*. Es obvio que no puedo volver a los días de mi menstruación otra vez, pero ustedes que están viviendo vidas «enloquecidas» ahora mismo tienen la oportunidad de atravesar esta parte de su experiencia *correctamente*. ¡Eso resulta emocionante! Y estoy entusiasmada por ti, porque el libro que tienes en tus manos es único.

Nadie más dice que se obtienen beneficios del SPM y la perimenopausia... *¡solo Lorraine Pintus!*

Nadie afirma que hay verdades espirituales que debemos aprender acerca del SPM y la perimenopausia... *¡pero Lorraine Pintus lo hace!*

Lorraine piensa lo que a otras mujeres no se les ocurre porque pasa mucho tiempo en oración y leyendo la Palabra de Dios.

Como su amiga he atravesado cada etapa de la escritura de este libro junto a ella, así como también Lorraine ha estado junto a mí al escribir mis libros. Hemos orado y agonizado juntas delante del Santo, lo hemos buscado y le agradecemos por la sabiduría que nos ha dado (todo eso para que hoy tú puedas tener este libro en tus manos). ¡De veras esto es obra de Dios y lo alabo por eso!

Lorraine es una entrenadora de vida para los aspirantes a escritores. Ha sido mi asesora en mis escritos porque ella misma es una autora fuera de lo común. Derrama su oración sobre cada palabra y agoniza por cada frase, trabajando en ellas hasta que cada expresión suene bien.

*Líbrate de los altibajos hormonales* ofrece un mensaje espiritual sobre un tema terrenal. Es un canto de adoración al Dios y Rey de Lorraine. No obstante, a la vez resulta práctico, una ayuda para ti con los pies sobre la tierra. Algunas de las historias te harán llorar por su ternura. Otras te harán reír. Comienza a pasar las páginas… ¡encontrarás a Dios en ellas y descubrirás que él ama a las mujeres «enloquecidas» como tú y yo!

Con amor y expectativa por lo que encontrarás en este libro,

LINDA DILLOW
Autora de *Calm My Anxious Heart, Satisfy My Thirsty Soul* [Calma mi corazón ansioso, satisface mi alma sedienta] y coautora (junto a Lorraine Pintus) de *Intimate Issues* [Asuntos íntimos], *Intimacy Ignated* [Intimidad encendida] y *Gift-Wrapped by God* [Regalo envuelto por Dios]

# 1

# DIARIO DE UNA MUJER CON LAS HORMONAS ENLOQUECIDAS

### Diario: Edad, veintisiete años

Tengo SPM, pero no es tan terrible.

Traté de convencerme de que estaba bien —ah, de veras lo intenté— pero en la primavera de mis veintiocho años la realidad venció a la negación y esta sufrió una muerte lenta.

Me encontraba tendida sobre el suelo del guardarropa de la habitación, acurrucada en posición fetal, sollozando. Mis ojos inundados de lágrimas y mi nariz chorreando sobre la alfombra. Normalmente eso me habría motivado a levantarme y agarrar un pañuelo de papel, pero estaba en una agonía tal que no podía moverme. Cada célula de mi cuerpo latía de dolor. La oscuridad me oprimía de un modo tangible, como si yaciera en una tumba a punto de colapsar.

Era el tercer día.

El primer día no había sido tan malo. Había estado tensa, incómoda, pero no era nada que no pudiera manejar. Para el día dos mi tensión se había transformado en ansiedad. Caminaba de un lado para el otro, como un perro que siente que se está formando una tormenta a la distancia, trayendo una inminente fatalidad.

Llamé a una amiga. «Ora», le supliqué.

«¿Por qué?», me preguntó.

¿Qué podía decirle? Algo terrible está por descender

sobre mí y no sé lo que es. Sí, ella oraría, por supuesto… ¡pediría que alguien me regalara un chaleco de fuerzas en Navidad, porque mi voz sonaba como si estuviera un poco loca!

«Tan solo ora», le dije, sabiendo que no podía brindarle una explicación lógica al pánico que estaba surgiendo dentro de mí.

Al tercer día descendió una nube negra. Pesada. Sofocante. Sentía mis senos como melones hinchados. Los dolores de ovarios producían espasmos en mi abdomen y me desgarraban la parte baja de la espalda. La cabeza me estallaba de dolor. Se me revolvía el estómago. Luego, justo cuando pensé que no podía sentirme peor, el enojo y la frustración brotaron a raudales dentro de mí: dos matones que me noquearon. Gateé hasta el guardarropa y cerré la puerta para poder llorar en privado.

Tenía que purgar el dolor a través de las lágrimas…
Tenía que exorcizar el veneno de mi sistema…
Tenía que eliminar la desgracia de mi alma…

Entonces vino. Una presencia oscura. Maligna. Destructiva. Se cernió, respiró su aliento ácido sobre mí, me inyectó una ampolla de desprecio por mí misma que se esparció rápidamente por mis venas.

«Eres patética», decía furioso. Tuve que asentir.

«Eres una inútil». Tendida en el suelo como un bebé que lloriquea, no podía discutirle.

Llegué a pronunciar entrecortadamente: «Dios, ayúdame. Por favor, ayúdame». De manera lenta, casi imperceptible, la presión dentro y alrededor de mí disminuyó a medida que el dominio de la oscuridad soltaba su puño. Diez minutos más tarde, me levanté del suelo y me obligué a regresar al mundo real. No podía hacerle frente a esta cosa —lo que sea que fuera— por mis propios medios. Tenía que buscar ayuda.

Pedí una cita con mi doctor. Sin embargo, al día siguiente de comenzar mi período, me sentí mejor. Cinco días más tarde, en la mañana de mi visita al médico, mis estrógenos iban en aumento y me sentía en la cima del mundo. En realidad, me sentía tan bien que pensé que tal vez cuando llegara al consultorio del Dr. Connely le sugeriría que mejorara las cosas en su práctica, comenzando con un nuevo sistema de registración en el que la persona no tuviera que llenar cinco formularios cada vez que atravesara la puerta.

No puedo ir a ver al Dr. Connely ahora, pensé. Me echará un vistazo y se preguntará qué estoy haciendo allí. No sabría qué responderle. No me creería si le contara cómo me había sentido la semana pasada. No estoy segura de si yo misma lo creo…

La negación resucitó: cancelé el turno médico. El incidente del guardarropa era cosa del pasado. «Solo tuve un mal momento», me dije a mí misma. «Todo está bien».

Recordando esos primeros días de mis SPM me doy cuenta de que mentirme sobre la gravedad de mis padecimientos resultaba sencillo, porque los momentos realmente malos no tenían lugar *todos* los meses. En realidad, la mayoría de los meses los síntomas asociados con mi ciclo mensual eran bastante manejables, y externamente parecía inteligente y capaz, incluso si en mi interior todavía estaba luchando. Como gerente de relaciones públicas en una compañía de «Fortune 200» dominada por hombres, trabajaba con algunos de los individuos más brillantes del mundo. La testosterona era la hormona dominante en mi medio laboral (inserta una risita masculina aquí). Si quería tener éxito en mi carrera, resultaba esencial que ocultara mis problemas de estrógeno.

Desarrollé estrategias para manejar tal dificultad. Cuando funcionaban, me decía a mí misma que todo estaba bien. No obstante, justo cuando estaba segura de que había engañado a mi SPM —¡pum!— un tsunami de síntomas se desplomaba sobre mí con una fuerza horrenda y me derribaba en una marejada mortal. Sin importar cuánto intentara luchar contra la corriente, no podía salir a flote. Ninguna disciplina y técnica de manejo me llevaba de nuevo al yo racional, así que corría a mi guardarropa, me acurrucaba toda y lloraba a lágrima viva (lo cual en cierto modo era una estrategia de manejo emocional, porque me guardaba de achacarle todo el problema a mi pobre marido).

Los episodios incontrolables se sucedían cada cinco o seis meses. ¡Horrible! No solo tenía un ciclo por mes… ¡sino que además mi ciclo tenía ciclos! También era vagamente consciente de un ciclo más grande en el trabajo, un ritmo en el cual estaba atrapada: algo más allá de mí, alguna especie de fuerza o concepto con un flujo y reflujo que trascendía mi propio flujo y reflujo y de algún modo me influenciaba.

¿Te confundí con el último pensamiento? No te sientas mal. Esas capas de ciclos y su influencia son sutiles y las mujeres casi nunca hablan de ellas... en parte porque resultan escurridizas y difíciles de definir y en parte porque los médicos y profesionales de la salud, además de escribir recetas de antidepresivos, no abordan con suficiente energía los aspectos profundamente emocionales y espirituales del SPM. Algunos se sienten poco preparados («Dejémosle mejor eso a un ministro religioso o un psiquiatra»); otros se ven impedidos por la normativa profesional («Discutir temas espirituales con un paciente cruza la línea profesional»).

Sin embargo, no te confundas, los ciclos emocionales y espirituales que las mujeres enfrentamos son reales. Muy reales. Es tiempo de que alguien hable de ellos. Es tiempo de que los sentimientos, emociones y conceptos esquivos que las mujeres conocemos por intuición sean expresados con palabras, a fin de que podamos vivir una vida mejor disfrutando de una femineidad plena delante de nuestro Creador. Es tiempo de explorar nuestra comprensión de las hormonas a un nivel completamente nuevo.

## ¿Cómo me ayudará este libro?

*Líbrate de los altibajos hormonales* es la síntesis de mi travesía de treinta y cinco años con unas hormonas salvajemente cambiantes, que comenzó en la pubertad y terminó en la menopausia. (¡Aleluya! Los síntomas de veras desaparecen antes de que llegue la senilidad). Al mirar atrás, ahora comprendo que en mis intentos por aliviar mis síntomas en realidad hice cosas que los empeoraron. Era pura ignorancia de mi parte —y más bien de parte de la comunidad médica— porque recién en los últimos años se han hecho estudios, y la bioquímica y las tomografías cerebrales han avanzado hasta el punto en que podemos tomar decisiones informadas acerca de lo que parece estar creando nuestros síntomas.

# 1. Diario de una mujer con las hormonas enloquecidas

La mayoría de los libros sobre el SPM han sido escritos por médicos. Aprecio grandemente lo que aprendí en esas obras. No obstante, mientras la información demostró ser útil, a menudo sentía que me dormía leyéndola. ¿Cuántas veces me abrí paso entre términos médicos como «niveles elevados de androstenediona» y «hemorragia uterina disfuncional (HUD)»? ¡Perdón por mi bostezo! Médicos, especialistas, profesionales de la salud y autores de libros sobre SPM: En nombre de las mujeres de todas partes, gracias por sus gráficos de anatomía que nos ayudan a entender nuestro cuerpo. Gracias por su información sobre cómo manejar los dolores de cabeza y ovarios, nuestros estallidos emocionales y nuestro embrollo mental. Gracias por reconocer que el SPM no es algo que simplemente una mujer imagina en su cabeza, sino que es una condición clínica con síntomas cuantificables. Gracias por sus estudios empíricos que documentan cómo las deficiencias vitamínicas y el estrés exacerban el SPM. Sin embargo, por favor, escuchen el clamor de nuestro corazón: *Los síntomas más horribles de los cambios hormonales a menudo no son los dolores en nuestro cuerpo, sino los ataques a nuestra alma que desgarran nuestra identidad y rompen las fibras de nuestro noble llamado como mujeres.*

Ese día —cuando me tendí sobre el suelo del guardarropa, doblada en posición fetal, llorando— no necesitaba una opinión médica del *porqué*: «La glándula pituitaria segrega una hormona estimulante del folículo que a veces resulta en un desequilibrio entre el estrógeno y la progesterona». Necesitaba una visión espiritual que me mostrara de dónde provenían esos pensamientos y cómo hacía para impedirles que entraran en mi cabeza en el futuro[1]. Y en otros días, otros menos severos que «el día del guardarropa», pero igualmente perturbadores, otras preguntas me atormentaban.

- ¿Cómo manejo el vaivén entre sentirme supersegura y enérgica un día e incompetente y desganada al otro?
- ¿Cómo trato con mi desprecio por mí misma después de comerme una bolsa extra grande de M&M de maní con chocolate el día anterior a mi período?
- ¿Cómo es que de repente siento que mi marido resulta muy fastidioso?

- ¿Cómo es posible que Dios me ame cuando yo me odio?

La última pregunta era la que más me molestaba, porque para mí la peor parte del SPM y la perimenopausia no fue la batalla en mi cuerpo, sino el ataque a mi alma. ¿Cólicos? ¿Sofocones? Lo manejaba. ¿Cambios de humor? ¿Cerebro de teflón (donde nada se pega)? Encontré suplementos naturales y vitaminas que los atenuaran, pero me sentía desesperanzada de conquistar el horrible péndulo que oscilaba entre ser una cristiana y una mujer enloquecida por sus hormonas.

¡Ah, esa confusión interior que surgía cuando en un momento estaba arrodillada orando compasivamente por mi vecina, y al instante siguiente quería estrangularla y patear a su horrible perro! Bromeo acerca de ello, pero en honor a la verdad, la tensión entre mi deseo desesperado de servir a Dios y los demás, y mi absoluto fracaso para lograrlo cuando mis hormonas se volvían locas, me causaba una agonía incesante. Odiaba los pensamientos y sentimientos que me asediaban. Era como si una semana antes del período una mujer desdichada, egoísta y totalmente indisciplinada tomara control de mi cuerpo.

O, Dios no lo quiera... ¡esa era la verdadera yo!

Todo resultaba muy confuso. Lo único que parecía claro era que el cambio hormonal afectaba mi espíritu, ya que una vez que mi período terminaba, la intensidad de la batalla también menguaba. ¿A qué se debía eso? Busqué hasta que se me secaron los ojos, pero no pude encontrar ningún libro que tratara del aspecto espiritual de los desequilibrios hormonales a un nivel que fuera útil para mí. ¡Por supuesto que las hormonas afectan la espiritualidad de la mujer! Dejar fuera el componente espiritual es dar una imagen incompleta del rol que las hormonas juegan en el cuerpo femenino.

En este libro trataré los temas espirituales que otros desatienden, pero también me ocuparé de los asuntos prácticos, no desde la perspectiva doctor/paciente, sino de corazón a corazón —desde la perspectiva de mujer a mujer— porque una de mis mayores necesidades durante mi SPM fue la sabiduría de otras mujeres que me enseñaran a vivir cuando la histeria hormonal me tenía de rehén.

# 1. Diario de una mujer con las hormonas enloquecidas

¿Cómo otras esposas y madres superaban el SPM con dignidad en vez de experimentar un desastre? ¿Qué hacían ellas para impedir que estallara la Segunda Guerra Mundial en sus hogares cuando las hormonas enloquecían? ¿Cómo hacían para no gritarles a sus hijos o pelear con sus esposos cuando la tensión hervía por dentro como la lava saliendo a borbotones de un volcán a punto de explotar? ¿Cómo manejaban un hogar, un trabajo, el transporte, los parientes políticos, las mascotas enfermas y una llamada telefónica del director de la escuela cuando lo que ellas más deseaban era meterse debajo de las frazadas y dormir hasta que sus hijos fueran grandes?

No soy doctora y este no es un libro de medicina. Soy una maestra de la Biblia, conferencista e investigadora sobre temas femeninos. No quiero sugerir que la información que contienen estas páginas pueda sustituir la clase de ayuda especializada que es capaz de darte tu médico. Más bien, mi meta es compartir contigo los pensamientos que he obtenido de la Palabra de Dios, mi estudio y mi propia vida. También pondré a tu disposición la sabiduría de más de mil quinientas mujeres que he encuestado a fin de hablar sobre el SPM. De la combinación de nuestras voces oirás lo que les ayudó —y lo que no— mientras buscaban vivir sabiamente en medio de un mar de hormonas trastornadas.

Seguramente te estarás preguntando: «¿Hablará sobre terapia hormonal?». Ese es un tema candente en nuestros días, en especial para las que sufren de sofocones perimenopáusicos o las que precisan terapia médica u hormonal (TH) debido a que una afección clínica o una cirugía ha frenado su producción de hormonas. Una razón por la que escribí este libro fue para proveer información que pudiera ayudar a una mujer *antes* de que empezara la terapia médica u hormonal. Estimadamente, un quince por ciento de las mujeres precisan estas terapias para encontrar alivio a sus síntomas; el otro ochenta y cinco por ciento halla el alivio a través de cambios en suplementos, dietas y hábitos de vida como los que recomiendo aquí[2]. De modo que no, no voy a referirme a la terapia médica u hormonal de una forma profunda, pero si experimentas síntomas severos y permanentes que requieran intervención médica, la información que hallarás en estas páginas te brindará un marco práctico para tu primera entrevista con tu médico. Es probable que se le caiga la mandíbula de asombro por tu sagacidad y perspicacia con respecto a los principios básicos del funcionamiento hormonal y diga: «¿Cómo llegaste a ser tan buena en esto?».

## Así que, este es el plan...

He separado intencionalmente los síntomas en tres categorías:

- Síntomas físicos,
- Síntomas mentales/anímicos y
- Síntomas espirituales.

Las cuales constituyen las tres secciones principales de este libro, a fin de que podamos evaluar los problemas y ayudas para cada grupo. Al comienzo de cada sección realizarás una evaluación de los síntomas que te ayudará a identificar tus necesidades. Después que hayamos visto en profundidad los tres grupos, veremos nuestros descubrimientos desde una perspectiva holística, es decir, las tres categorías en una, un tierno eco de un solo Dios que también es tres personas: Padre, Hijo y Espíritu Santo.

Este es un libro de *tutoría*, no de *medicina* (aunque aprenderás algunos términos médicos). El enfoque en estas páginas es de *actitud*, no de anatomía; de *ayuda* práctica, no de prescripciones médicas; de *historias* reales, no de estadísticas; de *habilidades* para la vida, no de ciencia de la vida; de *hábitos* saludables, no de hematología. En cada una de las tres secciones te contaré el «descubrimiento» que produjo el mayor cambio en mi vida. Aprenderás:

- Estrategias para ayudarte a sentirte en control cuando te sientas descontrolada.
- Cómo las hormonas te afectan física, mental y espiritualmente.
- Consejitos a fin de aliviar tus síntomas particulares.
- Sugerencias para vivir como una mujer de Dios aun cuando el SPM te haga sentir como el diablo.
- Ideas que transformarán tu visión sobre la menstruación y la forma en que te ves como mujer.

## 1. Diario de una mujer con las hormonas enloquecidas

- Diez beneficios del SPM y la perimenopausia (te apuesto a que nunca pensaste que había un beneficio, mucho menos diez).

Al final de cada capítulo encontrarás la sección «Dios, cambia mi corazón» con pensamientos, oraciones o preguntas que tienen la intención de personalizar los conceptos que acabas de leer. En la parte final del libro hay un estudio bíblico diseñado para avanzar aun más profundo: de un lugar de información a uno de transformación.

Es mi deseo que recibas una ayuda práctica del tipo puedo-comenzar-a-hacerlo-hoy-mismo, pero hay algo más que anhelo para ti. Espero que te rías, porque cuando se trata de hormonas, o te ríes o lloras (y reírse es mejor, ¿verdad?).

### Diario: Edad, cincuenta y un años

—Si quieres salvar tus tomates, ¡cúbrelos ahora! —grité con urgencia hablando por mi celular.

—¿Por qué? ¿Tienen frío? —preguntó Sandy.

Ignoraba su mal humor.

—No, una tormenta va en dirección a ti. Con granizos del tamaño de pelotas de golf. Una lluvia torrencial. Vientos huracanados.

—¿De veras? —dijo dudando—. El cielo está bien azul por este lado.

—Confía en mí. A menos que actúes ahora mismo, tus tomates serán puré. Tienes cinco minutos cuando mucho.

Antes de que Sandy colgara el teléfono para rescatar las plantas que había cuidado todo el verano, le ofrecí un puñado de noticias esperanzadoras.

—La tormenta no durará mucho. El sol volverá a salir antes de que lo sepas.

El pronóstico meteorológico que le había dado a mi amiga era más que una simple especulación. Sabía lo que Sandy estaba a punto de experimentar, ya que yo había pasado por la misma tormenta unos minutos antes.

Vivo en una altiplanicie sobre la cordillera frontal (Front Range) de las montañas Colorado. Sandy vive doscientos metros más abajo, a unos veinticinco kilómetros al este de mi casa en las praderas. Mientras permanecía parada en mi porche, observé a la distancia el área donde su casa está ubicada. Colgué mi celular y observé las nubes negruzcas cernirse en torno a su hogar, lanzando ráfagas de lluvia y granizo. «Canicas» de mármol blanco cubrían mis flores, y solo quedaban tallos desnudos donde unos momentos antes habían florecido las malvas. Tres minutos de devastación, luego cielos celestes otra vez y la estela del arco iris. La tormenta, pequeña pero potente, no había sido anunciada.

Deseaba que alguien me hubiera advertido para poder proteger mis malvas, pero me consolé sabiendo que mi advertencia probablemente salvó los tomates de mi amiga.

Hoy estoy en el altiplano de la menopausia que da al valle del SPM, en el cual habité por más de treinta años. Desde esta posición puedo mirar atrás y ver los hábitos dañinos que en realidad empeoraban mis síntomas, a los que estuve ciega durante mi juventud. Conozco la naturaleza de la tormenta, la velocidad de los vientos, los cambios y giros del camino en el valle y la empinada cuesta arriba de la Montaña de la Menopausia. He descubierto verdades en la Palabra de Dios que han transformado por completo el modo en que me veo como mujer y cómo veo a Dios. Recién ahora, desde esta posición, puedo ver lo que hice bien y dónde fallé.

Las palabras de este libro constituyen un llamando, una advertencia, un intento de ayudarte a preservar no tus tomates, sino tu autoestima, tu salud, tus relaciones y tu conexión con Dios, porque el SPM impacta todas esas áreas.

He pasado muchas horas orando por ti. Me he arrodillado en el piso de mi oficina ante el Señor y le he pedido que me muestre tu rostro, que me ayude a imaginar que estás sentada junto a mí. Le he pedido que me dé compasión por las luchas que te asfixian, que me muestre las palabras exactas que debo escribir a fin de infiltrarme en las grietas y ranuras secas de tu espíritu que necesitan ser suavizadas.

## 1. Diario de una mujer con las hormonas enloquecidas

Sé que no todos los meses son tan malos para ti. En realidad, la mayor parte del tiempo lo pasas bien. Sin embargo, otras veces te enloqueces y gritas en silencio: «¿Qué anda mal en mí? ¿Por qué me siento así?». Miras desesperadamente cómo otros quedan atrapados en tu torbellino y lo detestas. Lo último que quieres es lastimar a los que amas. Sin embargo, ellos resultan lastimados —sabes que es así— y eso te duele.

Y por otra parte está también tu propio dolor, el dolor que yace en tu corazón cuando las dudas asaltan tu alma como vientos huracanados implacables que golpean sobre las costas. Ves la destrucción, observas el paisaje arrasado, y te preguntas: «¿Alguna vez reuniré las fuerzas para reconstruirlo?».

Sí, podrás hacerlo. No obstante, debo avisarte que tus propias fuerzas nunca serán suficientes: necesitas la fortaleza de Dios. Como mujeres enfrentamos desafíos increíbles, pero nada es imposible para Dios. Nada. Filipenses 4:13 (NTV) declara: «Pues todo lo puedo hacer por medio de Cristo, *quien me da las fuerzas*» (énfasis añadido).

Dios es el que repara los muros caídos. Es el edificador, el gran arquitecto. Él puede reconstruir lo que se ha destruido. Puede restaurar lo que se han robado. Dios puede hacer nuevas todas las cosas. El proceso de reconstrucción a menudo requiere una sociedad divina: Dios provee la sabiduría y la forma; nosotros seguimos su guía y le obedecemos.

Sí, la vida puede ser mejor.

Sí, hay una ayuda: Dios está ahí para ti.

Sí, es posible vivir como una mujer de Dios aun durante los torbellinos hormonales.

Un cambio de paradigma, unas pocas herramientas y moverse juntamente con el Dios viviente pueden hacer *posible* lo imposible.

Antes de comenzar, ¿puedo orar por ti? Tal vez te parezca extraño orar sobre un tema que trae a la mente imágenes de pechos hinchados, antojos de chocolate y un humor sarcástico. Como me dijera una mujer: «Lorraine, en el mapa de todas las cosas, el SPM es algo pequeño. Seguro Dios tiene asuntos mayores que atender». A eso le contesto con la sabiduría del famoso maestro bíblico, G. Gordon, que dijo: «Considera la grandeza de nuestro supremo Rey exaltado. Luego pregúntate: "¿Hay algo grande para él?"».

No hay nada demasiado grande para Dios. Todas las cosas le importan. Y tú le importas en especial, así que vayamos juntas delante del Santo, ¿me acompañas?

*Padre*, gracias por tu preciosa hija y el
privilegio de compartir con ella mi vida. Por favor,
háblale personalmente a medida que lea e
inunda su corazón de esperanza.
Susúrrale las cosas que quieres que cambie
y luego dale las fuerzas para seguir tus instrucciones.
Te amamos. Ponemos la mirada en ti. Amén.

# Parte 1
# Síntomas físicos

## *Evaluación de los síntomas físicos*

Marca la casilla que se encuentra junto al síntoma físico que se *repite* con cierta *previsibilidad* hasta dos semanas antes del comienzo de tu período. Suma un punto por cada casillero marcado.

- ☐ Granitos o espinillas
- ☐ Dolor de espalda
- ☐ Dolor de ovarios o cólicos menstruales
- ☐ Torpeza (dejar caer cosas o chocar contra ellas)
- ☐ Un sistema taponado (constipación)
- ☐ Un sistema acuoso (diarrea)
- ☐ Te mueres de cansancio
- ☐ Deseas echarle sal a tus papitas fritas
- ☐ Quieres comer algo bañado en chocolate
- ☐ Antojos de alcohol
- ☐ No puedes dormir
- ☐ Retienes más líquido que la represa Hoover

**SÍNTOMAS ADICIONALES PARA LAS MUJERES EN LA PERIMENOPAUSIA:**

- ☐ Te duelen las articulaciones
- ☐ Problemas digestivos
- ☐ Sofocones
- ☐ Sangrado irregular o períodos muy intensos
- ☐ Disminución del deseo sexual
- ☐ Insomnio
- ☐ Sequedad vaginal
- ☐ La secadora de ropa ha encogido tu pantalón (engordaste)
- ☐ Otro _____

**TU PUNTAJE:** _____

- 0: ¡Dichosa de ti!
- 1-2: Toma dos analgésicos y duerme una siesta.
- 3-6: Memoriza los capítulos 1 al 5.
- 7-15: Visita a un doctor y cuéntale tus síntomas.
- 16-20: Quédate en la cama y pide comida por teléfono.

# SPM Y PERIMENOPAUSIA: EL QUÉ, CUÁNDO Y POR QUÉ

Me encantan los rompecabezas. Cuando era pequeña me pasaba horas encorvada sobre las pequeñas piezas de cartón tratando de recrear la imagen que mostraba la tapa de la caja. Cada vez que conectaba dos piezas que parecía que no encajaban, o cuando llenaba un hueco, saltaba de la emoción por haber resuelto un pequeño misterio.

Las circunstancias que rodean al SPM y la perimenopausia han sido un misterio para la comunidad médica durante décadas. Aunque los doctores e investigadores concuerdan en que probablemente los desequilibrios hormonales provocan ambas cosas, otros factores crean piezas complejas e inconexas que convierten en un desafío hacer que las mismas encajen. ¿Cómo influye la biología al SPM? ¿Qué hay acerca de la genética? ¿Y el medioambiente? ¿Y la personalidad? ¿Y el trauma emocional? ¿Las creencias? ¿Una dieta? ¿Por qué ciertos factores empeoran el SPM en algunas mujeres, pero no en otras? ¿Por qué una terapia ayuda a una mujer y a otra no?

La pieza más difícil de conectar para los especialistas de la salud en el rompecabezas de las hormonas es la de la «singularidad». Cada mujer tiene su propia composición genética, crianza y estructura emocional. Los doctores intentan brindar una ayuda precisa, pero su contribución a menudo resulta buena en la medida en que reciban información de tu parte.

Ahí es cuando entras en acción. Es importante que participes en unir las piezas de tu rompecabezas, ya que nadie te conoce mejor que *tú misma* (excepto el que te creó). Uno de mis objetivos es presentarte información que te haga examinar tu singularidad: pensar en lo que crees, la forma en que te ves a ti misma y cómo reacciona tu cuerpo en diferentes situaciones. A medida que aprendas y respondas las preguntas personales, irás haciendo conexiones que te ayudarán a sentirte mejor. Es muy probable que no necesites visitar a un médico, pero si lo haces, entrarás a su consultorio mejor preparada para responder a sus preguntas y darle la clase de información que necesita a fin de hacer un diagnóstico más preciso.

Quiero asegurarte que ya sea que tengas veinte o cincuenta años —o estés entre esas dos edades— si experimentas síntomas relacionados con los cambios hormonales en tu cuerpo, este libro es para ti. La información beneficiará a las mujeres mayores que están en la perimenopausia y a las más jóvenes que luchan con los síntomas premenstruales.

«¡De ninguna manera! ¡No voy a leer el mismo libro que está leyendo mi madre!». ¡Ya escuché esa objeción antes! Si tienes veinte años y ves la palabra *perimenopausia*, seguro pensarás: *No me identifico con ella; estoy a años luz de la menopausia.* Y tu madre y sus amigas, las que recortan los cupones de descuento para las cremas antiarrugas, ven las letras SPM y piensan: *No nos identificamos con eso, estamos a años luz más adelante del SPM.* ¡Pues no es así! Muchos síntomas perimenopáusicos son similares o idénticos a los del SPM. De hecho, las letras SPM bien pueden representar tanto el síndrome premenstrual como el síndrome perimenopáusico. Sin importar tu edad, si tienes síntomas relacionados con tu ciclo menstrual, las letras SPM te describen.

La mujer de veinticinco y la de cuarenta y cinco nadan en el mismo charco. Ambas deben aprender a sortear las olas hormonales que amenazan con lanzarse sobre ellas en ciertas épocas del mes. Ambas deben aprender a caminar con sabiduría aun cuando las subidas y bajadas de estrógeno las hacen sentir un poco locas. Ambas deben entender los ciclos que influencian sus cuerpos y cómo responder a ellos de una manera que honre —en vez de deshonrar— a Dios. Y ambas deben reconocer el modo en que las diferentes etapas de la vida y los factores de estrés pueden des-

## 2. SPM y perimenopausia: El qué, cuándo y por qué

controlar el balance hormonal. La diferencia primordial entre una mujer de veintitantos y una de cuarenta y pico es que el SPM de la mujer mayor puede perder de repente su relación previsible con el período menstrual y aparecer en cualquier momento del ciclo. Es posible atenuar algunos síntomas, algunos se pueden profundizar, y otros nuevos pueden aparecer (unos distintos a los de su hija adolescente o su compañera de trabajo más joven).

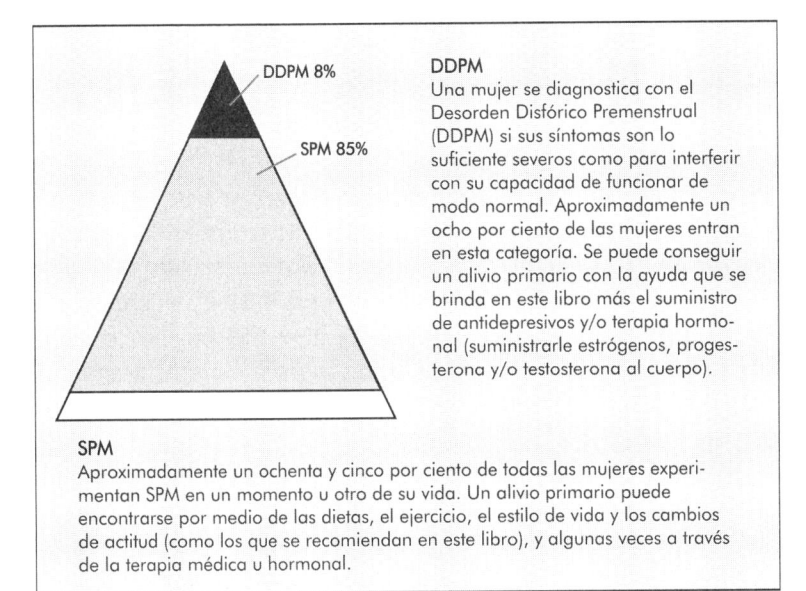

---

**DDPM 8%**

**SPM 85%**

**DDPM**
Una mujer se diagnostica con el Desorden Disfórico Premenstrual (DDPM) si sus síntomas son lo suficiente severos como para interferir con su capacidad de funcionar de modo normal. Aproximadamente un ocho por ciento de las mujeres entran en esta categoría. Se puede conseguir un alivio primario con la ayuda que se brinda en este libro más el suministro de antidepresivos y/o terapia hormonal (suministrarle estrógenos, progesterona y/o testosterona al cuerpo).

**SPM**
Aproximadamente un ochenta y cinco por ciento de todas las mujeres experimentan SPM en un momento u otro de su vida. Un alivio primario puede encontrarse por medio de las dietas, el ejercicio, el estilo de vida y los cambios de actitud (como los que se recomiendan en este libro), y algunas veces a través de la terapia médica u hormonal.

---

Resulta una buena idea compartir este libro en casa, ya que las adolescentes se beneficiarán al igual que sus madres de las ideas acerca de la actitud, las elecciones en el estilo de vida, la dieta y la espiritualidad que aparecen en él. El contenido atraviesa las líneas generacionales, así que rara vez separaré la información según las edades *excepto* ahora. En este capítulo deseo hacer algo diferente. Primero, quiero responder las preguntas más frecuentes de las mujeres más jóvenes, pero las mujeres en la perimenopausia deben prestar atención, porque ellas están incluidas aquí también. Luego quiero referirme a las preguntas que agobian a las mujeres perimenopáusicas, pero las de veintitantos no deben saltarse esa parte, ya que aunque la información no se aplica a ustedes hoy mismo, sí lo hará en el futuro.

Las dos generaciones se beneficiarán entendiendo los desafíos que enfrenta cada una y qué se puede hacer para enfrentarlos.

## ¿Después de todo, quién padece SPM?

Tu peluquera. La mujer en el restaurante de panqueques que ayer por la mañana se engulló un frasco entero de sirope. La perfecta tía Patti, que coloca sus especias en el estante en forma alfabética y sufre de evidentes brotes de acné[1]. Y tú. Si menstrúas, las probabilidades de que tengas SPM en algún momento son extremadamente altas.

Las encuestas indican que el SPM es uno de los problemas de salud más comunes mencionados por las mujeres. Entre cuarenta y tres y cincuenta y cinco millones de mujeres sufren anualmente de SPM[2]. Más o menos un ochenta y cinco por ciento de todas las mujeres que menstrúan, en algún punto experimentarán al menos algunos de los síntomas asociados con el SPM. El cuarenta por ciento tiene síntomas leves, un treinta por ciento padece de síntomas más severos, y de un tres a un ocho por ciento entran en la categoría de DDPM o Desorden Disfórico Premenstrual, la forma más severa de SPM[3].

Los síntomas del SPM pueden aparecer tan pronto como comienza la menstruación y continuar hasta la menopausia; pueden durar desde unos cuantos meses a muchos años, pero típicamente van disminuyendo con el tiempo, cuando el cuerpo se adapta y cambia. Por lo general, hay cuatro etapas en la vida de una mujer en la que se da el SPM. La primera es durante sus años de adolescencia, cuando comienza su ciclo menstrual y las hormonas provocan una estampida en su cuerpo como una manada de toros salvajes, dejando tras de sí una incipiente forma femenina. Lizzie, de trece años, describe esta etapa de su vida:

> Los dolores de ovarios son tan fuertes que paso al menos un día en cama al mes. Se me llenan los hombros y el rostro de granitos. Me duelen tanto los pechos que ni siquiera puedo usar sostén. Una semana más tarde todo se ha ido. Al menos, hasta el mes siguiente.

## 2. SPM y perimenopausia: El qué, cuándo y por qué

La segunda es cuando tienes un bebé, porque durante el embarazo los niveles de estrógeno y progesterona se van a las nubes con tal de sostener la vida dentro del vientre. Una vez que el bebé nace, la progesterona y el estrógeno disminuyen... y aumentan... y disminuyen. El estrés en realidad puede estimular esta fluctuación, ¿y qué madre no se siente estresada cuando está obligada a funcionar todo el día solo durmiendo unas pocas horas a la noche? Un total de un ochenta por ciento de las madres experimenta depresión postparto y otro quince por ciento sentirá alguna clase de desorden en su estado anímico, que puede ir desde la depresión hasta los ataques de pánico[4]. Según la autora Jerusha Clark: «No solo son las hormonas del embarazo tocando fondo lo que puede hacer que la mujer caiga en picada, sino también los bioquímicos necesarios para el amamantamiento. Una nueva madre de veras puede estar acuciada por unas hormonas frenéticamente desequilibradas por ambos lados de su experiencia de maternidad»[5]. Escucha lo que dice Ashley, una mujer a la que entrevisté, con relación a su depresión postparto:

> Una mañana, cuando estaba dándole el pecho a Cassie, estallé en lágrimas y no pude parar de llorar por lo que parecieron ser dos semanas. Quería estar en la cama todo el día. Me sentía desesperanzada e inútil, como si no tuviera razones para vivir. Me movía como una zombi, sin capacidad para pensar o conectarme a algo o alguien. Eso sucedió durante tres meses, luego, lentamente, la antigua yo regresó. Me llevó casi un año, pero al final sentí que volvía a ser yo misma.

La tercera etapa suele ocurrir a principios de los cuarenta, cuando los niveles de estrógeno y progesterona disminuyen en preparación para la menopausia. Becky describe el dramático cambio hormonal en su cuerpo:

> El SPM no había sido un tema para mí hasta mi cumpleaños número cuarenta y dos, cuando casi de la noche a la mañana pasé de ser una persona normal a convertirme en alguien a quien ni yo misma reconocía. Los

dolores invadieron mis articulaciones. No podía dormir. Comencé a experimentar dolores de cabeza. Pensé que era una de las primeras etapas del Alzheimer, porque por momentos la memoria se me iba por completo. La ansiedad tomó control de mi cuerpo y tenía temblores interiores. Todo me irritaba: la forma en que mi esposo masticaba la comida, el desorden en la sala, la forma en que el perro parecía tan necesitado de repente. Le dije a mi esposo que pensaba que tenía una enfermedad muy grave, pero él me respondió: «Cariño, esto solo te ocurre justo antes de tu período». ¡Era cierto! Imagina, a mi edad, de pronto tener SPM. Luego una amiga me contó que su SPM había empeorado a medida que entraba en la perimenopausia. Tenía sentido. En cierto modo me sentí aliviada. No me estaba muriendo; mi cuerpo simplemente atravesaba un cambio significativo, uno que era normal y que, al igual que todas las mujeres antes que yo, superaría con éxito.

La cuarta etapa es la que se repite a lo largo de la vida. Yo la llamo la «etapa del estrés». Este tiempo se activa por medio de sucesos traumáticos o una tensión continua. ¿Te has mudado hace poco? ¿Cambiaste de trabajo? ¿Sufriste una muerte en la familia? ¿Alguna de tus relaciones cercanas está tensa (marido, hijos, parientes, amigos íntimos)? ¿Tienes mucho trabajo o fechas de entrega en el colegio? ¿Has perdido tu casa? Los estudios revelan esta verdad: el estrés empeora el SPM. Sin embargo, no te preocupes, incluí un capítulo entero sobre maneras prácticas de atenuar los síntomas del SPM al disminuir el estrés.

## ¿Qué es exactamente el SPM?

El SPM es diferentes cosas según la opinión de cada persona. Algunas lo definen como:

Sentimientos Poco Manejables
Soy Psicótica Malhumorada
Sensual, Patética y Mundana

## 2. SPM y perimenopausia: El qué, cuándo y por qué

Sigo Portándome Mal
Su Presencia Molesta
Somos Pobres Mujeres

Sin embargo, ¿qué es el SPM en realidad? La definición oficial, según el Colegio Estadounidense de Obstetricia y Ginecología, es la siguiente:

> El Síndrome Premenstrual (SPM) es la aparición cíclica de síntomas lo suficiente severos como para interferir en algunos aspectos de la vida, que surgen en una relación sistemática y predecible con la menstruación.

Esta definición, aunque es precisa, me frustra. No solo resulta aburrida, sino que las mujeres de quince a cincuenta años que sufren todo el espectro de los síntomas la hallan tremendamente inadecuada para describir su condición.

Me gustan las definiciones que algunas mujeres me dieron en la encuesta.

> «El SPM es el suceso mensual en el que mi cabeza y mi zona lumbar compiten para ver cuál puede dolerme más». —GRACE
>
> «Para mí, el SPM significa Siniestra Pequeña Miserable, porque emocionalmente me convierto en eso». —ISSY
>
> «El SPM es una estupidez, porque durante ese tiempo me siento descerebrada». —TOMINA
>
> «El SPM es el momento del mes en que me siento tan horrible que odio a todos y a todo, y ellos también me odian a mí. Durante esos días soy tan horrible que ni Dios puede amarme». —EMMA

Me gustaría dar mi propia definición del SPM, una que combina la versión clínica con algunos de los sentimientos sinceros de esas mujeres.

El síndrome premenstrual abarca una cantidad de síntomas recurrentes y a menudo predecibles asociados con el ciclo menstrual que puede afectar a la mujer desde el punto de vista *físico, mental, emocional* y *espiritual*, haciéndola sentir completamente horrible… o loca.

Mira de nuevo mi definición comparada con la médica. ¿Notaste una palabra en esa definición que no está presente en la primera? ¿Una palabra que no aparece en ninguna de las definiciones del SPM que encontré? Es la palabra *espiritual*.

El SPM es más que un tema psicológico que afecta la mente, el cuerpo y las emociones de las mujeres. *Es también un tema espiritual que puede afectar su alma.* Cuando digo que el SPM puede afectar el alma de una mujer, me refiero a los síntomas recurrentes y predecibles asociados con su ciclo que atacan la misma esencia de su ser… ya sea el centro de su identidad como mujer o de su relación con Dios.

La batalla en el alma de la mujer a menudo comienza unos pocos días o hasta dos semanas antes de su período, cuando la sobrecogen pensamientos como estos: *Estás loca. No puedes hacer nada bien. No eres digna. Eres una mala* _____ (llena el espacio con *madre, esposa, hija, hermana, cristiana* o cualquier rol esencial para tu identidad). El caldo de cultivo en el que se sumergen estas dudas personales es tu sensación de que resultas tan horrible que ni siquiera Dios puede amarte.

Amiga mía, eso es una mentira (una a la que me referiré con más detalle en la tercera sección de este libro). Basta con decir que cuando tus hormonas sufren altibajos, es importante observar cómo esto afecta todos los aspectos de quién eres, física, mental, emocional y espiritualmente.

## ¿Cuáles son los síntomas del SPM?

Los síntomas físicos y emocionales más comunes son irritabilidad, ansiedad, hinchazón/aumento de peso, retorcijones y dolor de ovarios, llanto, fatiga, antojos de comida, dolor de cabeza y espalda, acné, falta de claridad mental, mal humor, sensibilidad en los pechos. Ah, sí, y una disminución del deseo sexual.

## 2. SPM y perimenopausia: El qué, cuándo y por qué

Los síntomas espirituales más comunes incluyen enojo, depresión, inseguridad, espíritu crítico y sentencioso hacia los demás, pensamientos de dañarse a sí misma (suicidio, cortarse o abuso de drogas/alcohol), sentirse lejos de Dios, y una parálisis en tu espíritu que te impide tomar decisiones o discernir el propósito y la dirección en tu vida.

### ¿Cómo sé si mis síntomas se deben al SPM u otra cosa?

Buena pregunta. El tiempo lo es todo. Presta atención a las palabras *recurrentes* y *predecibles*, así como a la frase clave «asociados con el ciclo menstrual» en la definición que di anteriormente. Por lo general los síntomas problemáticos aparecen hasta dos semanas antes del comienzo del período, y luego desaparecen o disminuyen de forma notable cuando llega la menstruación o inmediatamente después de ella. *Una mujer debería estar libre de síntomas al menos una semana para que un síntoma pueda ser clasificado como SPM*. Si estás malhumorada y tuviste tu período hace unos días, no culpes al SPM. Ten en cuenta que aunque los síntomas del SPM se repiten, pueden no presentarse *cada* mes, pero sí con suficiente regularidad como para crear un patrón predecible. Así que si aumentas dos kilos en dos días y esta es la primera vez que te sucede, y si tu peso se mantiene luego de que ha pasado el período, no culpes al SPM por la retención de líquidos. Quizás hayas sido muy indulgente con los dulces.

Estas son distinciones de suma importancia, ya que otras enfermedades y afecciones pueden producir los mismos síntomas que el SPM, como un desequilibrio en la tiroides y el estrés adrenal. Es importante notar que los problemas crónicos como el dolor de cabeza, la depresión o el enojo pueden controlarse relativamente bien *hasta* que estalla un SPM. El SPM a menudo magnifica las afecciones preexistentes, de modo que si una mujer ya está depresiva, el SPM puede magnificar los síntomas. No debería sorprendernos que las tasas de suicidio y violencia aumenten de manera notable durante la fase premenstrual. ¡Así que si una mujer te dice que sufre de SPM y tiene un arma, préstale mucha, mucha atención!

A medida que avances en este libro harás tres evaluaciones diferentes para determinar tus síntomas específicos y descubrir si están relacionados con tu ciclo menstrual. Si *no* están vinculados a tu ciclo, debes hablar con tu doctor. Tu cuerpo está tratando de decirte algo y es importante escucharlo.

## ¿Qué provoca el SPM?

La mayoría de los profesionales de la salud concuerdan en que el SPM es el resultado de cambios cíclicos en las hormonas sexuales[6]. Tendemos a pensar en las hormonas del sexo en términos de... bueno, de sexo. No obstante, las hormonas sexuales se llaman así porque otorgan las distinciones del género a los sexos.

Estoy a punto de darte una información parecida a la de un libro de texto, pero por favor, no te desconcentres. Si de veras entiendes lo que hace cada una de estas hormonas sexuales, tendrás una idea más clara de si puedes poseer demasiada o insuficiente cantidad de cada una de ellas en particular en tu cuerpo. El equilibrio es con frecuencia la clave para eliminar los síntomas.

Como mujeres tenemos tres hormonas sexuales. Las primeras dos —el estrógeno y la progesterona— son las principales hormonas femeninas, mientras que la tercera —la testosterona— que por lo general se cree que es una hormona sexual masculina, se produce en menores cantidades en las mujeres, pero igual sirve para algunas funciones hormonales importantes.

*Estrógeno*: El estrógeno es un grupo de hormonas que aportan los rasgos femeninos. El estrógeno nos permite tener una vagina, un útero, senos y caderas curvadas[7]. También nos hace atractivas física y sexualmente, fértiles y voluptuosas. Esta hormona es la que mantiene nuestra mente despierta, nuestra energía alta y nuestras emociones alegres. El estrógeno es responsable del crecimiento y la multiplicación de las células (en particular de las células de los senos). Cuando ves la palabra *estrógeno*, piensas en «energía».

*Progesterona*: A la progesterona a menudo se le ha denominado la hormona del embarazo, dado que su rol fundamental es mantener un embarazo saludable. La progesterona se produce mayormente después de la ovulación (la segunda mitad del ciclo), de modo que si por alguna razón no ovulas, tu cuerpo produce mucha menos progesterona (lo que puede alterar el equilibrio entre el estrógeno y la progesterona). Uno de los roles de esta hormona es «ponerle freno» al estrógeno para que este no se vaya de las manos. Otra función es regular los estados de ánimo. Esta es la hormona calmante: nos ofrece perspectiva, equilibrio y sobre todo un sentido de bienestar. La progesterona nos ayuda a dormir y baja la presión arterial. Cuando ves la palabra *progesterona* piensas en «paz».

La energía del estrógeno y la paz de la progesterona trabajan mancomunadamente. El balance entre las dos hormonas resulta esencial. Demasiado o muy poco de una o la otra puede intensificar los síntomas del SPM. Es importante recordar que aun cuando estas hormonas fluctúan ampliamente durante algún mes en particular, la intensidad de su movimiento puede aumentar a medida que nos dirigimos hacia la menopausia. Mientras más atentas estemos a lo que está sucediendo en nuestros cuerpos, más preparadas nos encontraremos para lidiar con los cambios hormonales.

*Testosterona*: La testosterona aumenta la energía, estimula el deseo sexual y, cuando los niveles están elevados, promueve la seguridad personal. También construye la masa muscular y los huesos. Las mujeres producen pequeñas cantidades de testosterona cada mes luego de la ovulación, pero es primordialmente una hormona masculina, ya que los hombres producen de veinte a treinta veces más que las mujeres[8]. Esta hormona les otorga a los hombres sus rasgos masculinos, como los genitales, la masa corporal, una voz más grave y el vello facial.

Las tres hormonas se originan en los ovarios. También se producen en cantidades menores en las glándulas suprarrenales, lo cual sirve como un respaldo por si los ovarios fallaran.

## Perimenopausia: ¿Qué le está sucediendo a este cuerpo?

Bueno, es tu turno. Sí, el tuyo, de la que se está abanicando y dejando caer cubitos de hielo por debajo de la blusa. Antes de responder a tus interrogantes, tengo unas pocas preguntas para ti: ¿A veces te sientes en guerra con tu cuerpo? ¿Reaccionas con mucha dureza a las circunstancias que antes no solían molestarte? ¿Notas cambios en tu cabello, piel, voz y forma corporal que te hacen desear correr a la tienda a comprar ropa interior de lycra y un maquillaje?

Puede tratarse de la palabra «P»: perimenopausia. El prefijo *peri* significa «antes»; *menopausia* se refiere al final de la menstruación y deriva de los términos griegos usados para definir *mes* (hombres) y *cesación* (pausis). Las mujeres a menudo se refieren a la perimenopausia como «atravesar "el cambio" de vida», ya que algunos cambios muy significativos tienen lugar antes de finalmente cruzar la línea entre ser una mujer que menstrúa a una que no.

Para ayudarnos mejor a comprender lo que puede resultar un tiempo muy confuso de la vida, veamos lo que dice un experto en la materia, el Dr. Roy Strinfellow, quien en sus prácticas de obstetricia y ginecología ve a muchas pacientes con problemas hormonales. Entrevisté al Dr. Stringfellow y le hice algunas de las preguntas más frecuentes que me hicieron las mujeres en la perimenopausia que completaron mis cuestionarios.

## ¿Por qué ocurre esto?

¿Recuerdas el folleto que te entregaron en la clase de salud en quinto grado, el cual describía que la niña promedio tenía alrededor de treinta mil folículos, o pequeños sacos, llenos de óvulos en los dos ovarios?[9] Con el correr de los años cientos de esos folículos han sido liberados y varios miles más simplemente envejecieron. Ahora es posible que como resultado la ovulación no ocurra, puedes pasar varios meses sin tener el período, y luego tener uno anormalmente cargado. O puedes sangrar o hasta tener hemorragias por un largo período de tiempo. Diferentes mujeres responden de manera distinta a los cambios en sus hormonas cuando la menopausia se acerca.

Dicho de un modo más simple, he aquí lo que sucede: Tu cerebro ve que tu provisión de óvulos está casi agotada, así que envía una «orden de desalojo» a la glándula pituitaria, la cual a su vez envía mensajes al estrógeno, la progesterona y la testosterona: «Por favor desocupen el establecimiento, sus servicios ya no serán requeridos». Tus hormonas comienzan a empacar, y el proceso de empacar puede ser corto —o muy largo— y ordenado... o muy caótico. Alrededor del ocho por ciento de las mujeres pasan este momento casi sin síntomas tangibles. Sin embargo, para otras la marea hormonal sube bien alto, luego baja, después sube de nuevo, haciéndolas sentir un poco locas.

## ¿Cuáles son los síntomas de la perimenopausia?

Los sofocones son considerados «la estrella» de los síntomas de la perimenopausia, pero existen otros síntomas comunes. Una receta para una perimenopausia en pleno podría ser algo así:

Coloca en un recipiente grande una cucharada colmada de síntomas de SPM.

Añade lo siguiente:
- Dolor en las articulaciones.
- Mucha hambre.
- Insomnio.
- Dificultades en la digestión.
- Sangrado irregular.
- Lapsus mentales.
- Fibromas.
- Poco deseo sexual.
- Grasa juntándose alrededor del vientre como un bol lleno de gelatina.

Calienta todo bien con los sofocones. Luego, como el cerebro lee los bajos niveles de estrógeno y envía señales a los ovarios de *producir* más estrógeno, lo cual crea una oleada, agrega dolor en los senos, dolores de cabeza y sangrado fuerte o irregular. Por último, rocía generosamente con emociones impredecibles. (Gracias, Dr. Stringfellow, eso explica por qué las mujeres en la perimenopausia sienten la urgencia de quemar esas enormes caritas amarillas sonrientes en Walmart que se burlan de nosotras con su júbilo inocente).

Para el tiempo en que la mujer alcanza la menopausia, pierde el ochenta por ciento de su estrógeno y casi toda su progesterona[10]. ¿Recuerdas todas las simpáticas cualidades del estrógeno que cité antes? Si el estrógeno está en baja, eso hace que la piel se ponga flácida y la libido se retrase. Y como la energía es uno de los atributos claves del estrógeno, cuando está bajo, hace que la mujer se sienta desganada y desconcentrada. Cuando sube, demasiada energía se traduce en ansiedad y enojo.

## CAMBIOS HORMONALES A LO LARGO DE LAS DÉCADAS

La siguiente información está adaptada del *Manual de la perimenopausia y menopausia*[11].

| | |
|---|---|
| En tus 20s | • La producción de estrógeno y la fertilidad llegan a su pico máximo alrededor de los veintiocho años y luego comienzan a declinar suavemente. |
| En tus 30s | • Puede que no ovules en todos los ciclos. Cuando no ovulas, la progesterona no se produce en la segunda mitad del ciclo, lo que hace que el estrógeno sea muy dominante.<br>• Tus niveles de progesterona comienzan a disminuir después de los treinta y cinco años.<br>• Tus niveles de estrógeno también comienzan a disminuir después de los treinta y cinco, aunque pueden fluctuar de altos a bajos. |
| En tus 40s | • La producción de hormonas comienza a ser menos equilibrada, haciendo que los niveles de estrógeno y progesterona varíen de forma más radical dentro de tu período mensual.<br>• Tus períodos menstruales pueden volverse irregulares (ya sea más cortos o más largos en duración).<br>• Experimentas más seguido ciclos con ninguna ovulación.<br>• Los niveles de estrógeno pueden ser impredecibles: bajos niveles seguidos de picos que pueden causar dolores de cabeza, sensibilidad en los pechos y períodos muy cargados.<br>• Pueden crecer fibromas (alimentados por los estrógenos) y darse el riesgo de que el tejido uterino crezca, aumentando la probabilidad de cáncer de útero. Por lo tanto, deberías reportarle a tu médico si tienes un sangrado fuerte y/o irregular. |

| En tus 50s | • La función de la tiroides, la cual es afectada por la pérdida de estrógeno y progesterona, cambia, creando un metabolismo más lento.<br>• Tu ciclo menstrual por lo general se detiene a principios de tus cincuenta años. |
|---|---|

¿Qué ocurre con la progesterona? Como una de sus mayores características es darnos paz, cuando bajan los niveles la mujer no puede dormir, se siente intranquila, le parece que todo en su vida anduviera mal. Cuando la progesterona sube, demasiada paz puede sumir a la mujer en la depresión.

La progesterona y el estrógeno se influencian la una a la otra, y la interacción de las dos resulta compleja. En este resumen he simplificado al extremo los rasgos y fluctuaciones de cada una, pero ahora que entiendes mejor sus funciones, ¿no es más fácil ver lo que sucede cuando están desequilibradas? ¿Comprendes ahora por qué el equilibrio es tan importante a fin de sentirse bien?

## ¿A QUÉ EDAD OCURREN ESOS CAMBIOS?

La menopausia por lo general tiene lugar entre los cuarenta y sesenta años, siendo la edad promedio los cuarenta y cinco[12]. No obstante, las excepciones abundan. Algunas mujeres entran en la menopausia en sus treinta. Además, ciertas situaciones pueden desatar una menopausia prematura, incluyendo una cirugía (histerectomía o extirpación de los ovarios), la quimioterapia o infecciones en los ovarios.

¿Cuánto tiempo dura esta etapa? Repito, eso depende. Los síntomas de una mujer pueden durar unos pocos meses y los de otra unos años. Una rara minoría (aprieta los dientes ahora) atraviesan el proceso durante el resto de sus vidas[13].

## ¿CÓMO DEBERÍA CONSIDERARSE ESTA ETAPA DE LA VIDA?

Debes verla como algo normal. Como un tiempo de confiar en Dios. Como una oportunidad, no una opresión. El Dr. Stringfellow señala: «Para este momento de sus vidas, muchas mujeres han tenido muchos logros. Los rigores de criar hijos y establecer un hogar han sido superados y ahora están libres para explorar nuevas aventuras y hacer las cosas que siempre han soñado, pero nunca tuvieron el tiempo de realizar[14].

El mismo doctor cree que muchas mujeres pueden hallar el balance hormonal aprendiendo cómo trabajan las hormonas y haciendo los ajustes en el estilo de vida que les ayuden a restaurar el equilibrio. Con todo, algunas necesitan una ayuda extra, de modo que los servicios de un profesional de la salud calificado pueden hacer la diferencia entre vivir en la desdicha o tener una existencia saludable y productiva. «Los altibajos hormonales son complejos, pero como comunidad médica estamos a años luz de lo que sabíamos sobre las hormonas. No hay necesidad de sentirse desgraciadas. Ahora hay prácticas racionales y seguras que tienen que ver con la terapia hormonal y otras opciones disponibles para ayudar a una mujer a alcanzar el equilibrio que desea»[15].

Al consejo sabio del doctor le agrego lo siguiente: La perimenopausia es el momento perfecto para ir tras lo que amas, desechar lo que odias, eliminar hábitos que dañan tu cuerpo y comprar fajas modeladoras (están hechas por alguna razón, chicas).

## *Dios, cambia mi corazón*

> Cuando los niveles hormonales caen, haríamos bien en caer también. Caer sobre nuestro rostro ante un Dios amoroso y hacer una oración acerca del SPM:
>
> > *Señor*, apartada de ti no tengo ritmo, no tengo llamado. Pero tú, Dios de gracia, me llenas de tu presencia. Me das identidad, dirección y fuerzas. Eres mi Ayudador y mi Consolador. Soplas vida dentro de mi espíritu y llenas mi alma en bancarrota con ricos depósitos de sabiduría. Lléname con las aguas de vida de tu Espíritu para que pueda hacer todo lo que me has llamado a hacer. Amén.

# 3

# EL DRAMA MENSUAL: EN LA MONTAÑA RUSA DE LAS HORMONAS

*M*ichelle y su esposo tuvieron una riña. En un arranque de ira, ella agarró un cuchillo de la cocina y lo apuñaló varias veces. Él sobrevivió —los cortes no eran mortales— pero ella casi logra matar su matrimonio[1].

Varias semanas después, Michelle se sentaba tranquila en la clínica del Dr. Daniel Amen, director de las Clínicas Amen y profesor de psicología clínica de la Universidad de Irvine, en California. La serena enfermera de treinta y cinco años de edad miraba fijamente su mano como si no pudiera creer que hubiera empuñado un cuchillo y atacado a su esposo. Al Dr. Amen también le costaba imaginársela haciéndolo.

Michelle le explicó que había dejado a su esposo en tres ocasiones diferentes, cada una justo antes de comenzar su período. El incidente del cuchillo también había ocurrido unos días antes de su ciclo.

«Quisiera hacerle una serie de ecografías del cerebro para ver lo que podemos saber», le dijo el Dr. Amen. «Tomaremos las primeras varios días antes de su ciclo menstrual, cuando usted lucha más para controlar sus emociones. Haremos las segundas siete días después, durante la parte con menos síntomas del período».

Las imágenes fueron explícitas.

El cerebro de Michelle antes de la menstruación mostraba que el sistema límbico (el centro de control del estado de ánimo) estaba hiperactivo, en especial en el lado derecho. En la segunda serie de imágenes, siete días más tarde, su sistema límbico se encontraba normal.

El Dr. Amen y sus colegas han compilado la mayor base de ecografías del cerebro del mundo, más de cincuenta mil. ¡Eso es un montón de cerebros! ¿Y sabes lo que descubrieron? El SPM cambia el cerebro.

El Dr. Amen explica en su excelente libro *Sex on the Brain* [Sexo en el cerebro] que ha observado dos patrones en lo que respecta al SPM. El primer patrón incluye una profunda actividad límbica *de un lado del cerebro solamente*. Las mujeres cuyas imágenes muestran actividad en el lado derecho luchan a menudo con la tristeza, el retraimiento emocional, la ansiedad y las emociones negativas reprimidas, es decir, los sentimientos dirigidos hacia adentro. Aquellas cuyos estudios muestran actividad del lado izquierdo (como Michelle) a menudo expresan agresión, irritabilidad y enojo, por lo general dirigidos hacia afuera, a otras personas.

El segundo patrón de SPM muestra una profunda actividad límbica aumentada, en conjunto con una mayor actividad del cíngulo. El cíngulo es la parte del cerebro asociada a los cambios de atención. Las mujeres que tienen este patrón a menudo se quejan del aumento de la tristeza, la preocupación, los pensamientos y verbalizaciones negativas repetitivas (rezongar) y un pensamiento inflexible.

El doctor recomienda diferentes terapias dependiendo de la severidad de los síntomas y dónde ocurre la actividad cerebral durante el ciclo. En casos severos como los de Michelle, las drogas que alteran la mente pueden ayudar a aliviar los síntomas. Para ver estudios de ecografías del cerebro de mujeres en la etapa premenstrual desde los veinte a los cuarenta y cuatro años, así como la medicación que puede ayudar, visita www.amenclinics.com (en inglés).

No obstante, debes estar preguntándote qué disparó las anormalidades en el cerebro de Michelle antes de su período. El estrógeno y la progesterona resultan en verdad sospechosas, porque estas hormonas sexuales femeninas pueden afectar de manera dramática la bioquímica del cerebro, y el ciclo menstrual desata la subida y bajada de las mismas[2]. «El cerebro femenino se ve tan

### 3. El drama mensual: En la montaña rusa de las hormonas

profundamente afectado por las hormonas que se dice que su influencia puede crear la realidad de la mujer. Ellas pueden determinar los valores y deseos de la mujer y decirle día a día lo que es importante»[3].

En el curso de su vida la mujer promedio menstruará alrededor de cuatrocientos cincuenta a cuatrocientos ochenta veces, pero si les preguntaras, la mayoría no sabría decirte cómo los cambios hormonales afectan sus emociones[4].

Cambiemos eso ahora mismo, ¿quieres? En este capítulo queremos hacer dos cosas. Primero, necesitamos entender mejor la conexión cerebro-ovarios-hormonas y los estados de ánimo típicos que acompañan al ciclo menstrual. Segundo, queremos examinar esos estados de ánimo y ver cómo el aumento del estrógeno —o una baja en la progesterona— puede contribuir a tener emociones fuertes (así como también otros síntomas del SPM o la perimenopausia).

## UNA OBRA EN CUATRO ACTOS: LOS ESTADOS DE ÁNIMO DE LA MENSTRUACIÓN

Estás invitada a ver una obra de teatro. ¿A quién estoy engañando? Tú *eres* la obra. Cada mes un drama toma lugar dentro de ti. La cartelera luce así:

*Elenco*

*Director:* El cerebro
*Productor:* Los ovarios
*Actrices principales:* Progesterona Paz y Estrógeno Energía
*Reparto:* Testosterona, Oxitocina, Serotonina y Dopamina

El guión de Menstruación trata sobre la vida y las pérdidas, el gozo y la tristeza, la energía y el descanso. El escenario es tu cuerpo. La obra tiene cuatro actos; cada acto representando una de las cuatro semanas del ciclo menstrual común[5]. Cuando mires la obra, recuerda que lo que sigue es una actuación típica. Tu ciclo mensual puede variar un poco este guión y eso está bien, es lo normal *para ti*.

A fin de simplificar lo que puede ser una interacción compleja entre las dos protagonistas, les he asignado nombres artísticos que caracterizan sus rasgos dominantes: *Estrógeno Energía* y *Progesterona Paz*.

El tira y afloja entre estas dos protagonistas constituye el tema central del drama. Cuando se abre la cortina, la escena está en silencio, sombría.

## *Primer acto: «Soy sonámbula»*

*Trasfondo*: Semana uno; estás teniendo tu período.

*Cómo te puedes sentir*: Cansada, sensible, reflexiva y sentimental.

*Lo que puedes pensar*: «Necesito estar sola». «¿Por qué estoy tan cansada?». «Me gustaría escaparme lejos por unos días».

*Por qué te sientes así*: Tu cuerpo pasó las tres semanas anteriores preparándose para recibir un bebé, pero este no llegó, de modo que tu organismo experimenta una decepción. La cobija que lo recibiría —el tejido endometrial que habría nutrido y protegido al bebé— se descarta. Tus dos «enfermeras», Progesterona Paz y Estrógeno Energía, quienes trabajaron incansablemente a fin de preparar todo para el bebé, ahora se marchan, porque sus servicios ya no se precisan más. Tu cuerpo las extraña.

En el exterior puedes estar muy ocupada, pero dentro de ti, en lo profundo de tu alma, donde se unen cuerpo, sentimientos y espíritu, prevalece una tristeza por la oportunidad perdida de una vida. Habitas en ese lugar por varios días mientras tu cuerpo descansa y se sana. Cuando los hilos finales de la cobija se desenredan, tu cerebro, siempre optimista, cambia de la tristeza a la esperanza. Le envía un mensaje positivo a los ovarios: «¡Volvamos a intentarlo!»[6].

¿Cómo deberías responder?: Aunque no hay por qué estar cabizbaja, es importante reconocer que existe una parte de ti que está sanando y se halla en modo «reflexivo». Dedica este tiempo a escribir un diario personal, escuchar música o darte pequeños gustos. Este también es un buen momento para limpiar tu «cajón de trastos» emocional. Al igual que tu cajón de cachivaches en tu hogar, donde recolectas esa clase de cosas con las que nadie sabe qué

## 3. El drama mensual: En la montaña rusa de las hormonas

hacer, tienes un cajón de trastos emocional que acumula sentimientos variados. Desecha las actitudes erróneas. Descarta los juicios y críticas. Coloca las cosas que son entrañables para tu corazón en un lugar seguro. La limpieza mensual de este cajón impide la acumulación emocional y resulta saludable para tu cerebro y tu cuerpo.

### Segundo acto: «¡Puedo conquistar el mundo!»

*Trasfondo*: Semana dos; la primera semana después de tu período.

*Cómo te puedes sentir*: Optimista, confiada, productiva, sexualmente interesada y sociable.

*Lo que puedes pensar*: «¿Sexo? ¡Claro!». «Volvamos a pintar la casa». «Yo me encargo de eso». «Invitemos a nuestros amigos a una fiesta».

*Por qué te sientes así*: Los ovarios, que sirven como cunas para tus óvulos, reciben el mensaje del cerebro de «intentarlo nuevamente». Responden liberando a Estrógeno Energía, que se precipita al escenario como una ráfaga. Esta se encuentra en tu cerebro, reuniendo a Oxitocina, Dopamina y Serotonina como una enérgica cuadrilla, urgiéndolas a hacer oír su aclamación de que «puedes hacerlo todo». Está en tus ovarios, creciendo y nutriendo un óvulo. Se halla en el vientre, tejiendo una nueva cobija para recibir al bebé. Al final de la semana los ovarios liberan Testosterona, la hormona que toma la batuta y cuyo rol principal es participar en la breve «escena de amor».

*¿Cómo deberías responder?*: Este es el momento de pedirle a tu jefe un aumento de sueldo (estás enérgica) y a tu esposo tener relaciones sexuales (te sientes vitalizada y sexy). Es también un buen tiempo para abordar proyectos que requieran una energía extra y creatividad.

### Tercer acto: «Estoy confundida»

*Trasfondo*: Semana tres; ocurre la ovulación, luego los niveles hormonales caen.

*Cómo te puedes sentir*: Cambios de humor: confiada y luego conflictiva; calmada y luego ansiosa; todo eso al son de los altibajos hormonales.

*Lo que puedes pensar*: «Puedo hacerlo; no, no puedo». «¿Por qué estoy haciendo esto?». «¿Por qué hago cualquier cosa?».

*Por qué te sientes así*: Entre el día decimotercero y decimoquinto, Estrógeno libera su triunfo climático: presenta un óvulo maduro, el que luego es enviado a las Trompas de Falopio, el salón de reuniones para el óvulo y el esperma. Mientras el óvulo inicia su viaje de cinco días hacia el salón en busca del esperma, Estrógeno y Testosterona se retraen, miran, esperan para ver si el óvulo y el esperma se encontrarán. Mientras tanto, los ovarios liberan a una nueva actriz principal: Progesterona Paz. Ella llega flotando al escenario y con mucha calma le anuncia al cerebro: «Paz; mantente tranquilo». Luego se esparce por el abdomen, enviando señales tranquilizantes. Visita el vientre y comienza a prepararlo para recibir a un bebé, continuando con la cobija tejida y acomodando la habitación. El enfoque cambia del estrógeno a la progesterona. El trueque de roles puede generar una cierta tensión en el escenario.

El ánimo en la escena está repleto de confusión y expectativa. ¿Cuál de las protagonistas es la que manda? ¿Qué pasó con el óvulo? ¿Encontró pareja? ¿Los dos se hicieron uno? ¿Se creó una nueva vida?[7] ¿O el viaje del óvulo fue en vano, infructuoso, y se quedó solo? En medio de su soledad, ¿se disolvió en la nada?

*¿Cómo deberías responder?*: Este es un tiempo para escuchar y responder a las señales de tu cuerpo y anticipar los cambios que tendrás que hacer en los días por venir. Trata de completar ahora los proyectos sin terminar, dado que tu firmeza emocional y tu claridad mental pueden sufrir mayores desafíos en la semana siguiente.

## *Cuarto acto: «Estoy estresada»*

*Trasfondo*: Semana cuatro; asegúrate de tener suficientes tampones en tu armario.

*Cómo te puedes sentir (si tu óvulo no ha sido fertilizado)*: Enojada, frustrada, tensa y triste.

## 3. El drama mensual: En la montaña rusa de las hormonas

Para aquellas que luchan con la esterilidad:

Has esperado. Has llorado. Has mirado a tus amigas quedar embarazadas y tener hijos, deseando todo el tiempo haber sido tú la que estaba en esa situación. Si te han diagnosticado esterilidad, no estás sola. Según los Centros de Control y Prevención de la Enfermedad, más de 7.3 millones de estadounidenses, o una de cada ocho parejas en la edad de procrear, son estériles. Sé que decir «Lo siento» no alivia la terrible tristeza que llevas a diario, pero lo siento. De veras. Y soy consciente de que leer acerca del ciclo mensual de la vida es un recordatorio más de que esa vida no está naciendo en ti.

No tengo respuestas que darte. Solo quiero reconocerte y dejarte saber que me duele junto contigo. Quiero que sepas que he orado que Dios te encuentre en medio de tu dolor y te consuele de maneras que solo él puede hacerlo.

Con amor sincero,

*Lorraine*

*Lo que puedes pensar (si tu óvulo no ha sido fertilizado)*: «¿Quién se robó mis pastillas de ibuprofeno?». «¿Por qué estoy llorando con un comercial tierno?».

*Por qué te sientes así*: Si ningún embrión llegó en el tiempo señalado, el cerebro emite «órdenes de desalojo» para Progesterona y Estrógeno. Al prepararse a fin de marcharse, las emociones se vienen abajo. Los niveles de azúcar caen. La cuadrilla enérgica en el cerebro se mantiene quieta. Las protagonistas se retiran, dejando un vacío emocional, una vacuidad que clama por ser llenada.

¿Cómo deberías responder?: No llenes ese vacío natural con comida, bebida, drogas o actividades peligrosas para tu cuerpo. En cambio, libera la tensión a través del ejercicio y llena el vacío interior comiendo pequeñas porciones de comidas ricas en proteínas cada cuatro horas para mantener elevados los niveles de azúcar. Si puedes, cancela los compromisos innecesarios. No agregues estrés a tu vida, porque si lo haces, el cortisol se precipitará a la escena y confundirá a las actrices principales, haciéndoles olvidar su línea.

Aunque el guión de este drama mensual es de cierto modo predecible, los personajes no lo son. Si el equilibrio entre las protagonistas se rompe, aunque sea en un mínimo porcentaje, eso puede disparar todo un problema emocional como el que vimos en el caso de Michelle y su marido.

## Lo que no es típico: el problema del desequilibrio emocional

Tu cuerpo, el escenario, afecta el balance entre las protagonistas. Ciertas condiciones pueden hacer que Estrógeno Energía y Progesterona Paz reescriban el guión emocional y te lancen a un desequilibrio hormonal:

- Embarazo (al principio del embarazo la progesterona domina, lo que crea un letargo, y luego el estriol —una clase de estrógeno que se produce solamente en la placenta— irrumpe, lo cual puede generar náuseas).
- Estrés extremo (provocado, por ejemplo, por la muerte de un ser querido, un divorcio, problemas en la crianza de los hijos, la pérdida del empleo o asuntos de salud).
- Sustancias que no les gustan a las «estrellas» (como el alcohol, las drogas, las harinas o el azúcar y ciertas comidas).
- Traumas para el cuerpo (cirugías, lesiones, demasiado ejercicio, lo cual puede hacer cesar los períodos).

Un personaje que está entre bastidores puede entrar en escena y, si no eres cuidadosa, convertir tu drama en una tragedia. Su nombre es xenoestrógeno. Piensa en ella como en la hermana melliza malvada de Estrógeno. Luce como Estrógeno, pero entra a tu cuerpo desde afuera (*xeno*, que se pronuncia «seno», significa «externo»).

Los xenoestrógenos entran al cuerpo a través de los productos que usamos, el aire que respiramos, y lo que comemos y bebemos. Todo hombre, mujer y niño está expuesto a los xenoestrógenos y muchos temas de salud, desde la diabetes hasta la infertilidad, están vinculados a ellos. Si bien es cierto que los xenoestrógenos son un estrógeno débil, una exposición prolongada y acumulada puede tener efectos negativos, de modo que debemos estar alertas a cómo

## 3. El drama mensual: En la montaña rusa de las hormonas

entran en nuestros cuerpos y lo que podemos hacer para limitar nuestra exposición a ellos.

Tú y yo estamos expuestas a los xenoestrógenos cada día a través de productos y situaciones que no existían hace cien años atrás. Como resultado, deberíamos esperar ver evidencias del aumento de la actividad estrogénica en nuestra sociedad. ¿Qué evidencias tenemos de que los estrógenos están en alza? ¿Alguna vez has notado que las jovencitas parecen estar «madurando» más temprano de lo que solían hacerlo antes? No se trata simplemente de tu imaginación, esto es un hecho. A principios del siglo veinte los primeros signos de la pubertad aparecían alrededor de los trece años. Hoy en día la edad promedio es entre los seis y los ocho años de edad[8]. Hmmm...

Otra señal del aumento del estrógeno se relaciona con la endometriosis. ¿Sabías que el doble de las adolescentes durante los últimos veinte años reportaron haber tenido un crecimiento excesivo del tejido uterino debido al estrógeno, lo cual a menudo trae problemas de esterilidad?[9]

### Las cinco fuentes más importantes de xenoestrógenos

*Plásticos*: El Bisfenol A (BPA, por sus siglas en inglés) es un químico que se les agrega a los plásticos para hacerlos más durables y resistentes a los cambios de temperatura. Se encuentra en las botellas de bebidas, los recipientes de comidas, aun en el revestimiento de las latas de alimentos. El químico puede «transpirar» en nuestras bebidas y comidas, lo ingerimos, y los xenoestrógenos se cuelan en nuestro torrente sanguíneo[10].

*Pesticidas*: Más del ochenta y cinco por ciento del agua para el consumo está contaminada con químicos como la atrazina y/o el tricloform, que provienen de residuos de pesticidas que se rocían sobre las siembras, los jardines y hasta en los campos de golf. Bebemos los xenoestrógenos a través del grifo de agua, pero también entran a nuestro cuerpo cuando comemos verduras y frutas no orgánicas que han sido rociadas con pesticidas.

*Productos de higiene personal:* Los ftalatos, una familia de plastificadores ligados a los problemas reproductivos y tóxicos, son los culpables aquí.

Se encuentran en los productos de higiene personal como el champú, las lociones humectantes, los cosméticos (lápiz labial, máscara de pestañas, base del maquillaje), la crema de afeitar y la pasta dental[11]. Como los ftalatos también fijan las esencias en los perfumes, los encontrarás en los productos que tienen un aroma fuerte, incluyendo las fragancias para bebés, las velas y los aromatizantes de aire. (Nota: La etiqueta no va a decir que «contiene ftalatos», sino que contiene «fragancias»).

*Productos de limpieza:* El nonilfenol etoxilado (NPE, por sus siglas en inglés) es un agente que remueve el polvo o las manchas y se encuentra en ciertos productos de limpieza y detergentes para lavar la ropa. ¿Alguna vez lavaste la ropa o limpiaste el fregadero de la cocina con tus manos? Entrada al escenario directa de los xenoestrógenos.

*Comidas:* Los antibióticos que les inyectan a los pollos, las hormonas de crecimiento que les dan al ganado o los cerdos, las hormonas de lactancia que le dan al ganado lechero, todas esas son oportunidades para que ingiramos xenoestrógenos.

Los químicos de estas cinco categorías constituyen perturbadores del sistema endocrino, lo que significa que alborotan tus hormonas. Algunos de esos químicos han recibido el nombre de «embrolladores del sexo» o «cambiadores de género», ya que trastornan las proporciones sexuales de masculino a femenino, causando que las ranas macho se vuelvan ranas hembra. También generan problemas de fertilidad tanto en hombres como en mujeres, y hasta pueden hacer que algunos organismos desarrollen órganos sexuales masculinos y femeninos a la vez. (Recuerda, el estrógeno es la hormona que nos hace femeninas. Los xenoestrógenos han demostrado tener capacidad para cortar o «castrar» a la testosterona).

## 3. El drama mensual: En la montaña rusa de las hormonas

Y luego está el cáncer de seno. El estrógeno, que promueve el crecimiento celular, está directamente ligado al cáncer de seno. El riesgo de este tipo de cáncer en los tiempos de mi abuela era de uno en noventa y uno. En la actualidad a una cada ocho mujeres se le diagnostica cáncer de seno en el curso de su vida[12]. (Detente aquí y ten un momento de silencio). El cáncer de seno en los hombres también está aumentando, lo cual no debería sorprendernos, ya que la exposición a los xenoestrógenos no discrimina géneros.

Terribles estadísticas, ¿verdad? Sin embargo, para ser completamente honestas, no podemos suponer que todos estos males sean el resultado directo de los xenoestrógenos; también debemos considerar otros factores. Por ejemplo, sabemos que el inicio de la menstruación está directamente relacionado con el peso, de modo que el aumento de la obesidad infantil probablemente contribuya en cierta medida a una pubertad más temprana. Y como hoy en día existen herramientas de diagnóstico más avanzadas y métodos de información más precisos que los que había en los días de mi abuela, las instancias de cáncer y endometriosis se detectan y documentan con más frecuencia. Además, las mujeres viven más hoy que en los tiempos de mi abuela, así que podemos esperar ver que esas estadísticas vayan en aumento. No obstante, seamos francas, tales cifras no representan un cambio imperceptible en nuestra cultura, sino indican cambios sustanciales.

¿Encuentras estas estadísticas tan inquietantes como yo? ¿Estás alarmada por los problemas de salud en nuestra cultura (no solo por los que yo mencioné, sino también por la proliferación de enfermedades autoinmunes que no se oían hace cien años atrás)? Debemos preguntarnos: ¿Qué está sucediendo? ¿Qué se ha infiltrado en nuestro medioambiente, nuestro estilo de vida y nuestra dieta que está produciendo todas estas enfermedades?

Los xenoestrógenos son un factor a tener en cuenta. Mi deseo aquí no es profundizar en los detalles de los xenoestrógenos o aventurarnos en la investigación que exige los riesgos de salud asociados con ellos. Mi objetivo simplemente es despertar tu conciencia en cuanto a lo que hacen las distintas hormonas y las situaciones que provocan los desequilibrios hormonales.

De acuerdo con la escritora Kristine Klitzke, que es enfermera graduada, resulta muy posible que el desequilibrio hormonal se esté convirtiendo en uno de los «problemas de salud más predominantes que enfrentan las mujeres de todas las edades y etapas de la vida»[13]. Permíteme señalarte las dos condiciones más comunes de «desequilibrio» que las mujeres experimentan, así puedes considerar si alguna se aplica a ti.

## Problema #1: demasiado estrógeno

El exceso de estrógeno hace que la mujer se sienta agitada, enojada, adolorida y sea la menos indicada como candidata para ganar el premio de Señorita Simpatía. El estrógeno es una hormona tramposa. Yo la llamo la hormona «Ricitos de oro», porque al igual que en el cuento de «Ricitos de oro y los tres osos», cuando se trata del estrógeno necesitamos «ni mucho ni poco, sino *lo justo*». Muy poco estrógeno y no tenemos bríos, no disponemos de la capacidad para «vivir» la vida. Demasiado estrógeno y nos convertimos en King Kong: estamos todas hinchadas, nos asemejamos a gorilas que arrojan a las personas de los edificios. Sin embargo, con *lo justo* tenemos la piel vibrante, la mente agudizada y resulta agradable estar cerca de nosotras.

Demasiado estrógeno puede provocar que la mujer caiga en una situación de dominación estrógena. Créeme, no querrás pasar por eso. Piensa en la «*bruja mala del Mago de Oz*» y tendrás una idea, amiga mía.

¿Qué tienes que hacer si consideras que tienes demasiado estrógeno circulando por tu sistema? Déjame dar un paso a un lado por un momento y traer a una persona más calificada que yo para hablar de este tema. Kristine Klitzke, enfermera profesional, mi amiga y autora del libro *Hormone Balance: A Matter of Life and Health* [Balance hormonal: Una cuestión de vida y salud], nos sugiere lo siguiente:

> *Reduce la relación músculo-grasa*. El estrógeno se acumula en las células grasas. Si tienes sobrepeso, reduce el consumo de grasas y azúcares, aumenta la ingesta de proteínas, y añade ejercicios adicionales a tu vida. Un estudio que incluyó a ochocientas setenta y cuatro mujeres en la Universidad de Virginia revela que las mujeres

## 3. El drama mensual: En la montaña rusa de las hormonas

que tienen un índice de masa corporal de treinta o más (obesas) tienen tres veces más probabilidades de sufrir de SPM que las no obesas.

*Limita los xenoestrógenos.* Estos se encuentran en los pesticidas (frutas, verduras y agua), algunas comidas, lácteos, plásticos y productos de belleza. Aunque no pueden ser eliminados por completo, comer alimentos orgánicos cada vez que sea posible, filtrar el agua y mantenerse lejos de los productos de limpieza y los plásticos que contienen los químicos que emiten xenoestrógenos ayuda bastante.

*Desintoxícate.* Ingiere comidas con fibras. Las fibras mantienen tu sistema trabajando sin complicaciones. Bebe mucha agua, lo cual limpia tus riñones y otros órganos «purificadores» que eliminan las toxinas de tu cuerpo.

Los niveles de estrógeno siempre deberían considerarse a la luz de los niveles de progesterona, ya que esta última domina los efectos del estrógeno, muy similar a una rienda que refrena a un caballo salvaje. Una mujer puede tener el estrógeno dominante aun con un bajo nivel de esta hormona si tiene poca o ninguna cantidad de progesterona para compensar. Esto nos conduce a la segunda situación más común que produce el desequilibrio hormonal.

### Problema #2: baja progesterona

Si tu progesterona está baja, probablemente tengas pensamientos como estos: *No puedo pensar, no puedo dormir, me siento agitada, nada anda bien en mi mundo.*

¿Qué hace la progesterona? Piensa en ella como la hormona de la Enfermera Nightingale. Ella es la que mulle tu almohada para que puedas dormir, te levanta el ánimo cuando estás triste y te calma cuando te sientes nerviosa. Es ella la que te da un sentido de bienestar, como si todo anduviera bien en el mundo (no obstante, demasiada progesterona puede causar depresión).

Si estás embarazada, la progesterona es quien está contigo a cada paso del camino para atender tus necesidades y las del bebé.

Progesterona significa literalmente «pro-gestación»[14]. En el momento en que el óvulo es liberado durante la ovulación, la Enfermera Progesterona corre a preparar la cobija que recibirá al bebé. Si el niño llega, ella trabaja día y noche y sus niveles se incrementan de diez a quince veces.

La Enfermera Progesterona también mantiene en línea a Ricitos de oro (estrógeno) en caso de que ella quisiera dominarte. Llevará a cabo felizmente sus tareas a menos que el estrés se interponga en el camino y le impida hacer su trabajo.

La progesterona juega un rol preponderante en el embarazo, promueve el sueño profundo, tiene un efecto calmante natural, reduce la presión sanguínea y facilita el funcionamiento de la tiroides[15].

Miremos de nuevo lo que dice la enfermera Kristine para hallar algunas sugerencias útiles sobre cómo mantener tus niveles de progesterona elevados.

> *Minimiza el estrés.* Durante los tiempos de estrés, tu cerebro libera cortisol, que vacía los depósitos de progesterona. Más estrés significa menos progesterona (paz) y más adrenalina en tu cuerpo. (Mira el capítulo 10 para ver las formas de reducir el estrés).
>
> *Asegúrate de que estás ovulando.* Cuando se libera un óvulo a mitad del ciclo, el folículo vacío del óvulo se convierte en el cuerpo lúteo que produce la progesterona. Si no ovulas, los niveles de progesterona no suben. Esa es la razón por la que las mujeres estériles o que tienen problemas para ovular deben considerar tomar un suplemento de progesterona. Sin embargo, debes saber que la progesterona no es un tratamiento contra la infertilidad. Si luchas con la esterilidad, acude a un profesional de la salud.
>
> *Complementa con una progesterona bioidéntica.* Conversa con tu doctor acerca de si la progesterona podría beneficiarte. Si decides añadir progesterona, dale varios meses para que opere, ya que lleva tiempo que las células de tu cuerpo desarrollen nuevos receptores de progesterona a fin de recibir la hormona.

## 3. El drama mensual: En la montaña rusa de las hormonas

### MI LUCHA CON EL PREDOMINIO DEL ESTRÓGENO

De los dos problemas que vimos, el predominio del estrógeno se ha vuelto cada vez más común debido a la exposición mundial sin precedentes a los xenoestrógenos. En la mayoría de mis años de menstruación sufrí de la dominación del estrógeno, solo que no conocía un nombre para eso. Cuando tenía dieciséis años, mi médico me indicó un tratamiento con píldoras anticonceptivas para aliviar los calambres y el acné y regular mis períodos. Por ese entonces las píldoras contenían niveles mucho más altos de estrógeno y progestina sintética que las que generalmente se usan hoy.

Los altos niveles de hormonas generaron una predisposición en mi cuerpo a la dominación del estrógeno, lo que en ese momento se incrementó debido a las circunstancias de mi entorno y mis posteriores elecciones por ignorancia. Vivía en una comunidad agrícola y a menudo observaba cómo rociaban las cosechas con pesticidas, sin darme cuenta de que esos químicos producían los xenoestrógenos que consumía en mi comida y el agua que bebía. Tomaba la leche contaminada con hormonas y ponía los alimentos en el microondas en recipientes plásticos, ignorando por completo que el BPA en el plástico hacía que los xenoestrógenos se introdujeran en mi comida. Ingería comida contaminada con químicos y alimentos con colorantes (¡oh, mi pobre riñón con tanto trabajo!). Bebía tres bebidas de cola dietéticas por día y comía pan y galletitas hechas con harinas y azúcar refinadas, elecciones que preparaban mi cuerpo para un SPM en ciernes.

Los síntomas salieron a la superficie con el tiempo: irritabilidad, dolores de cabeza, fatiga, aumento de peso, lapsus mentales, un deseo insaciable de comer dulces, y lloriqueos constantes en las dos semanas previas a mi período. También tuve fibrosis quística en las mamas (aunque por fortuna cuando mi mamografista me llamó «densa», no me ofendí).

*¿Lo sabías?*

El tipo de cuerpo ofrece señales de los niveles de estrógeno.

**MUJERES CON NIVELES DE ESTRÓGENO MÁS ELEVADOS**

- Tienden a tener senos mucho más grandes.
- Por lo general son más bajas de estatura.
- Se sienten peor en la perimenopausia cuando caen los niveles de estrógeno.
- Se sienten peor si se le suministra estrógeno a su cuerpo antes de la menopausia.
- Se sienten mejor cuando se les proporciona progesterona bioidéntica (si su cuerpo no está produciendo progesterona en cantidades suficientes).
- A menudo tienen los senos inflamados, con dolor.

**MUJERES CON NIVELES DE ESTRÓGENO MÁS BAJOS**

- Por lo general tienen senos más pequeños.
- Son de mayor estatura.
- Poseen niveles de estrógeno que disminuyen antes, porque el cuerpo tiene menos con lo que empezar.
- Se sienten mejor cuando se le suministra estrógeno natural al cuerpo.
- Experimentan síntomas relacionados con el bajo estrógeno, como sofocones, problemas de vejiga y sequedad de la vagina, la piel, los cabellos, los ojos y las membranas mucosas[16].

No fue sino hasta que estuve perimenopáusica y comencé a hacer las investigaciones para este libro que me di cuenta de que sufría de la preponderancia del estrógeno. Desde la década de 1990 se han publicado una multitud de nuevos estudios que brindan comprensión sobre los efectos de los xenoestrógenos y los anticonceptivos, pero antes de eso la información no estaba disponible al público. Yo era parte de una generación de mujeres que caía en

## 3. El drama mensual: En la montaña rusa de las hormonas

esta brecha del conocimiento, un profundo barranco creado por dos grandes mesetas. En una de ellas estaba mi abuela y su generación, que casi no tuvieron exposición a las hormonas sintéticas y los xenoestrógenos. En la otra están las mujeres de veinte y treinta años, que experimentan la exposición, pero también disponen de la información que les advierte acerca de los posibles efectos.

El resto de nosotras somos «las mujeres de la brecha», las que comenzaron sus años formativos en la década de 1950, cuando los gigantes de la industria triplicaron la producción de químicos desde los años anteriores para suplir el creciente interés del público en los productos para el confort[17]. Vimos cómo nuestra sociedad comenzó a ser infiltrada por químicos, toxinas y hormonas sintéticas sin el real conocimiento de sus consecuencias. Fuimos testigos de la preparación del guisado tóxico a medida que las sustancias químicas se derramaban en el agua, el aire, la comida y los productos (incluyendo a más de sesenta mil productos comerciales químicos en 1976, cuando el Acta de Control de Sustancias Tóxicas se convirtió en ley, hasta más de ochenta mil en la actualidad[18]). Observamos el agregado de ingredientes como nuevas «comodidades» acumuladas en nuestros hogares. Contemplamos cocinarse el guisado, hervir y hasta fundirse (con cada ingrediente relativamente inocuo en pequeñas dosis por períodos breves de tiempo, pero potencialmente tóxico al mezclarlo con otros químicos y consumirlo durante un largo tiempo).

Día tras día comimos de ese guisado. Nuestros SPM y perimenopáusicos empeoraron. Comenzamos a infectarnos con cánceres y nuevas enfermedades. Solo en los últimos tres años ha pasado el tiempo suficiente como para que los científicos e investigadores determinen qué partes del guiso nos están enfermando. Y no todo es revelado. El potaje sigue cocinándose y todavía nos queda observar los efectos en las futuras generaciones, pero los estudios dan indicios de lo que vendrá.

Discúlpame por un momento mientras me pongo de rodillas. Mira, estoy a punto de suplicarte algo. Por favor, por favor, infórmate sobre cómo los productos que utilizas y las comidas que consumes pueden afectar tus hormonas. Por el momento no creo que los fabricantes y los productores estén distribuyendo productos y comidas con la intención maléfica de dañar nuestros cuerpos, pero eso está sucediendo. Sí, los fabricantes son responsables de responder ante los nuevos estudios que sugieren daños a la salud, pero también debemos levantarnos y exigir que aquellos productos peligrosos y los químicos que alteran las hormonas —como el Bisfenol A (BPA), los ftalatos y las dioxinas— sean eliminados de nuestros productos.

*El hecho es el siguiente: Todo hombre, mujer y niño está recibiendo dosis extra de estrógeno que no necesita.* Los xenoestrógenos nos afectan a todos de maneras diferentes. Para algunos, las consecuencias son casi imperceptibles, mientras que otros con un sistema más sensible sufren serios problemas de salud. Esas consecuencias se magnificarán en la próxima generación si no hacemos algo al respecto.

¡Levanta tu mano si estás conmigo! ¿Por dónde empezamos? *Primero*, debemos dejar de usar los productos que contienen químicos tóxicos. Para ver los productos y las marcas que ofrecen riesgo, ve a www.cosmeticsdatabase.com (en inglés), un sitio en la red de Skin Deep (sostenido por el Environmental Working Group) que enumera los ingredientes de casi veinticinco mil productos y brinda información contra la toxicidad. *Segundo,* podemos tomar conciencia leyendo libros basados en investigaciones serias. *Tercero*, podemos aprender más sobre los químicos que nos preocupan en el Instituto Nacional de Ciencias de Higiene Ambiental, que coordina los estudios sobre los químicos incluyendo los productos cotidianos (www.niehs.nih.gov) (en inglés). *Cuarto*, podemos escribirles a las agencias del gobierno para que supervisen la higiene ambiental, pero al final no creo que podamos esperar que el gobierno nos proteja. Con más de cien mil químicos sintéticos registrados para el uso comercial y dos mil más agregándose cada año, las agencias con bajo presupuesto y poco personal que manejan estos asuntos no pueden mantenerse a ese ritmo. Así que tenemos que educarnos nosotros mismos. *Quinto*, podemos comer verduras orgánicas crucíferas (como el brócoli y la coliflor), que contienen fitonutrientes que incluso combaten los efectos negativos de los xenoestrógenos. *Sexto*, y más importante aun, es que cada persona puede desarrollar una filosofía individual acerca de los xenoestrógenos que nos guiará a nosotras y a aquellos a los que influenciemos hacia una mejor salud.

## 3. El drama mensual: En la montaña rusa de las hormonas

Tu filosofía en cuanto a los xenoestrógenos puede ser estricta o benévola. O puede estar en algún punto a mitad del camino, como la mía. Mi filosofía es esta:

### *La filosofía de Lorraine en cuanto a los xenoestrógenos*

No creo que la exposición a cada uno de los químicos que producen xenoestrógenos me matará a mí o a mi familia (aunque soy consciente de que los bebés y adolescentes corren mayor riesgo de alteraciones celulares porque sus cuerpos aún se están desarrollando). El perjuicio de los xenoestrógenos reside en el resultado de la combinación, la acumulación y la duración. Eliminarlos por completo de mi dieta y el ambiente resulta imposible. Si fuera inflexible con respecto a un plan («¡No, no podemos comer los macarrones instantáneos en caja, son tóxicos!») me volvería loca… y enloquecería a todos los que me rodean también. En cambio, me adhiero a la regla 80/20: Elimino la exposición a los xenoestrógenos el ochenta por ciento del tiempo a través de lo que puedo controlar, y cuando estoy en una situación que no puedo controlar (como por ejemplo visitando la casa de otra persona y comiendo su comida y bebiendo su agua), me encojo de hombros y digo: «Ah, bueno». Luego levanto mis manos y alabo a Dios por mi hígado, vesícula y riñones, un trío tenaz de eliminación de toxinas que pelea por mi salud.

Sé que la información de este capítulo, sazonada con estadísticas, es mucha para digerir. Así que déjame resumirla de este modo: Si quieres librarte de los altibajos hormonales, siempre, siempre, siempre, busca primero equilibrar las hormonas limitando tu exposición a los xenoestrógenos y practicando las actitudes y estilos de vida recomendados en este libro. Este es un lugar sabio y económico por donde comenzar. No obstante, si no fuera suficiente —y para algunas no lo es, en especial las que tuvieron una histerectomía o una menopausia inducida quirúrgicamente— entonces programa una cita con un profesional de la salud experimentado en hormonas que pueda informarte tanto de los beneficios como de los riesgos de proporcionarle hormonas a tu cuerpo. Suministrar hormonas (bioidénticas, por favor) puede resultar costoso, pero muchas mujeres han tenido gran éxito[19]. Los cuadros de los síntomas que completaste y la información que recibiste en estas páginas te ayudarán a hacer que tu primera visita al médico sea más productiva.

Y lo más importante: Consulta diariamente a Dios, el gran Médico. Él conoce en detalle los incordios de tu cuerpo y te guiará cuando busques sabiduría acerca de lo que es mejor *para ti*.

### Dios, cambia mi corazón

> Ah, sí, tú me formaste primero por dentro y luego por fuera; me formaste en el vientre de mi madre. Te doy gracias Altísimo Dios, ¡eres maravilloso! Cuerpo y alma, ¡fui formado de manera asombrosa! Te alabo en adoración, ¡qué creación! Tú me conoces por dentro y por fuera, conoces cada hueso de mi cuerpo; sabes exactamente la forma en que fui hecho, palmo a palmo, cómo fui esculpido de la nada hasta ser alguien (Salmo 139:13-15, traducido literalmente de la paráfrasis *The Message*).
>
> Detente ahora mismo, coloca el libro en tu regazo, y di en voz alta: «¡Fui maravillosamente formada!».

# 4

# TU CEREBRO Y LAS HORMONAS: MEDIO CEREBRO ES ALGO TERRIBLE PARA DESPERDICIARLO

**¿Sufres del anagrama del SPM?**
«Mis malabras se pezclaron: pongotrans las frases y coloco los lugares en las palabras incorrectas». —Jessica

**¿Los lapsus mentales son típicos antes de tu período?**
«Mi cerebro tiene tanto retraso que esta mañana llamé a mi esposo y le respondí una pregunta que me había hecho hace dos días atrás». —Sandy

**¿Las lagunas mentales son un problema?**
«Cuando estoy hablando y alguien me interrumpe, pienso: "¡Bueno, ese pensamiento se fue para siempre!"». —Kammi

**¿Se te desconecta el cerebro mensualmente?**
«Me siento como uno de esos globos de vidrio decorativos con nieve adentro que ha sido sacudido: mis pensamientos flotan alrededor en pequeños grupos, todos ellos inconexos». —Kit

Entras a un salón lleno de gente. Una mujer atraviesa la sala disparada como un rayo, te envuelve en un abrazo que te quiebra las costillas y de inmediato te pregunta por cada uno de tus hijos *por su nombre*. Conoces a esa mujer. Ha estado en tu casa cenando. Sabes que conduce un Dodge Caravan plateado. Sabes el nombre de su esposo. Hasta recuerdas el nombre de su cocker spaniel, cuyo extraño hábito es saludar a los que llegan dando vueltas a su alrededor tres veces y luego lamiendo sus zapatos. Sin embargo, en este preciso momento no puedes recordar el nombre *de ella*.

Antes de la menstruación, muchas mujeres sufren de una afección hormonal conocida como *cerebrus blandus*, o «papilla de sesos», que es el resultado directo de la retirada súbita del estrógeno y la progesterona[1]. Los bajos niveles de estrógeno y progesterona pueden producir un cansancio cerebral que resulta en una pausa mental, un «corte» momentáneo en tu pensamiento comúnmente fluido. ¿Dónde puse la billetera? ¿Dónde están las llaves del auto? ¿Dónde dejé el auto?

¿Qué deberíamos hacer cuando nuestros pensamientos no se conectan o los perdemos por completo? Es posible pasar del cortocircuito periódico mental a un estado positivo de nuestra mente. Sí. Y podemos hacer mucho para lograrlo.

Primero quiero que veamos nuestros cerebros y por qué son tan increíbles. Te explicaré cómo mantener tu cerebro saludable y mejorar la agudeza y la agilidad mental, aun durante el SPM.

## Tu asombroso cerebro

El éxito en todo lo que hacemos comienza con un cerebro saludable[2]. Al considerar cómo estimular nuestros cerebros y mantenerlos agudizados, veamos alguna información de trasfondo que nos resultará útil.

*Tu cerebro es maravilloso*. Es asombrosamente complejo: Procesa todo lo que ves, hueles, oyes, gustas y tocas. Y guarda todos los pensamientos y sentimientos que has tenido en tu vida y que *tendrás* por siempre. Gracias a los recientes avances científicos, los especialistas han descubierto más del cerebro en los últimos diez años que en todos los siglos anteriores[3]. Por ejemplo, una pieza de tejido cerebral del tamaño de un grano de arena contiene cien mil neuronas y un millón y medio de conexiones, todas interconectadas y hablándose una a la otra[4]. ¿Sabías que la información de tu

## 4. Tu cerebro y las hormonas: Medio cerebro es algo terrible para desperdiciarlo

cerebro viaja a una velocidad de cuatrocientos treinta kilómetros por hora? (Está bien, tal vez un poco menos… o mucho menos durante el SPM).

*Tu cerebro es blando.* Tendemos a pensar en el cerebro como un órgano firme, rígido y elástico. Sin embargo, en realidad está compuesto de un ochenta por ciento de agua, lo que lo hace un tejido blando. Esta falta de rigidez significa que puede ser alterado, *positiva o negativamente*, cambiando el circuito de tus pensamientos o las condiciones cerebrales. Lee otra vez esta oración, porque es de vital importancia para tu comprensión de cómo cambiar tu cerebro durante el SPM.

*Tu cerebro tiene necesidades.* Para su funcionamiento normal el cerebro necesita: *agua*, para conducir los impulsos eléctricos; *hierro*, que transporta oxígeno al cerebro; *oxígeno*, que provee los nutrientes; y *sangre*, que trae glucosa y oxígeno al cerebro y se lleva el dióxido de carbono y otros desechos tóxicos.

Conservar tus vasos sanguíneos saludables te mantendrá despierta mentalmente; la agudeza se da cuando la sangre corre por los vasos sanguíneos en un volumen alto y constante. El cerebro común alcanza su punto máximo alrededor de los veinticinco años. Después de eso, los vasos sanguíneos comienzan a decaer. Las más grandecitas ya sabemos acerca del factor «decaimiento» de ciertas cosas. Después de una cierta edad, todo se cae. Nuestros ojos. Nuestros senos. Incluso nuestros vasos sanguíneos se debilitan, lo que causa una disminución en el flujo de sangre. No obstante, podemos compensar el decaimiento restringiendo o eliminando estos nueve estranguladores sanguíneos:

- **Estrés**: El exceso de adrenalina química restringe el torrente sanguíneo en muchas áreas del cuerpo. ¡Así que relájate! (En el capítulo 10 te presento diecisiete maneras de calmar el estrés).
- **Cafeína**: Bloquea directamente la circulación de la sangre hacia el cerebro, perturba el sueño y tiene parte en la deshidratación.
- **Nicotina**: Dificulta la fluidez sanguínea en todo el cuerpo, así que si fumas, debes dejar de hacerlo ya. Si no, no comiences a hacerlo ahora.

- **Deshidratación**: Hace que el pensamiento sea más lento. Recuerda, el agua ayuda a transmitir los pulsos eléctricos.
- **Enfermedades arteriales o coronarias**: Las dietas altas en grasas pueden obstruir las arterias que transportan la sangre.
- **Toxinas ambientales**: Pueden comprometer la salud celular.
- **Falta de sueño**: La gente que duerme menos de seis horas por la noche posee por lo general un flujo menor de sangre al cerebro.
- **Falta de ejercicio**: Debilita el bombeo del corazón y disminuye el vigor de los vasos sanguíneos.
- **Abuso de drogas o alcohol**: Resulta altamente tóxico para el sistema vascular y disminuye la circulación sanguínea al cerebro.

Ahora que ya sabes lo que dificulta la función cerebral, consideremos dos maneras de estimular su mejor funcionamiento: la nutrición y el ejercicio.

## COMIDAS PARA EL CEREBRO

La buena salud del cerebro se da a nivel celular. Lo que comiste ayer fortalece las células de tu cerebro hoy. Las vitaminas, minerales y nutrientes deben estar presentes a fin de reparar y crear nuevas células. Un experto en cerebros dijo que la fórmula más simple para una mejor salud cerebral es consumir más alimentos multicolores. Mi primer pensamiento fue: ¡Muy bien! Puedo mejorar mi cerebro aumentando drásticamente mi ingesta de M&M.

Pensamiento errado. A lo que el experto se refería era a que deberíamos comer cosas como brócoli verde, manzanas amarillas, naranjas, arándanos, limones, limas, coliflor blanca y tomates rojos. ¿Algunas comidas son mejores para el cerebro que otras? Parecería que sí. Los investigadores y científicos recomiendan ciertas comidas por causa de sus beneficios directos sobre el cerebro.

## 4. Tu cerebro y las hormonas: Medio cerebro es algo terrible para desperdiciarlo

### *Las diez «comidas para el cerebro» más recomendadas por «los que saben»*

Arándanos
Yogurt (natural, sin edulcorantes artificiales o colorantes)
Bananas
Frutas secas (almendras y nueces)
Carnes: salmón y pavo
Trigo y avena integrales (fibras)
Espinacas
Tomates
Brócoli
Aceite de oliva extra virgen

### ENTRENAMIENTO PARA EL CEREBRO

¡Buenas noticias! *Puedes* rejuvenecer tu cerebro. El cerebro puede renovar sus conexiones a pesar de los traumas, el envejecimiento o incluso —¿no estás feliz por esto?— el SPM. ¿Cómo? Mediante el ejercicio físico y mental.

Solo treinta minutos de actividad aeróbica aumenta la circulación sanguínea, libera los dos químicos del «bienestar» —la serotonina y las endorfinas— y ayuda a proteger la memoria a corto plazo del daño causado por un alto estrés. Una ejercitación de leve a moderada mejora la producción del glutatión, un importante antioxidante de las células que protege tu cuerpo contra el daño de los radicales libres[5]. También ayuda a reparar el ADN a nivel celular. No obstante, el mejor beneficio del ejercicio físico es que reconstruye la materia cerebral.

Un estudio de la Universidad de Alabama en el año 2008 usó imágenes de resonancia magnética y la morfometría basada en vóxels para medir el efecto de ciertos ejercicios en las víctimas de derrame cerebral[6]. Los que llevaron a cabo los ejercicios prescritos en efecto *generaron nueva materia gris* en las capas cerebrales externas y el hipocampo, la parte del cerebro que tiene que ver con el aprendizaje y la memoria. Los científicos se sienten entusiasmados con la nueva tecnología que muestra lo que ellos han desarrollado en la teoría por años. Y nosotros estamos asombrados de que cuando se trata del funcionamiento cerebral, lo gris sí importa.

*De modo que el ejercicio físico puede reestructurar el cerebro, ¿pero qué hay acerca del ejercicio mental?* ¿Pueden los juegos como el Sudoku, resolver adivinanzas o armar rompecabezas reconectar tu cerebro?

Absolutamente. La forma en que Dios diseñó el cerebro resulta asombrosa y brillante. En vez de darnos cerebros inamovibles que no van a cambiar (aunque algunas de nosotras hemos desarrollado cerebros más cambiantes que otras), él los diseñó con la propiedad de la «plasticidad». He aquí una definición médica de la neuroplasticidad:

> La neuroplasticidad, o la maleabilidad cerebral, es la capacidad del cerebro de reorganizarse formando nuevas conexiones neuronales a lo largo de la vida. La neuroplasticidad les permite a las neuronas del cerebro compensar por daños y enfermedades y adaptar sus actividades en respuesta a nuevas situaciones o cambios en el ambiente. La reorganización cerebral tiene lugar mediante mecanismos tales como el «brote axonal», en el cual los axones no dañados extienden nuevas terminales nerviosas para reconectar las neuronas cuyos eslabones se lesionaron o cortaron. Los axones sanos también pueden hacer retoñar una terminal nerviosa y conectarse con otras células que no están dañadas, formando una nueva vía nerviosa para cumplir la función que sea necesaria[7].

Dicho en el idioma de Lorraine, si aprendes algo nuevo o cambias la manera en que haces algo, eso reorganiza tu cerebro. Del mismo modo, *la falta de aprendizaje* hace que el cerebro comience a desconectarse[8].

Toda red neuronal poco usada o no usada en lo absoluto se reduce bruscamente[9]. Algunas habilidades particulares pueden perderse para siempre si no se cultivan.

Haz algo diferente y evita que tu mente se embote. «Si no lo usas, lo pierdes», como dicen los expertos.

## 4. Tu cerebro y las hormonas: Medio cerebro es algo terrible para desperdiciarlo

Existe otra fuerza obrando, una que *no* elegimos y que también afecta nuestro cerebro: el envejecimiento. Después de los veinticinco años comenzamos a perder tejido cerebral. Las sinapsis se van extinguiendo. Perdemos mielina, un aislante de las neuronas, lo que de manera sutil va reduciendo el nivel de procesamiento mental. Y nuestros «interruptores de plasticidad» se vuelven menos ágiles. Atemorizante, ¿verdad? Yo he estado perdiendo un montón de cosas últimamente, pero no quiero perder mi plasticidad.

¿Hay algo que podamos hacer? Afortunadamente, tenemos buenas nuevas, en realidad *muy buenas nuevas*. Así como los programas aeróbicos tonifican la masa muscular y elevan las pulsaciones cardíacas, podemos mejorar la lucidez y agregar nuevos circuitos dándoles a nuestros cerebros una mini ejercitación. ¡Papilla mental durante el SPM, desaparece! ¡Lagunas mentales hormonales, váyanse! En las dos semanas anteriores a tu período, si sientes que tu habla se desvanece sutilmente, reaviva tu mente con estos diez simples «pellizquitos mentales».

## «Puré de sesos, vete». Diez consejitos prácticos

### 1. Lávate los dientes con la mano contraria

Utiliza tu mano no dominante para lavarte los dientes. Un simple cambio como este estimula el factor neurotrófico derivado del cerebro (BDNF, por sus siglas en inglés). Este factor es una proteína ligada al mejoramiento de la memoria que alienta el crecimiento neuronal.

### 2. Préstale atención a Mozart

Escuchar música aumenta la memoria, el enfoque, el coeficiente intelectual, la capacidad de concentración y las habilidades cognitivas. La música puede energizar tu cerebro o relajarlo. Leslie, de cincuenta y tantos años, energiza su cerebro escuchando música fuera de lo común para ella, como *Rock What You Got*, de Superchick. En contraste, Beth, de cuarenta y dos años, inspira su cerebro escuchando un pop cristiano suave. «Me invita suavemente a iniciar el día», señala.

Varias compañías en línea producen música especialmente diseñada para el cerebro, la cual inserta en las mezclas armónicas unas pulsaciones casi imperceptibles que según alegan pueden producir cambios predecibles en la actividad eléctrica del cerebro[10]. La NASA y otras grandes compañías han usado este tipo de música para estimular el cerebro, agudizar la concentración, mejorar la memoria y calmar las áreas que están hiperactivas en el cerebro.

### 3. Tócalo otra vez, Sam (pero no para siempre)

La repetición estimula las neuronas, haciendo que crezcan más conexiones y sinapsis a fin de recibir y enviar un mayor número de señales. Eso significa que una vez que una neurona ha sido estimulada a través del aprendizaje, lleva menos esfuerzo hacer la misma actividad en la próxima ocasión. De modo que si Sam decide aprenderse la tristemente célebre canción de la película *Casablanca* en el piano, la segunda vez que toque las notas las neuronas se dispararán, creando una vía nerviosa en el cerebro. Para el momento en que Sam haya tocado tantas veces la canción que esté ganando dinero, sus dedos encontrarán las teclas sin pensarlo, porque la sinapsis en las neuronas que toman el control de sus dedos conocen la secuencia y los tiempos de cada tecla. A fin de poder seguir aprendiendo y desarrollando nuevas áreas de su cerebro, Sam precisará practicar una nueva pieza musical[11].

### 4. Lee

Leer estimula al menos cuatro áreas del cerebro: vista, nueva información, emociones y pensamiento. En realidad, si te realizaran una resonancia magnética del cerebro mientras estás leyendo, todas las luces estarían encendidas, por así decirlo. Además, si quieres dar un paso adicional resaltando las ideas que tienen sentido para ti o haciendo las actividades al final de este capítulo, generarías nuevas neuronas, fortalecerías las sinapsis cerebrales y recordarías la información acumulada con mayor eficiencia. ¿Eso te motiva?

O lleva tus neuronas al nivel de las Olimpiadas Cerebrales leyendo en voz alta. Esto fuerza a tu cerebro a hacer las cosas que ya mencioné, además de causar que realices un análisis en tiempo real del material que viene para determinar el tono, el volumen y la inflexión, descifrar la pronunciación y el significado de las palabras, y expresar lo que has leído por medio de un discurso real[12]. ¡Toda esa actividad me hace querer tomar una siesta!

## 5. Duerme la siesta

El sueño, incluso un sueño corto, resulta extremadamente importante para mantener la plasticidad cerebral y reducir la sobrecarga de información. Un buen sueño nocturno puede consolidar los recuerdos de hábitos, acciones y habilidades aprendidas durante el día[13]. La otra cara de esta moneda es que la falta de descanso estresa tu cerebro y lo hace funcionar en un nivel menor. Si quieres que se evaporen las lagunas mentales del SPM, se generen nuevas células cerebrales y se reabastezcan algunos de los químicos del bienestar en tu cuerpo, duerme una siesta intensa. ¡No te sientas culpable, es bueno para tu cerebro!

## 6. Escribe una poesía sobre el SPM o un haiku hormonal

La escritura creativa estimula el lado izquierdo de tu cerebro y fortalece nuevas neuronas. Como resultado, me he dado a escribir haikus sobre las hormonas. Algunas veces son algo sombríos. A menudo parecen extraños. En otras ocasiones resultan de maneras que harían estremecer a Wordsworth, así como esta serie de poemas humorísticos que escribí durante uno de esos días con el SPM.

Esta es la historia de Lana LeMastre,
cuya vida hormonal era un desastre.
Sus arranques de ira
en sus días menstruales
siguieron siendo naturales.

Ella deseaba ser buena, Dios sabe que lo deseaba,
pero su esposo e hijos así no lo contemplaban.
Ellos no disfrutaban
de su constante malhumor
«Por favor busca ayuda», le gritaban con dolor.

Acudió a un doctor muy sabio y amistoso
que la ayudó a planear junto a su esposo.

«Para el SPM aliviar
el estrés tienes que bajar,
debes hacer dieta y ejercitar».

Decidida a cambiar, gritó: «¡Yo puedo!»,
pero entendió que todo era nuevo.
«¿No al azúcar?», dijo con decepción.
«¿Ejercicios?», exclamó con desesperación.
«Ah, Dios, ¿por qué no nací varón?».

## 7. Ríete

La risa estimula los «disparos» eléctricos en las cinco áreas del cerebro y ayuda a tu bienestar mental, social y físico[14]. En efecto, los científicos le han dado un nombre que no resulta muy cómico al estudio del humor: la gelotología (a mí me suena más al estudio de las gelatinas). Los investigadores concluyeron que la risa fortalece tu sistema inmune. ¡Así que ve a leer las tiras cómicas! Consigue un calendario de escritorio con dichos graciosos o regístrate en Internet para recibir un «chiste blanco» cada día.

Para el bien de tu salud mental, practiquemos la risa ahora mismo. He aquí dos chistes de cerebros.

P: ¿A dónde va de vacaciones el cerebro?
R: ¡A hipocampo!

P: ¿Qué dijo el hipocampo durante su discurso
 de retiro?
R: Gracias por los recuerdos.

Bueno, puede que esos no hayan sido tan graciosos después de todo. No obstante, recuerda que soy de Nebraska. A nosotros nos gustan los chistes malos. Creemos en la risa, ya que impide que se endurezcan las actitudes.

## 8. Practica juegos mentales

Tal vez seas de las que tienen una memoria fotográfica, pero nunca la has desarrollado. (Piensa en esto). Los juegos matemáticos

## 4. Tu cerebro y las hormonas: Medio cerebro es algo terrible para desperdiciarlo

como el Sudoku, los crucigramas o los juegos de computadora pueden acelerar el procesamiento y mejorar la memoria. ¡Y además son divertidos! Al trabajar en este capítulo, padecí de falta de inspiración y me bloqueé varias veces. (Lo sé, es difícil de creer con toda esta prosa derramada prolíficamente sobre estas páginas, pero es verdad.) En un intento de derretir mi cerebro congelado, entré en www.fitbrains.com (en inglés) y me distraje con un juego de palabras estimulante para la mente. Una aclaración: Practicar juegos mentales no es lo mismo que practicar videojuegos, los cuales operan primordialmente sobre los ganglios basales, uno de los centros de placer del cerebro. Los expertos advierten que esos juegos pueden dañar potencialmente el cerebro y crear adicciones poco sanas[15].

### 9. Activa la conexión de tu cerebro con Dios

Los científicos y teólogos han teorizado por igual durante muchos años acerca de si el cerebro humano contenía o no un «lugar de Dios», un punto donde el pensamiento trascendente se gestara y que de algún modo proveyera evidencias de la existencia de un ser superior. Con el surgimiento de las nuevas tecnologías se han publicado novedosos estudios en cuanto a este tema. Un estudio del 2006 usó la resonancia magnética para analizar los cerebros de monjas que habían tenido «una experiencia de intensa unión con Dios». En vez de encontrar un lugar que «se encendía» cuando las religiosas entraban en comunión con Dios, algo así como veinte áreas del cerebro mostraban que había actividad. El electroencefalograma (EEG) cuantitativo, que utiliza pulsos eléctricos para medir las ondas cerebrales, también se aplicó mientras las monjas oraban. Las ondas cerebrales más intensas durante esos momentos eran ondas alfa, largas y lentas[16]. Para ellas, la comunión con Dios producía un cerebro atento, pero a la vez relajado, algo que todas necesitamos durante el SPM. Por supuesto que el mayor beneficio de la oración es el gozo de la comunión con Dios, ¿pero no es agradable saber que hay beneficios físicos también?

«Yo uso las letras SPM para Suplica un Poco Más, porque cuando oro me siento más tranquila, centrada y positiva en cuanto a la vida en general». —Nanci

«El SPM me pone sobre mis rodillas. Cuando estoy allí pidiendo que Dios me ayude en mi día, oro por las necesidades de mi familia y amigos también. Al final me siento mejor, y quién sabe qué milagro ocurrirá gracias a que mi SPM me hizo arrodillar».
—Michelle

## 10. Busca nieve sin estrenar

Déjame ofrecerte una idea final que puede ayudarte a cambiar un cerebro negativo debido al SPM por uno positivo. ¿Recuerdas el comentario de Kit acerca de que su cerebro en el SPM se sentía como un globo de cristal con nieve adentro cuando es sacudido? Bueno, esta idea también se relaciona con la nieve, pero de una manera más constructiva.

Imagina tu cerebro como una cordillera. Tú estás parada en la cima, vestida de pies a cabeza con un traje para esquiar. (Como la imaginación es gratuita, imagínate con los mejores esquíes y la ropa más cara que el dinero pueda comprar). De repente desciende el SPM. Sin siquiera llegar a pensarlo tienes frente a ti la raíz del problema; tus esquíes se dirigen a un sendero conocido llamado «cortocircuito periódico mental». Piensas: ¡Ah, no, aquí vamos otra vez!

Seguir ese sendero es algo automático. En realidad, has bajado por esa cuesta tantas veces que en verdad no esquías; los surcos te llevan por el mismo camino predecible. No obstante, en vez de seguir tu reacción automática, hoy decides hacer una pausa.

«¿En verdad quiero seguir esta senda?», te preguntas.

¡La respuesta es no! En vez de eso, abandona esa huella en la nieve. Oblígate a subir más lejos en lo alto de la cordillera y a encontrar una parte diferente de la montaña con nieve sin estrenar. Al hacerlo, activarás los puntos divinos en tu mente al pedirle a Dios que te muestre por dónde comenzar este nuevo sendero. Y cuando te parezca que es el momento adecuado... ¡*adelante*! Deslízate por la ladera y comienza a trazar un nuevo camino llamado «estado positivo mental». Al esquiar, anímate a ti misma: «¡Puedo hacerlo!». Dobla a la derecha, luego a la izquierda. Oirás una voz diciéndote: «Este es el camino, ve por él».

Si te caes, no te preocupes, la nieve perdona. Si haces un giro equivocado, no te inquietes. Puedes corregir el curso en la próxima

### 4. Tu cerebro y las hormonas: Medio cerebro es algo terrible para desperdiciarlo

pista. Si quieres parar y mirar bien el panorama, hazlo. La velocidad no es el tema aquí, solo crear un nuevo sendero.

¡Zas, zas! Te deslizas por la montaña hacia abajo, hasta que finalmente llegas a la base. Esta pista llevó más tiempo y requirió más esfuerzo que si hubieras tomado el sendero conocido, pero al mirar atrás y observar el nuevo patrón que creaste, te sientes feliz. ¡Has conquistado la montaña! Acabas de cambiar el paisaje de tu cerebro.

Los cambios positivos están directamente vinculados a las conexiones neuronales del cerebro. La nueva senda tiene un nombre y puedes volver a pasar por ella. La próxima vez que desciendas la montaña resultará más rápido y sencillo. Es importante recordar que a la montaña no le importa dónde marques el sendero: eso es entre Dios y tú. Del mismo modo, a la mente no le importa a dónde la lleves, irá contigo a cualquier lugar que le digas que vaya. Tu tarea es abrir la senda. Una vez que está ahí, tus pensamientos te seguirán.

> *Ya sea que te desvíes a la derecha o a la izquierda, tus oídos percibirán a tus espaldas una voz que te dirá:*
> *«Éste es el camino; síguelo».*
> **—Isaías 30:21**

Amiga, lo que estoy compartiendo contigo es vital, no solo cuando se trata del SPM, sino en cada área de tu vida. Lo que piensas, el lugar donde tu mente habita, le da forma a la persona que llegarás a ser. Sé que quieres ser una mujer llena de sabiduría y gracia, una mujer que confía en Dios y cuya vida refleja la fe y la esperanza. Dios también desea eso mismo para ti. Él te ayudará. Escúchalo. Ora pidiendo su guía. Búscalo en cada momento y él moldeará tus pensamientos.

## Dios, cambia mi corazón

> «Con respecto a la vida que antes llevaban, se les enseñó que debían quitarse el ropaje de la vieja naturaleza, la cual está corrompida por los deseos engañosos; *ser renovados en la actitud de su mente;* y ponerse el ropaje de la nueva naturaleza, creada a imagen de Dios, en verdadera justicia y santidad» (Efesios 4:22-24, énfasis añadido).
>
> 1. ¿Qué instrucción se da en este versículo en cuanto a tener una nueva actitud? ¿Es esta una acción que realizas solo una vez?
> 2. Anota una actitud que muestras actualmente y sabes que debes cambiar. Usando el ejemplo del nuevo sendero en la nieve, describe la nueva actitud que quieres tener. Léelo una y otra vez. Al hacerlo, imagínate a ti misma abriendo una nueva senda para que tus pensamientos esquíen cuesta abajo. Luego, la próxima vez que esta actitud venga a tu mente, obliga a tus pensamientos a descender por la nueva senda que has creado.

# 5

# LAS DIEZ COSAS MÁS ELEGIDAS PARA EL ALIVIO FÍSICO

¡Alivio! Cuando nos sentimos terriblemente mal, necesitamos un respiro. ¡Y ahora mismo! Así que seamos prácticas. En este capítulo te referiré mis diez cosas favoritas para minimizar los síntomas físicos del SPM y la perimenopausia. Son una combinación de descubrimientos en investigaciones, respuestas a los cuestionarios, e ideas que me han ayudado a mí de forma personal. Las enumeré en orden ascendente de importancia, comenzando con la número diez, para finalizar con lo supremo —mi «descubrimiento» físico— la acción absoluta, demostrada universalmente y más práctica para cada mujer que lucha con el SPM. Ah, me estoy emocionando ahora mismo al pensar en cuánto esta acción puede ayudarte si la aplicas en tu vida.

¡No obstante, espera! Me estoy adelantando mucho. Comencemos con el consejo práctico número diez, porque te va a encantar.

## 10. Toma una siesta

*Definición de fatiga: Un uniforme que usa una madre de tres hijos en combate contra el SPM.* Padeces de SPM, pero tienes pequeños aferrados a tus pies, así que sigues andando. Sufres de SPM y trabajas, así que tomar una siesta es imposible.

No, nada es imposible, en especial si comprendes que rechazar un descanso cuando tu cuerpo lo necesita puede perjudicar:

- El juicio.
- La visión.
- El tiempo de reacción.
- El funcionamiento de la memoria a corto plazo.
- La paciencia.
- El desempeño[1].

De repente, tomar un descanso de quince minutos en tu automóvil durante tu hora de almuerzo en el trabajo o forzarte a recostarte por treinta minutos mientras los niños miran los dibujos animados en la tarde se vuelve una prioridad. Es verdad, quizás no quieras dejar sin terminar un par de cosas de tu lista de «tareas por hacer» (guárdalas para los días que tienes la energía alta después de tu período), pero puedes dar por cumplidas estas en tu lista:

- Menos fatiga.
- Mejoras en el sistema inmunológico.
- Mayor capacidad para pensar.
- Mejor tiempo de reacción.
- Mayor habilidad para aprender.
- Mejor salud general[2].

*Te confieso algo*: Tengo pocas cosas de las cuales lamentarme en mi vida, pero una cosa que cambiaría si tuviera la oportunidad es que hubiera disfrutado de más siestas durante mis días de Alerta Roja (los describo en el capítulo 9). Las siestas me hacen mejor persona. Mis hijos te dirán que eso es cierto. Mi esposo también. Hasta el gato, si pudiera hablar, te diría que una siestecita ocasional me ayuda a ser más decidida y productiva.

Tengo que sonreír ante la sabiduría que contiene la filosofía de la Dra. Christiane Northrup: «La mayoría de los casos de SPM desaparecerían si cada mujer moderna se retirara de sus tareas por tres o cuatro días al mes y alguien le hiciera la comida»[3].

Las siestas pueden tomarse de diferentes maneras. La Asociación Nacional del Síndrome Premenstrual es una organización del Reino Unido que ayuda a las mujeres con SPM. Así que tal vez después de tu siesta quieras ver el sitio en la red de dicha organización, www.pms.org.uk (en inglés).

Según el Dr. Han Jin-gyu de la Clínica del Sueño en Seúl, el sueño es la terapia hormonal más natural. «Dormir bien tiene el mismo efecto que potentes inyecciones de hormonas», y mientras duermes, el cuerpo segrega melatonina y hormonas adrenocorticotrópicas que ayudan a controlar el estrés[4].

## 9. Acurrúcate con una almohadilla térmica

Los estudios demuestran que en las unidades de emergencia, aplicar calor alivia el dolor del trauma. ¿Y qué más víctima de un trauma que una mujer bajo el terrorismo que ejercen sus hormonas?

Un estudio reciente dividió a cien pacientes que sufrían de cólicos renales agudos en dos grupos: los que recibían una almohadilla térmica para su abdomen y la parte baja de la espalda mientras eran transportados en la ambulancia y aquellos que no. El grupo que recibió calor vio un significativo descenso del dolor y notables disminuciones de las náuseas y la ansiedad. De modo que si sufres de dolores de cabeza, calambres, empacho, o simplemente en general sientes ganas de darle un puñetazo a la pared justo antes de tu período, no subestimes el confort de una almohadilla térmica.

## 8. Toma algún medicamento

No soy adicta en general a ingerir pastillas, pero en los días verdaderamente malos suelo tomar algún medicamento para combatir los síntomas del período menstrual, como el Midol, el cual alivia mis retorcijones, la inflamación, los dolores de cabeza y ese sentimiento generalizado de dolor. No obstante, si tu dolor suele ser extenuante, no acudas a una pastilla, sino al médico.

## 7. Restringe la sal

*Definición de retención de líquidos: Cuando tu cintura y tus tobillos son del mismo tamaño.* La semana anterior a tu período pídele a alguien que esconda el salero. Limita las comidas obviamente saladas, como las papas fritas y las palomitas de maíz, pero también mantente atenta a las fuentes ocultas de sal, como las verduras enlatadas, los embutidos y los aderezos para ensaladas.

## 6. Elimina la cafeína por una semana

*Definición de «descafeinar»: Actividad penosa en la que eliminas comidas y bebidas que normalmente te dan energía.* Un reporte de ochocientas cuarenta y una mujeres en la Universidad Estatal de Oregón confirma que incluso una taza al día de café, té o gaseosa con cafeína agrava los síntomas como la sensibilidad en los pechos y la irritabilidad[5].

## 5. Toma té tibio

Tienes que pasarle este secreto a los británicos. Ellos conocen sus panecillos… y su té. Y ahora lo promocionan basándose en la evidencia de que beber té en realidad es mejor que tomar agua. «El agua está esencialmente reemplazando el líquido. El té reemplaza los líquidos y además contiene antioxidantes, así que obtienes dos por uno»[6]. Bueno… puede ser… pero a menudo el té también contiene cafeína, así que lee las etiquetas antes de tomarlo. El té de manzanilla se vendió por muchos años como un calmante para el SPM. Los que son especialmente formulados se pueden comprar en Internet o la mayoría de las tiendas de productos para la salud.

## 4. Considera los suplementos dietéticos

Un desequilibrio en cualquier mineral esencial para el cuerpo puede intensificar los síntomas desagradables. La siguiente lista incluye minerales y vitaminas que sobresalen por tener gran éxito en atenuar los síntomas de SPM. Los he enumerado en orden de importancia, colocando los de eficacia más comprobada al principio. Muchos productos para el SPM combinan estas vitaminas en una sola pastilla o bebida. Tomar ese producto a diario hasta dos semanas antes de comenzar tu período puede aliviar mucho el malestar físico.

*Calcio*: Las pruebas clínicas demuestran con seguridad los efectos benéficos del suplemento de calcio para minimizar los síntomas del SPM[7]. Una dieta alta en calcio puede ayudar a disminuir la retención de líquidos, los espasmos y los cambios de humor, y mantiene los huesos fuertes[8]. La dosis recomendada para las mujeres es de ochocientos a mil doscientos miligramos por día, pero la mayoría de ellas solo consume seiscientos miligramos por día en una dieta normal[9]. Algunos reportes que leí recomiendan tomar más leche, pero debido a las hormonas que contiene, evito la leche y prefiero el yogurt, que también tiene un alto contenido de antioxidantes.

*Magnesio*: Promueve un correcto funcionamiento del corazón y la producción de energía, y es un calmante para el sistema nervioso[10]. Un bajo contenido de magnesio puede causar ansias de azúcar y retención de líquidos, e impedir la absorción del calcio. Los suplementos de magnesio pueden ayudar a disminuir la hinchazón, los antojos de comida y la frecuencia y severidad de las migrañas[11]. Un estudio del *Journal of Women's Health* [Periódico de la Salud Femenina] descubrió que los beneficios del aumento del magnesio se aprecian mejor luego de ingerirlo de forma constante durante dos meses, así que dale tiempo a fin de que trabaje. Las comidas ricas en magnesio incluyen: espinacas, cebada, semillas de girasol, almendras, tofu, mero, jurel y salvado de arroz[12].

Ahora deseo comentarte cuáles son las tres vitaminas favoritas comprobadas en estudios y recomendadas por la mayoría de los profesionales de la salud en orden de importancia. Piensa en «DEB» al enfocarte en el alivio que brindan las vitaminas D, E y B.

*Vitamina D*: Las investigaciones sugieren que hasta un ochenta y cinco por ciento de las personas pueden estar deficientes de vitamina D[13]. Ya que estudios recientes sugirieron que la vitamina D ayuda a mantener la fuerza ósea y la salud de la piel, previene enfermedades graves y sirve como inmunoestabilizador y antiinflamatorio, muchos doctores y un grupo pediátrico destacado están recomendando que el límite diario de ingesta de vitamina D aumente de mil a mil doscientas unidades[14]. Una razón por la que la gente tiene bajo contenido de vitamina D es porque la recibimos de modo natural a través de los rayos de sol, y nuestra cultura altamente tecnológica mantiene a las personas dentro de las oficinas en vez de trabajando al aire libre. La vitamina D en los rayos solares aumenta levemente la testosterona (relacionada a tu deseo sexual) y eleva los niveles de la serotonina «del bienestar» en el cerebro. Este nutriente también ayuda a tu cuerpo a absorber el calcio, que a su vez alivia los síntomas del SPM. Solo unos pocos alimentos son naturalmente ricos en vitamina D, como el pescado (salmón, atún y jurel) y los aceites de hígado de pescado. No sé en cuanto a ti, pero el pescado no es un pilar principal en mi dieta. Pequeñas cantidades de vitamina D se hallan en el hígado de res (desagradable) y las yemas de los huevos (un poco mejor). Con eso basta para decir que es una de las vitaminas que por lo general debemos tomar en forma de suplemento, ya que es muy probable (y en especial para *todos* los que sobreviven a los vientos de Alaska) que no vayas a recibir lo suficiente de ella.

*Vitamina E*: Se cree que reduce la hinchazón de los pechos y los sofocones. Una buena fuente natural de vitamina E son las nueces, el brócoli y los cereales integrales. Dosis recomendada: cuatrocientas unidades diarias[15].

*Vitamina B-6*: Reduce la retención de líquidos y alivia la fatiga y los cambios de ánimo. Hablaré más de esta vitamina en la próxima sección cuando me refiera a los síntomas mentales y emocionales del SPM. Los alimentos que contienen esta vitamina incluyen las carnes, bananas, aguacates, pescados y batatas. La dosis recomendada es de hasta doscientos miligramos por día.

Mi propósito con esto no es darte cada detalle minucioso, sino brindarte un resumen de lo que me ayudó a mí y a otros sin necesidad de sobrecargarte de información. No obstante, si de veras quieres investigar con profundidad, ve a Google y busca más, porque hay toneladas de datos en la Internet. Sin embargo, ten cuidado, pues la mala información abunda, así que revisa las fuentes y asegúrate de que lo que aprendes está respaldado por informes confiables.

## 3. Bebe agua[16]

Las revistas de salud continuamente publican los beneficios de beber agua. En el pasado, pasaba por alto tales artículos. Tenía otras maneras de incorporar líquidos que eran mucho más emocionantes.

## 5. Las diez cosas más elegidas para el alivio físico

### *Datos sobre el agua*

- Beber agua *reduce* la retención de líquidos en vez de aumentarla (a menos que también te estés atracando de palomitas de maíz).
- Nuestros cuerpos están compuestos por entre el cincuenta y cinco y el setenta y cinco por ciento de agua y se encuentran en constante necesidad de rehidratación.
- El setenta y cinco por ciento de los estadounidenses están crónicamente deshidratados y en el treinta y siete por ciento el mecanismo de la sed es tan débil que a menudo se confunde con el hambre.
- Aun una deshidratación *leve* desacelera el metabolismo en un tres por ciento.
- La falta de agua da dolor de cabeza y fatiga[17].
- El agua hidrata tu piel, haciéndote lucir más joven.
- Incluso una modesta reducción de un dos por ciento en el líquido corporal puede provocar una memoria borrosa a corto plazo, problemas con las operaciones matemáticas básicas y dificultad para concentrarse en la pantalla de la computadora o una página impresa.
- El agua es un purificador orgánico que remueve toxinas y desperdicios de tu cuerpo[18].
- Investigaciones preliminares indican que de ocho a diez vasos de agua por día pueden atenuar de manera significativa el dolor de la espalda y las articulaciones en un ochenta por ciento de quienes los padecen.
- Beber cinco vasos de $H_2O$ diarios disminuye el riesgo de cáncer de colon, además de reducir drásticamente el riesgo de cáncer de seno. Y en una de cada cincuenta mujeres hay menos probabilidades de desarrollar cáncer de vejiga.

Tengo que confesarte algo: Toda mi vida he sido fanática de la Coca-Cola dietética. Me gusta mi agua carbonatada de color caramelo, con solo una caloría afortunadamente. En la iglesia, mis amigas sabían cuál era mi auto en el estacionamiento porque el portavasos sujetaba perpetuamente la lata plateada con letras rojas cursivas. Cuando una bienintencionada amiga me sugirió que beber agua en lugar de Coca-Cola dietética reduciría mis síntomas de SPM, la miré fijo. ¿Cómo se *atrevía* a juzgarme? No tenía idea de lo miserable que me sentía, de mis calambres, mis pechos adoloridos, de cómo me dolía todo. ¿Y ahora estaba diciéndome que debería dejar la única cosa pequeñita en el mundo que me daba un poquito de satisfacción?

Entonces sucedieron varias cosas a la vez. Primero, aparecieron en los periódicos de todo el país nuevos estudios documentando los riesgos de las gaseosas para la salud. Segundo, entrevisté a mi alegre amiga y entrenadora de bienestar, Eileen McGuire, que amablemente me comentó en cuanto a mi hábito de beber Coca-Cola: «Lorraine, estás envenenando tu cuerpo». (En realidad, no lo dijo en un tono *tan* amable. Dios sabía que yo necesitaba una buena nalgada). Tercero, me topé con una lista que describía los beneficios del agua y los riesgos de las gaseosas. La culpa me atrapó. *¿Cómo podría sugerirte que tuvieras hábitos saludables si yo misma no los cumplía?* De modo que, después de cuarenta años de beber tres Coca-Colas al día (¿a quién estoy queriendo engañar?, a menudo eran del tamaño familiar, así que era mucho más que eso), pateé la lata, por decirlo de algún modo.

¿Extraño mis gaseosas? Sí, siempre. No obstante, creo que es mejor morir a un hábito insalubre que vivir prematuramente cinco metros bajo tierra. Las bebidas dietéticas contienen sustancias vinculadas al cáncer. Michael Jacobson, director del Centro para la Ciencia en el Interés Público, quien está ejerciendo presión para que el gobierno restrinja los alimentos que considera insalubres, le llama «caramelo líquido», una «bomba» en nuestra dieta[19]. «La bebida carbonatada es por excelencia comida chatarra», dice Jacobson, una que contribuye a alrededor del diez por ciento de las calorías de la dieta de los estadounidenses (¡ay!). Dado que una lata de gaseosa de trescientos cuarenta centímetros cúbicos contiene más de diez cucharadas de azúcar, provoca que el cuerpo entre en pánico y nos puede provocar hiperglucemia, lo que me lleva al siguiente punto: recorta el consumo de azúcar.

## 5. Las diez cosas más elegidas para el alivio físico

### *La verdad no-tan-dulce acerca del azúcar*

*Límite diario recomendado:*
No hay una cantidad «permitida» diaria que se recomiende, porque nuestro cuerpo no necesita azúcares agregados para funcionar. No obstante, el límite es de veinticinco gramos para las mujeres[20].

*Cantidades que estamos ingiriendo:*
Según la Encuesta de Evaluación de la Salud y la Alimentación Nacional, estamos consumiendo 88,8 gramos por día[21].

*Problemas de salud relacionados con el exceso de azúcar en la dieta:*
Inflamación, enfermedades coronarias, presión sanguínea alta, apoplejía, obesidad, diabetes, hipoglucemia y deterioro dental.

*Alimentos que contienen azúcar en forma oculta:*
Embutidos, panes, galletas, cereales, granolas, mantequilla de maní, sopas y salsas enlatadas, alimentos congelados, yogurt, ketchup, comidas que dicen ser «bajas en grasas».

*Solución:*
Lee las etiquetas de los productos. Si uno de los tres primeros ingredientes es azúcar o una palabra terminada en «–osa» (jarabe de maíz de alta fructosa, maltosa, sacarosa, lactosa), evítalo.

*Para satisfacer el antojo:*
Buena elección: chocolate con 80% de cacao. Contiene antioxidantes.

Mejor elección aún: bayas, frutas y melones orgánicos.

La mejor elección de todas: yogurt natural rociado con arándanos (el calcio y las bayas poseen beneficios para el SPM).

*Sustitutos del azúcar:*
Hay seis tipos diferentes de sustitutos para el azúcar: aspartamo (comercializado como NutraSweet o Equal), sacarina (Sweet'N Low), neotame, sucralosa (Splenda), acesulfamo de potasio (SweetOne) y stevia. Las mujeres que consumieron altas cantidades de aspartamo dijeron que su SPM había empeorado. Los productos que contienen tanto aspartamo como sacarina poseen propiedades cancerígenas. La sucralosa está ligada a dolores de cabeza, estómago y otros problemas gastrointestinales. Todos esos edulcorantes son sospechosos, a excepción del único producto natural que es la stevia, el cual se encuentra en un arbusto nativo de Sudamérica y al que no se le conocen efectos colaterales. En síntesis: dile no a los primeros cinco y tal vez sí a la stevia. Muchos doctores tienen una fuerte posición contra los sustitutos del azúcar. El Dr. William Campbell Douglass afirma: «No importa cómo tú lo veas, pero el aspartamo es una mala palabra en mi libro. La introducción masiva de esta neurotoxina en la comida no es nada menos que una guerra biológica contra cada uno de nosotros»[22].

## 2. Limita el azúcar

Para mí, la palabra chocolate se deletrea p-l-a-c-e-r (nunca fui muy buena en las clases de ortografía y las competencias de deletreo).

El SPM agudiza nuestro deseo de consumir azúcar, ¿verdad? Sin embargo, hay razones válidas para que tengamos tales antojos «en ese tiempo del mes». Primero, porque después de la ovulación muchas mujeres experimentan una disminución del hierro, lo cual puede crear ese deseo por lo dulce. Segundo, porque los niveles de azúcar descienden antes de la menstruación. Tu cuerpo te envía un fuerte deseo de «necesitar algo dulce» a fin de impulsarte a recuperar de nuevo esos niveles. El problema *no es* el deseo, sino cómo respondemos a él. Por ejemplo, cuando mi abuela experimentaba una caída de azúcar previa a su período, ella podría haber ido a buscar una manzana orgánica al árbol de su jardín, mientras que todo lo que yo podía conseguir era un helado de doble chocolate con biscochos en mi refrigerador. (Y para completarlo le agregaba

## 5. Las diez cosas más elegidas para el alivio físico

un puñado de caramelos de colores). La respuesta de mi abuela le daba a su cuerpo un alimento natural que lentamente elevaba su nivel de azúcar dejándola satisfecha. La mía empeoraba mi SPM creando un pico de azúcar en sangre seguido de una severa caída que me dejaba malhumorada y deprimida. Y los conservantes del helado y los caramelos de colores estresaban mi cuerpo, haciéndolo enloquecer, razón por la cual a menudo me sentía furiosa después de la breve euforia de haber permitido que esos deliciosos químicos se derritieran en mi boca.

En ese momento no sabía lo que sé ahora. De haberlo sabido, habría cogido un micrófono y me hubiera gritado a mí misma y a todas las mujeres un mensaje: ¡Deja de empeorar tu SPM estresando tu cuerpo con azúcar blanca y químicos!

¿Sabías que la bolsa de azúcar de dos kilogramos que venden en el supermercado, hecha de caña de azúcar o remolacha azucarera, es procesada en un noventa y nueve por ciento? Los extraños cristales blancos que quedan luego del procesamiento son $C12h220$, un químico extraño a nuestro cuerpo. *Bueno, entonces reemplazo el azúcar con sustitutos y encima ingiero menos calorías*, puedes pensar. Detente, amiga. La mayoría de los sustitutos del azúcar son químicos sin refinar y contienen carcinógenos (digamos «cáncer»). Por supuesto que un sobrecito de Equal en tu café no va a matarte, pero varios sobrecitos diarios durante largos períodos de tiempo, combinados con todos los azúcares ocultos en otras comidas, pueden provocarte un daño serio a la salud.

Estoy casi segura de que la mayoría de las mujeres no están al tanto de esto, porque el consumo de azúcar se encuentra en alza. En 1919 la mujer promedio consumía treinta y siete kilogramos de azúcar por año[23]. Hoy en día el consumo promedio alcanza la alarmante cifra de sesenta y nueve kilogramos anuales, aproximadamente el doble de la cantidad de cuando mi abuela era joven[24]. Solo en los últimos años comprendí este hecho al punto de llegar a convencerme. Hice un ayuno de azúcar (incluyendo harinas blancas y arroz blanco, porque en definitiva el cuerpo los procesa como azúcares). Después de una semana me sentí mucho, mucho, mucho mejor, tanto que solo de manera ocasional me doy el gusto de comer azúcares o distintos tipos de panes.

Confieso que durante mis años de SPM no tomaba buenas decisiones, ya que no conocía mi cuerpo. Todo lo que sabía es que tenía ansias de azúcar como un alcohólico anhela el alcohol. Un año, en mi cumpleaños, mi amiga Jan me regaló un «Estuche de supervivencia para el SPM». Adentro de una gran caja había doce bolsitas de regalo, cada una con el nombre de un mes escrito en la parte superior. Una bolsita típica contenía una postal graciosa, un poema o un texto bíblico para reflexionar y *chocolate*. La idea era que cuando me atacara el SPM, abriera la bolsita de ese mes y las cosas que contenía me levantarían el ánimo decaído. Durante los tres primeros meses las bolsitas me sirvieron bien, pero al acercarse el cuarto mes las cosas se pusieron feas. Me agarró el demonio del SPM. Arrasé con todo buscando chocolate. Corría por toda la casa revisando en la alacena, el refrigerador, hasta en mi cajón de las medias donde solía esconder los tesoros especiales, pero no encontré nada de chocolate. *Y yo tenía que comer chocolate.* No más tarde, sino en ese mismo instante. Ahora mismo. Corrí a mi estuche de supervivencia, rompí la bolsa de abril y me comí la barra de chocolate que estaba dentro. No fue suficiente. Rompí también la bolsa de mayo y me comí el bombón de chocolate con mantequilla de maní. Todavía no era suficiente. Siguió junio, pero incluso la barra de almendras, caramelo y chocolate correspondiente a ese mes no logró satisfacerme. Rompí las bolsas de los tres meses siguientes, mientras el chocolate chorreaba de mi boca como si yo fuera un perro rabioso. Ya había llegado a septiembre, devorándome los biscochos cubiertos de chocolate, cuando de repente observé el versículo escrito en una de las tarjetas:

«En cambio, el fruto del Espíritu es amor, alegría, paz, paciencia, amabilidad, bondad, fidelidad, humildad y dominio propio» (Gálatas 5:22).

¡Qué problema! Yo quería chocolate, pero necesitaba «frutos», en especial el que se llamaba dominio propio. Mi epifanía del chocolate no regresó hasta muchos años más tarde, cuando entendí que, al igual que muchas mujeres con altibajos hormonales, estaba un tanto hipoglucémica. En vez de ceder a los anhelos iniciales de azúcar, que atrapaban mi cuerpo en un ciclo vicioso de necesitar cada vez más, debería haber comido cinco porciones diarias de comidas ricas en proteínas a fin de mantener parejos los niveles de azúcar en sangre.

Por favor, no sigas mi mal ejemplo. Rompe el ciclo del azúcar antes de que te destruya a ti.

## 1. Come cinco pequeñas porciones de alimentos ricos en proteínas por día

«La comida es la droga más poderosa que le das a tu cuerpo»[25]. Lo que comes, la cantidad que comes, y la frecuencia con que lo comes, afectarán tus hormonas. Los expertos sugieren que ingieras pequeñas porciones cada cuatro horas para mantener los niveles de azúcar y la energía elevada durante tu SPM. Prueba con tres comidas pequeñas de aproximadamente cuatrocientas calorías cada una y altas en proteínas, luego compleméntalas con un aperitivo a mitad de mañana y la tarde (sugerencia: siete almendras y una manzana). Hagas lo que hagas, nunca te saltes el desayuno. «Los estudios demuestran que el desayuno es una de las maneras más confiables de alcanzar un peso saludable y regularizar tu glucosa e insulina. En realidad, las mujeres que no desayunan son cuatro veces y media más propensas a la obesidad que las que sí lo hacen»[26].

Puede resultar frustrante tratar de seguir todos los últimos consejos de la medicina. Justo cuando crees que ya lo tienes todo bajo control, algún nuevo reporte aparece y te dice lo contrario. Un estudio afirma que la grasa es terrible. Sin embargo, hay otro reporte que señala que no, que ciertas grasas son buenas para ti y solo algunas de ellas resultan malas (y nunca puedes mantener a raya las grasas buenas y las malas). Los expertos también discuten acerca del vino. Algunos dicen que el vino, que es un depresivo, debería evitarse durante el SPM. Otros investigadores sugieren que un vaso de vino tinto al día es saludable. Y no quiero empezar con las variadas opiniones acerca del café...

¿Ya estás lista para el «descubrimiento» que te prometí antes: la acción absoluta, demostrada universalmente y más práctica para ayudarte a sentir mejor en muchos niveles? Respira profundo —ten la mente abierta— está escrita justo más adelante.

## Dios, cambia mi corazón

> «Entonces el Espíritu del Señor vendrá sobre ti con poder […] y serás una nueva persona» (1 Samuel 10:6).
>
> 1. ¿De qué maneras la información de este capítulo te inspiró a ser diferente?
> 2. ¿Qué pasos tienes que dar para que el cambio ocurra?
> 3. Según este versículo, ¿cómo fue posible el cambio?
> 4. Medita en Zacarías 4:6. Pídele a Dios que te cambie por medio del poder del Espíritu Santo.

# 6

# EL DESCUBRIMIENTO FÍSICO

*A*hora es tiempo de compartir la más grande: la acción que ayudó a las mujeres de todos los siglos a sentirse mejor cuando estaban terriblemente mal. Esta acción —que se cita en cada libro o artículo de revista sobre los SPM como una fuente de alivio— sí que da resultado.

Ha funcionado para mí incontables veces.

¿Estás lista? Redoblantes por favor… ¡tantarán!

Mi consejo número uno es: ¡Ejercicio!

Lo sé, lo sé. Algunas mujeres detestan el ejercicio. Como dijera una mujer: «Cada vez que pronuncio la mala palabra "ejercicio", me lavo la boca con chocolate». No obstante, sabemos que los beneficios son innegables.

Cuando hago gimnasia, tengo más vigor. Mis ojos brillan. Respiro más profundamente. Mi apetito disminuye mientras que la energía aumenta. La ejercitación física:

- Eleva la temperatura corporal, lo que alivia la tensión física en articulaciones y músculos.
- Mejora la digestión.
- Reduce la presión arterial.
- Disminuye la jaqueca, los dolores de ovarios y la inflamación.
- Combate el cáncer y estimula el sistema inmunológico.
- Incrementa el deseo sexual (¡eso vale como unos cuantos abdominales!).

- Mantiene los huesos fuertes y reduce el riesgo de osteoporosis.

Y lo mejor de todo es que el ejercicio puede aliviar el malestar premenstrual y menopáusico.

Hacer ejercicio puede mejorar las funciones de nuestro cuerpo en todos los niveles fisiológicos. Según el Dr. Walter Bortz, de la Asociación Médica Estadounidense: «No hay ninguna droga en el presente o el futuro que sea tan promisoria para una buena salud sostenida como un programa de ejercicio físico regular de por vida».

Y ahora los investigadores nos dan una razón más para hacer gimnasia: ¡Rejuvenece el ADN! Un estudio del año 2008 arrojó como resultado que los que se ejercitan regularmente parecen tener un ADN «más joven» que los que están todo el día sentados[1].

El mejor momento para comenzar a hacer ejercicio es cuando eres joven. El segundo mejor momento es ahora. Tus músculos no conocen tu edad, lo único que saben es sobre su uso o desuso. Mientras más utilices tus músculos, actuarán como si fueran más jóvenes en términos de respuesta, fuerzas, estabilidad y resistencia[2].

Aunque haya miles de razones que debieran motivarnos a movernos durante el SPM, el ejercicio es a veces la última cosa que desearíamos hacer. No obstante, cuando me obligo a salir de casa o dejar mi caminadora mecánica para dar un paseo al aire libre, *siempre* me siento mejor. No recuerdo haber dicho alguna vez: «En vez de ir a trotar hubiera querido quedarme apoltronada en el sillón con un bol de helado y mirando la televisión».

Dios diseñó nuestros cuerpos para la actividad física. A veces pensamos: *Estoy físicamente activa. ¡Hago los mandados! Ejercito mis músculos con las tareas del hogar, lavando y yendo de compras.* Pues bien, no es lo mismo. Eso es actividad, no ejercicio. La actividad nos cansa, pero trabajar los grupos musculares eleva la frecuencia cardíaca y genera energía.

Estírate o tuércete… ¡tú eliges!

El ejercicio se clasifica en dos categorías: el *estático*, que consiste en hacer estiramientos y trabajar los grupos musculares, y el *dinámico*, que incluye la actividad cardiovascular. El tipo de ejercicio que elijas durante tu SPM probablemente dependa de tu nivel de incomodidad en el momento.

*Si tu dolor físico está entre siete y diez en una escala de diez puntos* (siendo el diez el más alto), *limítate a hacer ejercicio estático.* A continuación se describen tres ejercicios de elongación diseñados para aliviar específicamente los síntomas del SPM.

Inflamación: Ejercicios pélvicos. De pie, con las piernas separadas a una distancia de treinta centímetros aproximadamente y tus rodillas levemente flexionadas. Coloca tus manos sobre la cintura, cerca del hueso de la cadera. Mueve tu pelvis hacia adelante y hacia atrás entre diez y quince veces. (Esto también puedes hacerlo recostada sobre tu espalda con tus rodillas flexionadas. Inclina el abdomen hacia arriba manteniendo los glúteos en el suelo, y luego presiona la parte baja de la espalda contra el piso)[3].

Dolor de espalda: Arrodíllate en el suelo con las rodillas un poco separadas. Con suavidad, apoya tu frente en el suelo. Relaja los brazos al costado del cuerpo, con las palmas hacia arriba y estírate. Respira profundo. Siente cómo se extiende la parte baja de tu espalda.

Espasmos: Estiramiento pélvico. Recuéstate sobre tu espalda con las rodillas flexionadas, el pie derecho cruzado sobre la rodilla izquierda. Empuja tus caderas contra el suelo, estirando la pelvis. Coloca tu dedo pulgar en el hueso de tu tobillo derecho y deslízalo hasta la hendidura y luego presiona. Este punto de acupresión puede ayudarte a aliviar los dolores de ovarios.

*Si tu nivel de molestia está entre tres y seis, considera ejercicios que combinen lo estático y lo dinámico.* Primero alárgate. Estira todo. Las piernas, los brazos, el cuello, hasta los dedos. Hazlo diez minutos y disfruta la sensación de tu cuerpo extendiéndose más allá de sí mismo. Luego dedica veinte minutos a dar una caminata enérgica cargando una pesa de un kilo o un kilo y medio en cada mano. Respira profundo. Mientras caminas escucha música de adoración (o simplemente a los pájaros cantando). Para el momento en que hayas acabado te sentirás una mujer nueva, con un nuevo cuerpo, alma y espíritu.

*Si tu nivel de incomodidad es de 0 a 2, pasa treinta minutos haciendo ejercicio dinámico.* Corre dos o tres millas y en cada paso alaba a Dios porque estás teniendo un buen día.

Como práctica general, el Colegio Estadounidense de Medicina Deportiva y la Asociación Estadounidense de Salud recomiendan que tu programa de ejercitación incluya[4]:

- Ejercicio aeróbico moderadamente intenso de treinta minutos por día, cinco días a la semana.
- O ejercicio aeróbico vigoroso de veinte minutos por día, tres veces por semana.
- Y de ocho a diez ejercicios de fuerza, de diez a quince repeticiones de cada ejercicio, de dos a tres veces por semana.

Es bueno variar tu rutina de ejercicios cada algunas semanas para sorprender a tus músculos. La variación hace que tus músculos trabajen más y no te aburras, así como también fortalece más la masa muscular magra. Intenta hacer esto:

- *Cambia el tipo de ejercicio*. Si por lo general corres, trata de nadar. Si sueles caminar, levanta pesas por veinte minutos. Ejercítate con un vídeo de tanto en tanto, o salta la cuerda, o brinca en un mini trampolín. Si te gusta la interacción social, anótate en un equipo de voleibol o béisbol de la YMCA. ¡Solo ve y muévete!
- *Cambia la duración de tus ejercicios*. Trata de aumentar tu tiempo de gimnasia o de ocasionalmente acortarlo (pero haciéndolo más intenso).
- *Cambia la intensidad de los ejercicios*. Si caminas en la cinta mecánica, incrementa la pendiente y exttiéndete algunos minutos más de lo habitual. Lleva a cabo un entrenamiento intermitente en una bicicleta o la máquina elíptica (alternando con intervalos entre modo rápido y de recuperación[5]).

## ¡SIMPLEMENTE HAZLO!

Entonces, ¿qué piensas? ¿Estás dispuesta a beneficiar a tu organismo a través de la traspiración liberada en el ejercicio, o vas a dañar tu cuerpo sentándote en el sofá y sudando por menudencias y cosas sin sentido? Tu mente puede decir: ¡Sí! Necesito hacer ejercicio porque me hará bien en el presente y me ayudará a estar fuerte para el futuro. No obstante, tu corazón sale con excusas:

*No tengo tiempo para hacer gimnasia.*
*No quiero estar toda transpirada.*
*Ir a un gimnasio me cuesta mucho esfuerzo.*

Como mujeres, tenemos un terrible potencial para influenciar. Nuestra vida y salud son vitales para nuestra capacidad de cumplir los propósitos que Dios ha planeado para nosotras. ¡Y el ejercicio es un ingrediente esencial de la receta!

Este ingrediente a veces desagradable será más apetecible si haces tres cosas: planear, comprometerte y orar.

## PLANIFICA

Algunas mujeres se sienten tan incómodas mirando al futuro que ni siquiera comprarían bananas verdes. No obstante, si sufres de SPM, debes planificar con miras al futuro, pues de otro modo las hormonas pueden tomarte por asalto y tenderte una emboscada.

Intenta esto: Toma la ofensiva ejercitándote *antes* de que el descalabro mensual arribe. Dispón la alarma de tu teléfono o tu computadora para que te avise cuándo se aproximan los «días de alerta roja». Entonces, por los siguientes veinte días, oblígate a salir de tu casa a dar una caminata enérgica de veinte minutos. Este simple acto puede aliviar tremendamente la tensión premenstrual.

## COMPROMÉTETE

Sabes que lo que estoy diciendo sobre el ejercicio es verdad. Otros también te han recalcado el beneficio del ejercicio, desde tu maestra de primer grado hasta tu médico actual. La verdad está en tu cabeza, pero depende de ti trasladarla a la acción.

Tal vez tienes intenciones de actuar, pero no estás segura de por dónde empezar y la idea de un programa de ejercicio regular te agobia. Déjame asegurarte que el modo de comenzar ciertamente *no es* salir y correr una maratón. En cambio, comienza con una vuelta en la pista. O al menos da un paso en la dirección correcta.

¿Podrás hacerlo? ¿Asumirás el compromiso ahora, hoy mismo, de hacer algunos cambios en tu vida?

Cambiar no es fácil. Mark Twain dijo que al único que le gusta el cambio es a un bebé mojado. No obstante, aun si no estás entusiasmada con la idea de cambiar, es probable que lo necesites.

*Consigue una amiga*. Encuentra a alguien con quien disfrutes pasando el tiempo y emplea ese tiempo juntas caminando, escalando, andando en bicicleta, nadando o bailando. No puedo decirte cuánto te ayudará tener una compañera de ejercicios. Es mucho más fácil levantarte a caminar a las cinco y media de la mañana cuando sabes que alguien te está esperando para encontrarse contigo.

*Compra un vídeo*. El clima puede estropearte la actividad al aire libre, pero tus excusas de que «está demasiado caluroso/frío/ventoso/oscuro» no tendrán peso, porque te estará esperando tu propio entrenador personal en la comodidad de tu hogar. Solo coloca tu vídeo amigo en el reproductor de DVD o pásalo en tu computadora. ¡Y, mira, no podrás encontrar otro precio mejor que quince dólares por una cantidad innumerable de sesiones!

## ORA

¿Has hablado con Dios sobre tu deseo de cambiar? Si no, ya es hora. Juan 16:24 señala: «Hasta ahora no han pedido nada en mi nombre. Pidan y recibirán, para que su alegría sea completa». Tal vez pienses que Dios está demasiado ocupado gobernando el universo como para ocuparse de tu rutina de danza. ¡No es así! A Dios le importa todo lo que te interesa a ti, en especial tu salud. A veces la mejor manera de comenzar es solo pidiéndole a Dios que te ayude a tener la voluntad para cambiar. ¡Adelante! Pídele que te proporcione una mejor actitud con respecto al ejercicio. Pídele que te dé la compañera de ejercicios perfecta que te hará ser responsable. Y pídele amigas que te animen con tu salud.

Estamos a punto de hacer un cambio y comenzar a estudiar los síntomas mentales y anímicos. No obstante, antes de abandonar el tema de los síntomas físicos, reflexiona sobre los retos que te he hecho. Te he desafiado a reducir tu exposición a los xenoestrógenos, a comer y beber comidas y vitaminas que beneficien a tu cerebro y tu organismo, a mejorar tu salud al implementar un

## 6. El descubrimiento físico

plan de ejercicios. ¿Cuál es tu respuesta? ¿Te echarás hacia atrás? *Lorraine, mi vida ya está bastante cargada de cosas. No tengo ni tiempo ni energía para hacer todo lo que me sugieres.* Si esos son tus pensamientos, probablemente sean ciertos. No, no tendrás tiempo de hacer *todo* esto, pero puedes intentar una cosa.

¿Qué es lo que Dios está poniendo en tu corazón? ¿Qué única cosa está diciéndote que desea que cambies? Enfócate en esa cosa. Luego ten en mente estas dos ideas al continuar leyendo.

*No desprecies los pequeños comienzos*. Lo pequeño le interesa a Dios. Te importa a ti. No trates de cambiar todo de una vez; solo comienza con eso que tienes en mente, no importa lo chico que sea. Al demostrar fidelidad en lo mínimo, Dios a menudo nos confía cosas mayores. Medita en Mateo 25:21: «¡Hiciste bien, siervo bueno y fiel! En lo poco has sido fiel; te pondré a cargo de mucho más».

*Obedecer a Dios siempre resulta en bendición*. Estudia las Escrituras. Lee las historias y ve por ti misma que el dicho es cierto: La obediencia a Dios siempre trae bendición. A veces la persona que obedece es bendecida, y a menudo el propósito de esa obediencia es bendecir a otros. De cualquier manera, Dios bendice como resultado de la obediencia.

*Señor*, tú ves el corazón de mi amiga. Ella quiere sentirse mejor, pero tiene dudas en cuanto a lo que le exigirá lograr hacer los cambios. Afírmala en lo que quieres que ella haga. Dale fuerzas —sobrenaturales— para hacer lo que has puesto en su corazón. Cuando esté frustrada y sienta deseos de abandonarlo todo, por favor recuérdale que estás con ella. Aliéntala con tu verdad: «Todo lo puedo en Cristo que me fortalece»
(Filipenses 4:13).

## Dios, cambia mi corazón

> «Sigo avanzando hacia la meta para ganar el premio que Dios ofrece mediante su llamamiento celestial en Cristo Jesús» (Filipenses 3:14).
>
> 1. Pablo nos dice en este versículo que sigamos avanzando hacia nuestra meta espiritual de conocer a Cristo. A través de su propio ejemplo les dice a los filipenses: «¡No se den por vencidos! ¡Sigan intentándolo! Aun si todavía no tienen el premio, sigan adelante». Estas palabras nos alientan en nuestra carrera espiritual, pero ora hoy acerca de cómo puedes aplicar estas palabras a tu objetivo de tener un cuerpo saludable a fin de hacer la obra que Dios te ha llamado a hacer.
> 2. Escribe tu nombre en el espacio: _____ sigue avanzando hacia la meta de ganar el precio para el cual Dios te ha llamado en Cristo Jesús.

# Parte 2
# Síntomas mentales/anímicos

## *Evaluación de los síntomas mentales/anímicos*

En esta sección trataremos los síntomas mentales (los que están conectados a tu actitud mental en cuanto a ser mujer) y los síntomas anímicos (por ejemplo, llorar viendo los comerciales de Hallmark). Marca el casillero junto a los síntomas que se *repiten* con cierta *predictibilidad* hasta dos semanas antes del comienzo de tu período.

### SÍNTOMAS MENTALES:

- ☐ No me gusta ser mujer
- ☐ Veo la menstruación como una maldición
- ☐ Los avisos de televisión de productos femeninos me hacen retorcer
- ☐ No tengo deseos de «vivir» la vida

### SÍNTOMAS ANÍMICOS:

- ☐ Me siento ansiosa, inquieta
- ☐ Oigo palabras airadas y críticas salir de mi boca
- ☐ Lloro sin motivo alguno
- ☐ Deseo golpear a alguien o algo
- ☐ Me quiero esconder o fugar
- ☐ Estoy impaciente con todo y con todos
- ☐ Siento como si mi ánimo fuera «un área de juegos, con toboganes y columpios emocionales»
- ☐ Me siento sola
- ☐ Estoy triste
- ☐ Estoy sensible, me lastiman con facilidad
- ☐ Estoy desmotivada, no tengo «chispa» interior
- ☐ Otros

*Anota tu puntaje (otórgate un punto por cada casillero marcado)*

**TU PUNTAJE:** _____

| | |
|---|---|
| 0: | Hazte un examen de ADN a ver si de verdad eres mujer |
| 1-2: | Sumérgete en un baño de espumas mientras tomas té de manzanilla |
| 3-6: | Memoriza la ayuda que hay en los capítulos 7 al 11 |
| 7-12: | Visita a un médico o profesional de la salud que se especialice en SPM |
| 13-16: | Sal de adentro de la elegante chaqueta blanca con mangas largas que se ata por detrás |

# 7

# LÍBRATE DE LOS ALTIBAJOS HORMONALES

## *El columpio*

¿Te gustaría subir en un columpio,
Alto en el aire tan azul?
Ah, creo que esto es lo más placentero
Que todo niño puede hacer.

—Robert Louis Stevenson

Como mujer, oscilas.

A los siete años me encantaba columpiarme. Mis piernas me catapultaban a los cielos y de nuevo a la tierra, en medio de sonrisas y carcajadas, con los dedos del viento deshaciendo los rizos dorados. Volar, descender. Amabilidad y luego irreverencia. Alegría y luego berrinche. *Este vaivén infantil se sentía normal.*

A los trece años mis oscilaciones se volvieron salvajes. Arriba, arriba, arriba. Abajo, abajo, abajo. Amigable y luego peleadora. Elocuente y luego retraída. El grito de júbilo infantil se desvaneció... quedó guardado en el ático polvoriento junto con las palitas de plástico para la arena y las cintas rosadas para el cabello. Era una extraña dentro de mi propio cuerpo, enterrado debajo de unos pechos que florecían y unos granitos que retoñaban. *Este vaivén adolescente se sentía raro.*

Me casé, tuve bebés. Volaba muy alto, luego iba muy bajo, en la oscilación de nutrir niños y arrullarlos. Gozo, ira. Calma, caos. *Este vaivén de nueva mamá se sentía desequilibrado.*

Los niños crecieron y se fueron, momentos contradictorios me enviaron a balancearme de nuevo. La excitación de la libertad (sin niños), la agonía de la pérdida (sin niños). Mi cuerpo me traicionó. Caliente, frío. Descansado, inquieto. Llorona, melancólica. *Este vaivén menopáusico me tomó por sorpresa.*

La emoción es natural para una mujer. Cuando los investigadores revelaron las imágenes emocionales de hombres y mujeres, las resonancias magnéticas del cerebro mostraron que en el cerebro de la mujer se encienden nueve centros, en contraposición con dos centros en los hombres[1].

Nunca tenemos que disculparnos por nuestra mezcla de emociones *a menos* —y esta es tamaña distinción— que nuestras emociones crucen la línea. Tú sabes de qué línea estoy hablando. En un lado están los sentimientos normales y sanos. Luego existe una línea. Del otro lado están las emociones que nutren acciones y actitudes que nos lastiman o hieren a los demás. Cuando cruzamos esa línea, pecamos, lisa y llanamente.

Tus altibajos emocionales entre el estrógeno y la progesterona pueden ser tranquilos o temibles. Donde sea que te encuentres, es importante comprender que ciertas acciones pueden impulsar tu columpio. Ya vimos la manera en que algunas comidas y estilos de vida en particular pueden hacerlo, pero ahora quiero que exploremos tres acciones de las que todavía no hemos hablado y que contribuyen al balanceo de nuestro columpio.

## Tres acciones que pueden balancear nuestro columpio

### Culpar al SPM por el mal comportamiento

Sandie Craddock Smith, una camarera, asesinó a su compañera de trabajo en un arranque de ira. ¿Su defensa? El SPM «la volvía un animal furioso cada mes y la obligaba a salirse de sus casillas»[2]. Christine English mató a su amante casado atropellándolo contra un poste de luz con su auto. ¿Por qué? Pasaba por un mal momento durante su SPM. Shirley Santos, una madre de veinticuatro años de edad, golpeó a su hija de tal forma que la dejó hospitalizada. «No

## 7. Líbrate de los altibajos hormonales

me acuerdo nada de lo que sucedió [...] nunca lastimaría a mi bebé [...] simplemente tengo mi período»[3].

Las hormonas terriblemente descontroladas pueden exacerbar las emociones desequilibradas en una mujer, pero cada uno tiene que tomar decisiones acerca de cómo actuar a pesar de lo que siente. Es evidente que estas mujeres tenían problemas severos. La mayoría de nosotras no asesinamos o mutilamos a otros cuando nos ataca el SPM. Pero aunque tal vez no lleguemos a la sangre, a veces cortamos con nuestras palabras, lastimamos con nuestros juicios y matamos con nuestras miradas.

Estoy segura de que puedes pensar en una mujer (¡espero que nos seas tú!) que les grita sin reparos a sus hijos o tiene un arranque de histeria en la oficina cuando las cosas no salen como ella quiere, excusando después su comportamiento de manera frívola con un: «Es que estoy en esa época del mes...».

No encubramos esas acciones. Llamémoslas por su nombre. El enojo, la impaciencia y una actitud caprichosa de «lo quiero a mi modo» son *pecados*, no resultados del SPM. Tal vez no lo hayas visto de este modo, pero Jesús dijo que si sabemos lo que es bueno y no lo hacemos, eso es pecado. Así que cuando la tensión por el SPM me hace desear arrojarle un plato a cada miembro de mi familia, pero sé que Dios quiere que los trate con amabilidad, ¿qué voy a elegir hacer? ¿Arrojarlos o no? Lo que escoja dice mucho acerca de mi carácter.

A los hombres no les gusta que culpemos al SPM por las acciones groseras. Si podemos usar el SPM como una excusa para una pésima conducta, entonces los varones, según el humorista Melvin Durai, necesitan sus propios síndromes a fin de justificar las conductas masculinas ofensivas.

- Los caballeros que se olvidan de bajar la tapa del retrete sufren de DPI (Deficiencia en el Protocolo del Inodoro). «Perdóname cariño, el doctor dice que es incurable».
- Los hombres que faltan a la iglesia para ver el partido de fútbol sufren de SDP (Síndrome de Desorden de Prioridades). «No lo comprenderías, mi amor. Es un tema de varones».

- Los que se rascan en público sufren de PMP (Picazón Masculina Primitiva). «No puedo evitarlo; es genético»[4].

Nos reímos, pero francamente no hay nada de divertido en que un hombre o una mujer usen un acrónimo para desestimar el comportamiento ofensivo. Mi esposo y mis hijas te dirán que eso es cierto. Nadie se ríe cuando yo proyecto mi furia debido al SPM sobre mi familia. ¡Y me odio a mí misma cuando lo hago! Peor aún, alguna parte malvada de mí me susurra que está bien, que ellos lo tolerarán porque me aman. ¿Qué tan erróneo es eso? Entonces aprieto mis puños y prometo con cada átomo de fuerza que me queda: *La próxima vez no me saldré de las casillas. No dejaré que el SPM se lleve lo mejor de mí (o muestre lo peor de mí).* No obstante, a los pocos meses la tensión interior se recalienta al punto del hervor y estalla en la forma de acciones ansiosas. Como el escritor de la Biblia, también clamo: «Yo sé que en mí, es decir, en mi naturaleza pecaminosa, nada bueno habita. Aunque deseo hacer lo bueno, no soy capaz de hacerlo. De hecho, no hago el bien que quiero, sino el mal que no quiero [...] ¡Soy un pobre miserable! ¿Quién me librará de este cuerpo mortal?» (Romanos 7:18-19, 24).

Entonces grito: «¿Quién me rescatará? ¿Cómo me libraré de esta naturaleza pecaminosa?». Afortunadamente, he aquí la respuesta: «¡Gracias a Dios por medio de Jesucristo nuestro Señor!» (Romanos 7:25). Jesús y solo él puede rescatarme del pecado en mi carne.

Así que corro a él. Caigo ante sus pies y suplico: «Perdóname, Señor. He fallado. He sido cruel y egoísta. Dije cosas que nunca hubiera dicho». Jesús me permite exteriorizar mi frustración clamando (lo cual es una buena manera de liberar la tensión). Luego seca mis lágrimas y me estrecha en sus brazos. Suspiro. Me acaricia el cabello. Con ternura me susurra: «Amada, tus pecados han sido perdonados».

¡Ah, la dulzura de ese lugar! ¡El confort y la seguridad de su gloriosa presencia! Estoy muy agradecida con mi Jesús, que me ama, me lava y me limpia por el poder de su sangre derramada. Yo me quedo allí con mi rostro sobre su pecho. En paz. Lentamente, la determinación se va erigiendo dentro de mí y me preparo para hacer lo que sé que debo hacer, para la humillante tarea de decirles a los que amo que estuve mal y de pedirles si por favor podrían encontrar en sus corazones la capacidad de perdonarme.

Alabo a Dios por esta verdad: en vez de excusar mis acciones diciendo que el SPM me hizo actuar así, suplicaré misericordia por mi pecado y humildemente diré: «Siento mucho haberme enojado y dicho esas palabras hirientes. ¿Por favor, me perdonan?».

Culpar al SPM por el comportamiento desastroso puede hacer balancear nuestro columpio hasta que se halle fuera de control. Y también puede hacerlo nuestra segunda acción: negar el túnel hormonal del tiempo.

## Negar el túnel hormonal del tiempo

Mi esposo es un fanático de *Viaje a las estrellas*. Yo no lo soy tanto, pero miro el programa lo suficiente como para darme cuenta de que más o menos cada cuatro episodios la trama se repite con leves variantes en los personajes y el trasfondo. He aquí un escenario típico:

El vórtice de un torbellino o una fuerza extraterrestre aparece «en pantalla».

«Capitán, la nave está en problemas», anuncia Scotty, o Spock, o Doc, o quien sea al que le toque la línea para ese episodio en particular.

«¡Hagan sonar la alarma!», ordena el capitán Kirk (o el capitán Picard). La tripulación se prepara para el impacto. De repente, Doc es arrojado hacia la consola. El teniente Sulu se golpea contra el suelo. La tripulación se sacude y son proyectados hacia todos lados. Esto continúa hasta que finalmente la fuerza enemiga se aplaca o Scotty propulsa la nave hasta dejarla fuera de peligro, encendiendo los motores a la velocidad de la luz.

Nuestro ciclo mensual no es muy diferente a una temporada de *Viaje a las estrellas*. Algunos meses es como si un agujero negro gigante se arremolinara a nuestro alrededor y nos consumiera a todos. Podemos ser sacudidas, pero no necesariamente quedar fuera de órbita. Varias acciones pueden reescribir nuestro guión y eliminar la calamidad cíclica que hace que nosotras u otros griten: «¡Peligro, la nave está en problemas!».

Te recomiendo que registres gráficamente los síntomas conectados a tu ciclo menstrual en la página 259, porque eso te proporcionará una copia impresa, bien visible, que te ayudará a prepararte para los escenarios probables de cada mes. Este listado te impedirá quedarte varada en el túnel hormonal del tiempo.

### *El túnel hormonal del tiempo*

*Semana uno*: Desearía tomar una siesta… de cuatro días.
*Semana dos*: ¿SPM? ¿Qué es eso? Cualquier cosa que necesites hacer, dímela. ¡Yo soy tu mujer!
*Semana tres*: ¿Por qué tengo que hacer todo? ¿No pueden ayudarme un poquito?
*Semana cuatro*: Detesto la vida. Me detesto a mí misma. No puedo seguir viviendo así, alguien me tiene que ayudar. ¡Si solo tuviera una barra de chocolate y un rincón para llorar!

No puedo decirte cuántas veces en la cuarta semana me he dicho a mí misma: «Lorraine, necesitas ayuda; llama a un médico», pero estaba demasiado enmarañada mentalmente como para tomar el teléfono. En una ocasión me obligué a hacer la llamada, pero cuando llegó el momento de la consulta médica, los síntomas del SPM ya habían pasado. El estrógeno estaba en su punto máximo y me sentía fabulosa. No pude ir al médico. Él me echaría un vistazo y me diría: «¿Qué está haciendo usted aquí?». Y sé que yo misma me estaría haciendo esa pregunta. Ninguno de los dos hubiera creído la severidad de mis síntomas unos días antes.

Así que cancelé la cita. Durante los meses siguientes me sentí bastante bien, no sucedió gran cosa, hasta que de repente, ¡pum! Estaba de nuevo en el suelo y todo el remolino de soy-una-fracasada/estoy-en-la-cima-del-universo me arrastró una vez más.

El túnel hormonal del tiempo me obstaculizó cuando tenía que ver al doctor. También me impidió ir a ver a un consejero matrimonial. ¡Pobre Peter! Algunas veces durante mi cuarta semana mi SPM podía atraparnos a los dos y lanzarnos dentro de un agujero negro.

## 7. Líbrate de los altibajos hormonales

### Diario — 3 de julio

(El día anterior a mi período)

Asqueroso egoísta. Se llevó mi helado. Lo robó, aunque sabía que lo estaba reservando hasta que de veras tuviera tiempo de sentarme y saborearlo sin las niñas tironeándome a cada segundo. Ayer, cuando se devoró el otro bol, lo anuncié: «Estoy guardando el mío para más tarde». Después estuve todo el día deseando comer mi helado de doble chocolate con biscochos, esperando a que las niñas se acostaran para poder disfrutarlo sin interrupciones. Planeé tomar una media hora completa para comerme el pequeño bol, para saborear ese biscocho empalagoso nadando en dulce chocolate. El momento llegó. Abrí el refrigerador. ¡No estaba! Miré debajo del pollo congelado y detrás de las alitas. Nada. Encontré el envase vacío en el bote de la basura. ¿Cómo pudo hacerlo? Él ya se había comido el suyo, ¿cómo se atrevió a comerse el mío también? ¿Y después no podía imaginarse que yo me saliera de mis casillas? ¡Holaaa! ¿Cómo pudo ser tan egoísta? Al menos me podría haber preguntado antes de comérselo. Me dormí con la frazada tapándome la cabeza. Él entendió bien el mensaje. Después, a mitad de la noche, me levanté como un relámpago por los ruidos de lo que pensaba era una niña gritando. ¡Era su nariz la que pitaba! Lo empujé enseguida. ¡Quédate quieto! Luego lo empujé otra vez por haberse comido mi helado de doble chocolate con biscochos.

### Diario — 7 de julio

(Emerge la Lorraine optimista, enfocada en los demás, amante de la vida misma)

Ah, Dios, estoy abrumada por el glorioso regalo que nos das para compartirlo entre marido y mujer. ¡Qué placer! ¡Qué felicidad! Mi corazón canta cuando veo a Peter jugar al «avioncito» con las niñas por toda la casa. Él es un excelente padre. Gracias, Dios, por el compañerismo del matrimonio, por la oportunidad de ver juntos la vida desarrollarse, de compartir los recuerdos de los bebés creciendo y los sueños para el futuro. Te alabo por mis hijas y por este hombre increíble con el que me casé.

Cuando era más joven no lo captaba, pero ahora sé que era probable que la tristeza y el enojo que sentía durante mi primera entrada del diario se debieran a la respuesta de mi cuerpo ante la retirada del estrógeno y la progesterona, y que el entusiasmo que experimentaba durante la segunda entrada fuera el estrógeno irrumpiendo unos días más tarde. Por causa del túnel hormonal del tiempo, les recomiendo encarecidamente a todas las mujeres aplicar la regla de los tres días antes de tomar decisiones muy importantes.

*La regla de los tres días*: No tomes ninguna decisión vital en los días anteriores a tu período, cuando el desequilibrio hormonal puede hacer oscilar tus emociones. En cambio, espera setenta y dos horas. A menudo tu cuerpo experimentará un aumento de estrógeno que estimula las partes de tu cerebro relacionadas con la intuición y la creatividad, lo que puede agregarle un mayor discernimiento a tu decisión. Esperar es sabio. Esto es especialmente cierto en las decisiones que tomas como pareja y en la forma en que ves tu relación matrimonial.

Dite a ti misma: «En vez de actuar ahora, esperaré tres días. Esto protegerá mi sensatez y la cordura de los que viven conmigo, y me resguardará de caer en el túnel hormonal del tiempo». (Para información adicional sobre cómo las hormonas afectan tus emociones, ve a la página 41: *El drama mensual*).

Entonces, ¿estás conmigo? ¿Encararás el túnel hormonal del tiempo de frente para no quedar atrapada en el vórtice? Quiero mostrarte una actitud más que impulsará tu columpio y está íntimamente relacionada con la que acabamos de ver.

## Ignorar las señales del SPM

El teléfono de mi esposo sonó. Él no hizo el más mínimo movimiento para contestar.

—¿Vas a responder el teléfono? —le pregunté.

## 7. Líbrate de los altibajos hormonales

—No, dos sonidos cortos me hacen saber que hay una severa tormenta en el área.

Yo estaba pasmada.

—¿Quieres decir que la estación meteorológica te contacta para informarte la clase de clima que puedes esperar?

—Más o menos. El sonido especial me avisa de una alarma de tormenta cierta, luego puedo rastrear la severidad de la tormenta en Internet gracias al radar Doppler —me explicó.

Entonces, ¿por qué Dios no equipa a las mujeres con una alarma especial que le avise de los huracanes hormonales? ¡Ding! Deficiencia de progesterona. Esconde los chocolates. ¡Dong! Cúbrete, erupción de estrógenos. ¡Ella va a explotar!

En realidad, ahora que lo pienso, Dios *sí* nos equipó con señales de alarma, solo que nosotras no las reconocemos. Los sonidos nos llegan en la forma de señales mentales y emocionales que se presentan cada mes, y al igual que el timbre de tu celular, son bien específicos.

A continuación hay algunos *sonidos* que otras mujeres han identificado:

> Cuando estallo en llanto porque mi cabello no tiene forma al secarse, esa es la alarma de que mi período está por comenzar. —K<small>AYLIE</small>
>
> Repostería. Cuando tengo antojos de algo dulce y cremoso, sé que mis emociones están a veinticuatro horas de distancia de salirse de control. —L<small>AURA</small>
>
> Mi señal de alerta es cuando estallo en ira por algo tonto, generalmente alguna cosa que tiene que ver con los niños. Como cuando entro al cuarto de mi hijo y exploto al ver que no limpió la jaula de su hámster y quiero transformar al pequeño roedor en paté (me refiero al hámster, no a mi hijo). —P<small>AULINE</small>
>
> Mi gato, Fancy Pants, se trepa a mi falda y me exige que lo acaricie. Yo no sé cómo él sabe cuándo es ese tiempo del mes para mí, pero lo sabe. Su ronroneo, su pelaje suave, me aplaca y tranquiliza. ¡Una ama a un gato así! —Y<small>ONA</small>

> En esos días reacomodo los muebles. Cuando mi esposo llega del trabajo y el sofá está en un lugar diferente, sabe que mi período está por comenzar. —SHELLY

Mi sonido de alarma se puede resumir en una sola palabra: ¡limpio! Algo en la preparación de mi cuerpo para su propia limpieza (a través del ciclo menstrual) agita en mí una necesidad frenética de organizar y limpiar mi entorno. Me lanzo a una carrera alocada de limpieza. No estoy hablando de limpieza normal aquí: me refiero a mí convertida en un huracán que va haciendo remolinos por toda la casa, esterilizando todo a su paso. Polvo, ¡vete! Desorden, ¡desaparece! Peter y las niñas sabían que era mejor quitar sus cosas de en medio si no querían que fueran arrasadas por el Huracán Lorraine. Lo extraño es que no sucedía todos los meses (solo durante un ciclo realmente malo), por lo tanto, no lo relacionaba al comienzo de mi SPM. *Vamos Lorraine, si hasta los huracanes son de naturaleza cíclica, ¿cómo no lo captaste?* La razón por la que no lo «capté» fue porque no anotaba en un cuadro mis síntomas. Tú sí los estás anotando, ¿verdad?

¿Cuáles son tus señales de alarma? ¿Llorar? ¿Tener antojos? ¿Estallidos de ira? ¿Reacomodar o reorganizar? ¿Limpiar? ¿O algo completamente diferente? Recuerda: tú eres única. Al anotar tus síntomas y escuchar a tu cuerpo, tus señales de alarma se volverán evidentes.

Una vez que reconozcas tu propia señal, podrás tomar las precauciones adecuadas. Cuando los residentes de ciudades costeras son alertados de la proximidad de un huracán, ellos protegen las ventanas, anclan las embarcaciones y guardan los elementos que se pueden ir volando con los feroces vientos. A veces incluso abandonan la ciudad. Nosotras podemos hacer lo mismo. Podemos cerrar nuestros labios, ya que la mayoría del daño del SPM comienza allí. Podemos anclar nuestra alma a la Palabra de Dios y guardar fuera de la vista las comidas no saludables que probablemente contribuyan a la violencia de la tormenta. Y también podemos evitar las situaciones inestables en vez de involucrarnos en ellas cuando no estamos en nuestro mejor momento.

He aquí algunos de los «recaudos de tormenta» que otras mujeres toman en la semana anterior a su período:

«Corto el consumo de cafeína una semana antes de mi período, ya que me pone los nervios de punta».
—Stacie

«Hago una caminata enérgica varios días antes de mi período. Eso reduce la tensión corporal». —Denae

«Llamo a mi esposo al trabajo y le pido que no saque ningún tema sensible por los próximos días hasta que mi pensamiento esté un poco más claro». —Pat

«Es el único tiempo del mes en que me doy permiso para dormir la siesta. Dormir fortalece mi cuerpo y ahuyenta a la "cascarrabias"». —Nicole

«Me retiro. Normalmente soy muy sociable, pero en esos días es mejor para todos que pase más tiempo en mi habitación sola». —Toy

Proverbios 22:3 dice: «El prudente ve el peligro y lo evita; el inexperto sigue adelante y sufre las consecuencias». La versión SPM de este texto sería así: «La mujer prudente prevé el SPM y toma recaudos; la mujer necia no tiene en cuenta las señales de advertencia y todos los demás sufren las consecuencias».

Hazte una promesa. Di: «Percibiré mis señales de alarma, no las ignoraré, y luego llevaré a cabo acciones que alivien mi SPM y suavicen mis estados de ánimo».

## Detén el columpio: reflexiona

Alabo al Señor por cada una de las veces que me frenó de golpe y me dijo: «Lorraine, ¿ves lo que estás haciendo? ¿Ves cómo tus decisiones te están lastimando a ti y a tu familia?». Sinceramente, la mayoría de las veces no lo veía, al menos no hasta que Dios (o mi esposo) me lo señalaban con gracia. Necesito recibir la corrección porque tengo puntos ciegos. Una vez que veo mi pecado, o mi ignorancia, recién puedo decir: «Así no es como quiero ser o pensar», y entonces puedo cambiar.

Todas necesitamos cambiar, ¿no es cierto? Te animo a que ores este salmo a Dios cada día, porque él es fiel, así que te ayudará a cambiar y te mostrará lo que debes hacer después.

## Dios, cambia mi corazón

> «Pero te confesé mi pecado, y no te oculté mi maldad. Me dije: "Voy a confesar mis transgresiones al Señor", y tú perdonaste mi maldad y mi pecado» (Salmo 32:5).
>
> Relee el capítulo y pregúntate con sinceridad:
> ¿Uso el SPM como excusa para mi mal comportamiento?
> ¿Lucho contra la manera en que Dios creó mi cuerpo?
> ¿Ignoro, para mi propio mal y el de aquellos que me rodean, las señales de advertencia y le exijo a mi cuerpo más allá de lo que es saludable para mí?
> De ser así, confiésale a Dios tu pecado y recibe su perdón que tan libremente te ofrece: Dios, te confieso que _____ (llena el espacio). Lamento las formas en que he lastimado a otros a través de esas acciones. Limpia mi corazón e infúndele a mi voluntad las fuerzas divinas para tomar mejores decisiones en el futuro. Levanta mis ojos para verme como tú me ves: una obra de arte hecha por ti, una vasija rendida para mostrar tu gloria.

## ACTITUDES PELIGROSAS

Querido director del Departamento de Toallitas Femeninas:

En nombre de las mujeres de todo el mundo quería agradecerle a su equipo de producción por inventar productos ecológicos y bastante accesibles, ya que por lo general utilizo un paquete por mes (contribuyendo con el basurero local). Me encantan las micropartículas ultra absorbentes y la doble capa diseñada para hacerme sentir seca. *En especial* amo las alitas flexibles. Los felicito por reconocer lo crucial que es para las mujeres tener toallitas aerodinámicas. No puedo expresarle la alegría que me da saber que cuando no las estoy utilizando, siempre puedo usarlas para volar a través de toda la habitación. ¡Son lo máximo!

Desearía ser igual de entusiasta con respecto a su equipo de publicidad. El eslogan del paquete me desea que «tenga un feliz período». ¡Deben estar bromeando! «Feliz» es el *último día* del período. «Feliz» es cuando tu útero deja de doler y sacudirse como un potro salvaje dentro de tu panza, y tus hijos no sospechan que hay arsénico en su sándwich de mantequilla de maní. Estos días no son felices. ¡Punto!

Después está su nuevo anuncio de revista titulado «Felices huellas». La rubia sexy galopa sobre una verde montaña, con un vestido blanco de algodón ondeando caprichosamente detrás de ella. ¿En serio? Tenemos un grave desvío de la realidad aquí. Primero, usar una toallita femenina tamaño extra no difiere mucho de montar a caballo. Segundo, ¿qué mujer que está menstruando se pone un vestido blanco cuando la tía Regla viene a visitarla una vez por mes desde el Valle del Río Colorado? Rebotar contra las colinas verdes haría que los arroyos rumorosos se convirtieran en ríos embravecidos entre mis piernas. ¡Con ningún dulce retrete a la vista, esa montura de cuero debería haber sido hecha mejor de toallitas maxi superabsorbentes!

Si no quieren que los demanden por falsa publicidad, mejor inviten a las chicas del equipo de diseño del producto a la próxima reunión de evaluación de comerciales.

Sinceramente,
Sandra Lane

P.D.: Acabo de comenzar mi período, tal vez este no era el mejor momento para escribir esta carta[1].

## ¿Puedes tener un período «feliz»?

¿Te reíste con los comentarios de Sandra? Yo sí, en parte porque me siento identificada con el arrebato de locura que a veces me agarra «en esa época del mes». Sin embargo, otra parte de mí hace una mueca, como si acabara de tragarme una cucharada de un yogurt cortado, ya que la carta refuerza el estereotipo de que las mujeres con SPM son mujeres ácidas que hablan con disgusto sobre todo lo que tenga que ver con su período. Algo acerca de esto no me parece bien, porque intuyo que la menstruación es una parte normal y natural de ser mujer. Y odiar un proceso que es una parte intrínseca de mí, en efecto significa odiarme a mí misma.

En mis encuestas algunas mujeres expresaron un odio hacia su ciclo mensual:

«Es apestoso, inconveniente y me hace sentir sucia. Odio todo lo que tenga que ver con él». —Beth

«Envidio a mis hermanos, que nunca tienen que decirle a su entrenador que no pueden jugar en un partido porque tienen dolores menstruales». —Gretchen

## 8. Actitudes peligrosas

«Nada es más grosero que sacar un tampón y luego tratar de esconderlo para que los demás no lo vean».
—Holly

No obstante, el péndulo también oscila en la otra dirección. Otras ven la menstruación casi como algo sagrado:

«Amo la menstruación porque me permite quedar embarazada, y ser madre es lo mejor de mi vida».
—Bobby Jo

«La menstruación es el florecimiento de la sexualidad, el poder de la fertilidad renovado cada mes».
—Tansy

«La menstruación son "las lágrimas del útero" que se liberan cada mes por la muerte de un óvulo».
—Caitlin

Si estás pensando que llamarle las «lágrimas del útero» resulta un poquito exagerado, coincido contigo. Aun así, según mi propio punto de vista he experimentado todo el espectro del péndulo. Cuando era una jovencita detestaba el período. Crecí en los días de *Bonanza*, cuando hablar de «temas femeninos» se hacía a puertas cerradas, con un susurro poco natural y hasta pidiendo disculpas, como si el tema fuera vergonzoso o «sucio». Aunque la mayoría de las escuelas hoy en día proveen clases de salud integrales sobre el desarrollo del cuerpo femenino, allá por mis días el tema se trataba al estilo «libro de texto». En quinto grado las niñas se juntaban para tener una «reunión especial» en la que un proyector pasaba la imagen titilante del dibujo de un útero en un tono beige apagado sobre una pared. Muy seria, la Srta. B. hablaba de óvulos, espermas y sangrado menstrual con un tono tan científico que nadie —excepto la lista de Sherri Greenly— tenía idea de lo que estaba diciendo. Después de todo, la Srta. B. se quitaba los lentes, movía su largo puntero señalando a todos, e indicaba con voz de trueno: «¿Alguna pregunta?». ¡Nadie emitía una sola palabra por temor a que ella lo castigara con el puntero!

Mayormente eran las madres las que tocaban el delicado tema de la menstruación. Nunca olvidaré el día en que mamá, una viuda callada y recatada, me dijo: «Tenemos que hablar». Por la mirada de temor en sus ojos supe que la conversación no iba a ser placentera. No recuerdo las palabras exactas que usó para describir la menstruación, solo que me sentí «asqueada» ante la idea de que iba a sangrar todos los meses, y aterrada porque más que seguro eso sucedería en la clase de inglés, donde me sentaba junto a Billy Clause, el chico más sexy del curso.

Mi maestra de inglés de séptimo grado definió un «período irregular» como una «puntuación errática», pero el término cobró nuevo sentido cuando comencé mi menstruación y descubrí que yo no era «normal». Mi período solo venía una vez cada siete semanas, y cuando lo hacía mi cuerpo recibía una golpiza. Los dolores de ovarios me destruían la zona pélvica y la parte baja de la espalda con tal severidad que a menudo me quedaba en cama. El ánimo sombrío, la hinchazón, el olor y todo el trastorno me hacían asociar el ciclo con sentimientos de vergüenza. Lo único predecible de mi período era que podía estar segura de que aparecería el día anterior a un evento social. Invariablemente me brotaban enormes granos, como una cartelera gigante que le anunciaba a Billy Clause: «Es ese tiempo del mes para Lorraine». (El grano en mi mejilla en una de las fotos del baile escolar es demasiado grande como para ser confundido con una mosca).

---

Cuando escuchas el término «menstruación», ¿qué palabras vienen a tu mente? Escribe al menos tres en el espacio que hay debajo. (Esto es importante, ya que esas palabras servirán como un punto de referencia para ver lo mucho o lo poco que ha cambiado tu actitud para el momento en que finalices este libro).

_____

---

Los tampones se consideraban un artículo exótico de importación en nuestra farmacia rural, porque teníamos que recorrer ochenta kilómetros hasta la «gran ciudad» para darnos esos lujos. Permíteme viajar contigo al pasado para que veas cómo era todo en mis días. Mis amigas y yo usábamos entre nuestras piernas unos apósitos gigantes del tamaño de un colchón personal, los cuales nos hacían caminar como si hubiéramos pasado los últimos cinco días montadas sobre un caballo. El colchón tenía cola (la imagen del caballo persiste). Después de posicionarlo, las colas en cada extremo eran capturadas en pequeños anillos, uno en la parte delantera y otro en la posterior, que colgaban del cinturón sanitario, el cual a su vez se colocaba alrededor de la cintura. Hay que admitir que esta solución era una gran mejora con respecto a los trapos que usaban las mujeres en la era de mi abuela, los que se sostenían en su lugar debido a los glúteos regordetes, pero distaban muchísimo de las toallitas compactas ultralivianas «con alas» que tenemos en la actualidad.

Como reza el popular slogan de los años 1960: «Has transitado un largo camino, bebé»[2]. ¡Caramba, sí que lo hemos hecho! ¿Verdad? Y también ha cambiado mi actitud. Si me hubieras pedido una lista de adjetivos que describieran la menstruación cuando era adolescente, habría dicho palabras como «sucia, apestosa, adolorida y asquerosa». No obstante, como mujer madura que está aprendiendo a ver su cuerpo a través de los ojos de Dios, vienen a mi mente nuevas palabras. Milagrosa. Asombrosa. Limpia. Sanada. Viva. No, ya no estoy en la época en que pasaba los días escribiendo poesías sobre la menstruación, pero sí veo el proceso como algo milagroso que Dios designó para cada mujer. Estoy segura de que dar a luz a mis dos preciosas hijas me ayudó a cambiar la visión. También ahora veo el proceso como algo que tiene belleza, valor e incluso importancia espiritual.

Las actitudes son contagiosas. ¿La tuya es digna de copiar? Si no es así, ¿cómo puedes cambiarla? ¿Cómo dar el salto titánico desde «detesto este proceso apestoso y asqueroso» hasta «la menstruación es una parte increíble de ser mujer»? ¿Qué te lleva de la «maldición» a la «bendición»? Desearía que pudieras descargar una fórmula mágica que con un chasquido cambie al instante la actitud de negativa a positiva, pero no creo que exista una.

Rara vez la información por sí sola puede cambiar una actitud. El cambio se produce cuando la información llega a nuestra alma, conmueve nuestro corazón y da a luz nuevas convicciones. Las actitudes transformadas son el resultado de tomar varias decisiones en secreto, una encima de la otra, y de tener una nueva revelación que desata el cambio.

Si vas a experimentar un cambio en tu propia actitud, tendrás que pensarlo en serio y dar pasos concretos y bien meditados de tu parte. Y voy a sugerirte que hagas el estudio bíblico que está al final del libro, porque cimentará algo del nuevo pensamiento al cual estarás expuesta. Al considerar cómo cambiar tu actitud, recuerda esto: *las palabras importan*. Las palabras que utilices para describirte a ti misma, tu cuerpo y este proceso mensual natural refuerzan el pensamiento negativo o el positivo en tu mente. Cuando encuentres una nueva palabra o idea que le habla a tu corazón, aférrate a ella y hazla propia.

Permíteme ser clara contigo con respecto a mis intenciones sobre tu actitud. Mi oración no es que tengas un pequeño cambio de perspectiva, sino que experimentes unas revelaciones que te dejen boquiabierta, te asombren y cambien drásticamente el modo en que te ves a ti misma como mujer y tu visión acerca del SPM y la menstruación. Mi objetivo es que tu pensamiento se alinee con el pensamiento del Santo, aquel que te creó, el que entretejió mensajes en tu cuerpo y te regaló la capacidad de nutrir, cuidar y darle vida a otro ser eterno[3].

Antes de comenzar a presentarte algunas ideas nuevas, necesitamos introducirnos dentro de tu mente, mirar a un lado y a otro, y ver si tienes algún «pensamiento basura» que hay que desechar. En este capítulo identificaremos ideas que necesitamos eliminar. En el siguiente, te mostraré tres actitudes sanas para colocar en su lugar. Así que comencemos, ¿de acuerdo?

## ACTITUDES QUE EMPEORAN EL SPM

Actitud errónea número uno: «La menstruación es una maldición».

La idea de que la menstruación es una maldición proviene primordialmente de la historia que aparece en Génesis 3:1-22. Un autor africano traduce este conocido pasaje relacionándolo con la menstruación así:

> Verás, había un lugar llamado Jardín del Edén, y una mujer de nombre Eva que vivía allí con un muchacho llamado Adán. Ahora bien, Dios les había dicho a es-

*8. Actitudes peligrosas*

tos dos que no anduvieran por ahí buscando problemas con un cierto árbol que había en el jardín. Sin embargo, una serpiente zalamera apareció y le «doró la píldora» a la estúpida mujer para convencerla de que comiera una manzana del árbol prohibido. Entonces ella se dio la vuelta y convenció a Adán de que mordiera la manzana también. Dios los echó a todos porque ese era su árbol personal y el fruto del mismo lo hacía astuto. Así que enloqueció y los maldijo. Como Eva había dado el primer mordisco y había comido la cáscara de la manzana, su maldición salió de color roja, y así tuvo su período[4].

Al igual que la mayoría de las tradiciones orales, esta mezcla algo de verdad y mito. Es verdad que el relato bíblico declara que Dios puso a Adán, el primer hombre, y a Eva, la primera mujer, en el Edén y les dijo que podían comer el fruto de todos los árboles, excepto de uno: el árbol del conocimiento del bien y del mal. Es cierto que Eva escuchó a la serpiente, comió el fruto del árbol prohibido y luego le dio a su marido, que también comió. Es verdad que Dios se enojó y emitió una maldición. No obstante, la maldición de Dios cayó sobre la serpiente y la tierra, *no* sobre Adán y Eva. Dios emitió *consecuencias* para Eva, no una maldición. Esa es una distinción importante, dado que una maldición se lanza sobre la identidad de una persona —nos pone una etiqueta de quiénes somos— mientras que una consecuencia es algo con lo que vivimos, pero con respecto a lo cual podemos ciertamente hacer algo.

Tú conoces las consecuencias, ya las has leído antes. Por su desobediencia, Eva y sus hijas fueron sujetas al dolor en conexión con el parto (Génesis 3:16). Si te estás preguntando si es posible que el SPM pueda estar incluido dentro de esta esfera de dolor, opino que sí, que es muy posible. (Hablaré sobre esto con más en detalle en el capítulo 12). Sin embargo, por ahora es suficiente con que entendamos que la menstruación *no es* una maldición; más bien se trata de un ciclo natural que Dios dispuso en el cuerpo de la mujer a fin de prepararla para concebir y proveer sanidad y limpieza de las oportunidades de vida perdidas.

Muy bien, ¿entonces queda claro que la menstruación *no es* una maldición? Dilo conmigo en voz alta: «La menstruación no es una maldición. Es un don de Dios que me recuerda la posibilidad de una nueva vida en mi cuerpo». Vamos, eso no sonó muy convincente, dilo como si realmente lo creyeras…

¿Por qué estoy haciendo tanto hincapié en esto? ¿Por qué tienes que saber que la menstruación *no es* una maldición? Porque no puedes trasmitirles un pensamiento positivo a las futuras generaciones si todavía estás estancada en una mentalidad negativa. Tenemos que enseñarles a nuestras hijas, ¿no es cierto? Y si tienes una actitud negativa, ¿qué es lo que van a aprender de ti?

Debemos ser proactivas y positivas cuando se trata de enseñarle a la próxima generación. Déjame contarte de Angie, porque ella entendió cómo sembrar un pensamiento positivo en su hija. Angie y su esposo servían como misioneros en una cultura donde la menstruación era celebrada por la tribu como un rito de pasaje. Encendían fogatas, bailaban y comían para celebrar el final de la vida infantil; ahora en el medio de la reunión se hallaba una joven capaz de traer vida a su árbol tribal. Un año después de que Angie y su familia regresaron a los Estados Unidos, su hija mayor comenzó su período. Ella y su marido no hicieron una fogata e invitaron a los vecinos a un banquete, pero sí llevaron a su hija a cenar afuera, regalándole un anillo de pureza como símbolo de su propio rito de pasaje.

Las acciones de Angie me inspiraron. Yo sabía que si quería enseñarles bien a mis hijas, necesitaba trascender mis propios recuerdos negativos sobre la menstruación y presentárselas como una experiencia positiva. Le pregunté a Peter, mi esposo, si quería ser parte del proceso, ya que los padres juegan un rol crucial en cómo las jovencitas se ven a sí mismas. Él dijo que sí y le di algunas sugerencias. Cuando Amanda, nuestra hija mayor, tuvo su primer período, Peter le regaló una rosa roja con una tarjeta que decía algo así:

> *Cariño, esto marca el día en que ya no eres más una niña pequeña, sino una joven mujer. Has crecido muy rápido y tu mamá y yo estamos orgullosos de ti. Celebramos quién eres y en lo que te estás convirtiendo. Te amamos. Papá.*

## 8. Actitudes peligrosas

Durante un año Amanda dejó su rosa en el florero, y cada vez que entraba a su habitación y la veía junto a su cama, saltaba de alegría en mi corazón, haciendo una pequeña ovación. ¡Bien *por nosotros! Lo logramos. Vencimos la negatividad cultural y creamos proactivamente una experiencia positiva para nuestra hija sobre la menstruación. ¡Vamos, equipo!*

Delante de nosotras yace una oportunidad para influenciar a la próxima generación y modelar una imagen fuerte y positiva de quiénes somos como mujeres. ¿Le enseñarás intencionalmente a tu hija u otras jovencitas acerca del gozo y las oportunidades que tenemos ante nosotras debido a que Dios nos creó mujeres[5]?

Ahora veamos la segunda actitud negativa que puede hacer que nos veamos a nosotras mismas y al SPM y la menstruación de una manera errada.

Actitud errónea número dos: «¿El cuerpo habla? Yo no quiero oírlo».

Cada día nuestros cuerpos nos hablan, pero a menudo ignoramos sus mensajes. Después de todo, estamos ocupadas. Tenemos cosas que hacer, lugares a los que ir, y queremos que nuestros cuerpos permanezcan en silencio, siendo socios cooperativos en nuestros planes. *Cuerpo, no me envíes señales somáticas. No me des punzadas. No me duelas. No me hagas sentir mareada. Solo llévame a donde tengo que ir y quédate quieto durante el viaje.*

---

No podemos silenciar a nuestro cuerpo. Él nos habla. En una escala del uno a diez, ¿qué tanto escuchas las señales de tu cuerpo? Adelante, toma un bolígrafo y haz un círculo alrededor de tu respuesta ahora.

1    2    3    4    5    6    7    8    9    10
Ignoro las señales del cuerpo              Escucho con cuidado

---

Permíteme darte tres razones por las que las mujeres a menudo no escuchan las señales de su cuerpo:

*Nos enseñaron a ignorar los mensajes del cuerpo.* Pasé casi todos los veranos de mis años de infancia en el rancho de mi abuelo en el medio de la nada. La aldea más cercana estaba a sesenta y cinco kilómetros de distancia y tenía una asombrosa población de trescientas cuatro personas. Un atascamiento de tráfico consistía en una camioneta tratando de pasar a dos cosechadoras. Como una visita al médico requería una hora de viaje por caminos escabrosos e irregulares, hacíamos el viaje *solo* si había una gran pérdida de sangre (la menstruación no contaba) y *solo* si podíamos combinar el viaje con una visita al vendedor para recoger alguna pieza que se necesitaba para el tractor.

Los rancheros y granjeros consideran que la «biorretroalimentación» es un concepto californiano. «Biobloqueo» describe con más precisión la idea que abrazan la mayoría de las familias rurales. ¿Te duele una muela? Ignóralo hasta después que para el ganado. ¿Tienes migrañas? Olvídalas, tenemos que pintar el granero.

Mi abuelo, con su sombrero sudado hundido hasta las cejas, me hablaba de su filosofía sobre la medicina del ganado, que presumiblemente consideraría válida para las personas también: «Si le suministras a una vaca una píldora para la disentería, estará débil por una semana. Si no se la das, estará bien en una semana». Como resultado, cuando mi interior gritaba: «Toma algún medicamento para estos dolores de ovarios», me decía a mí misma: *Espera. Se irán en unos días.* Cuando mi cuerpo clamaba: «Detente y descansa», lo pasaba por alto y continuaba limpiando el galpón. Cuando quería llorar y hacer un charco hasta quedarme sin lágrimas, me castigaba diciéndome: «Aguántate*, niña. El trabajo no espera*».

Las muchachas del campo son buenas para ignorar los mensajes del cuerpo, pero las chicas de la ciudad también han aprendido a dominar este arte.

Una mujer de Nueva York escribe:

«Como adolescente, cuando expresaba lo que mi cuerpo sentía, siempre alguien de mi familia me rebatía. Le decía a mi papá: "Tengo frío", y él me respondía: "No tienes frío, aquí está cálido". O le comentaba a mi mamá: "No me siento bien para ir a la escuela", y ella me respondía: "No tienes fiebre; todo está bien en ti". Esto sucedía con tanta frecuencia, que finalmente comencé a desconfiar de las señales que mi cuerpo me enviaba. Me

## 8. Actitudes peligrosas

permitía sentir algo solo si eso estaba de acuerdo con lo que otros a mi alrededor sentían». —Meggie

Otra razón por la que fallamos a la hora de escuchar los mensajes de nuestro cuerpo es esta: *No escuchamos porque tenemos temor de que esos mensajes puedan revelar un dolor causado por otros.* Los expertos nos dicen que una de cada cuatro mujeres sufre de abuso sexual[6].

En *Intimate Issues* [Asuntos íntimos], un libro que escribí junto a mi querida amiga Linda Dillow, así como en la serie de conferencias del mismo nombre, les hablo a las mujeres de todo el país sobre los temas sexuales y lo que veo apoya estas estadísticas. Sin embargo, esto no es meramente una estadística: cada número representa a una mujer que respira, piensa, siente y ha soportado un gran pesar y dolor porque otra persona le infligió un daño. Una mujer que fue sexualmente abusada en su niñez se «despega» de su cuerpo porque no tiene un contexto en el cual procesar las emociones intensas que emanan de ese abuso. A menudo es tarde en la vida —después que ya tiene un entendimiento sobre lo que constituye una relación sexual normal y sana— que puede abrirse camino desde su pasado y comenzar a sanar la desconexión que hay entre su cuerpo y su mente y que ella ha utilizado como una estrategia para sobrellevar el dolor.

El proceso de sanidad a veces puede resultar tan doloroso como el abuso mismo —ese es un lugar horrible, maligno y oscuro para volverlo a visitar— pero aun así las mujeres que conozco que han sido libres de la vergüenza de su pasado te dirán que siempre, *siempre* vale la pena emprender el proceso.

Una vez que una mujer sana, comienza a confiar en su cuerpo de nuevo y a escuchar sus mensajes. La desconexión cuerpo/mente puede ocurrir cuando alguien ha dañado profundamente el cuerpo de una mujer, pero también puede darse en el caso de que una mujer elija exponerlo al daño.

*No escuchamos porque tenemos temor de que los mensajes de nuestro cuerpo nos obliguen a enfrentar el dolor causado por nuestras propias elecciones.* Si el cuerpo de una mujer sufrió porque ella decidió abortar a su hijo, o porque se permitió ser sexualmente promiscua o que otros la usaran de una manera que le robó su valor y dignidad, ella a menudo se rehúsa a escuchar a su cuerpo porque eso podría recordarle las elecciones que hizo en el pasado y abrieron la puerta a acontecimientos muy dolorosos. Así que entierra bien profundo los recuerdos en un intento por negar que alguna vez existieron. Cuando su organismo le envía un mensaje que le recuerda esos hechos, se tapa los oídos: «No quiero oírlo». No obstante, su cuerpo continúa gimiendo: «Esta situación de veras ocurrió. Trata con ella de modo que pueda ser sanada».

Por ese motivo resulta tan peligroso ignorar los mensajes de nuestro cuerpo. Si no nos reconectamos con los dolorosos acontecimientos de nuestro pasado y reconocemos el daño causado por otros o nuestras propias elecciones, el dolor emocional no resuelto puede preparar el escenario para futuros problemas físicos como fibroides y dolor pélvico[7].

«Cuando tenía diecisiete años me hice un aborto. Después de todo seguí con mi vida como si nada hubiera ocurrido. A los treinta tenía dos hijos y un horrible SPM. Mi médico me dijo que mi SPM era el resultado de que mi cuerpo tratara de volver a equilibrar las hormonas después de haber tenido los niños. Sabía que esto era cierto, pero la intensa ira y el llanto incontrolable cada vez que tenía mi período indicaban que algo más estaba ocurriendo. Más tarde, cuando cada mes perdía sangre, comencé a tener un recuerdo recurrente de mí a los diecisiete años tendida en esa camilla y permitiendo que el doctor «removiera el tejido». Seguía viendo el tejido como un niño, y me preguntaba cómo habría sido ese pequeño y a quién se parecería. Me llevó un año procesar mis sentimientos, pero una vez que enfrenté lo que había hecho y lloré la pérdida, pude avanzar. Cuando mis emociones sanaron, también lo hizo mi cuerpo, y aunque unos pocos síntomas de mi SPM permanecieron, la ira y el llanto incontrolable la semana anterior a mi período nunca regresaron». —GABBY

¿Qué debe hacer una mujer? Las emociones y las circunstancias asociadas con el abuso o el pecado sexual tejen una trama

## 8. Actitudes peligrosas

compleja en la vida de una mujer, pero he descubierto que la ayuda se puede resumir en una sola palabra: Dios[8].

El Dios que te creó ve y entiende todo tu dolor. Él sabe las maneras en que has procesado el abuso o el pecado, y cómo te han afectado. Él, más que nadie, conoce tu anhelo de ser libre y plena otra vez. Debido a que es el gran médico que entrelazó cada fibra de tu ser en el vientre de tu madre, también es capaz de volver a suturar la conexión que se cortó entre tu mente y tu cuerpo. Él puede restaurar esa conexión en un instante o a través de un proceso, de cualquier forma que lo glorifique más. La clave se halla en tu corazón. ¿Podrás confiar en él? ¿Te rendirás por completo a su habilidoso toque y le darás permiso para hacer lo que precisa a fin de hacerte completa otra vez?

Podría darte nombre tras nombre de las mujeres que he visto que Dios liberó del dolor de su pasado para que pudieran disfrutar la vida a plenitud en el presente. (Pon mi nombre al principio de la lista). Lo que Dios ha hecho por otras puede hacerlo por ti también. Fija la vista en él. Clama a él. Vendrá en tu ayuda. Las manos de Dios son un buen lugar para estar, un sitio seguro. Él tratará gentilmente contigo. Coloca en sus manos las piezas rotas de tu vida. El Salmo 18:20 dice: «Dios hizo mi vida completa cuando deposité todas las piezas delante de él» (traducido directamente de la paráfrasis *The Message* [El mensaje]).

Ya hemos visto que es peligroso desoír las señales del cuerpo, pues esto puede empeorar un SPM y causar complicaciones físicas, así como también problemas espirituales y emocionales. Ahora veamos otra actitud peligrosa que puede paralizar nuestros intentos de sentirnos mejor.

Actitud errónea número tres: «Yo como (y bebo) lo que quiero y cuando quiero».

Cientos de estudios en la última década confirman este hecho una y otra vez: la comida que comes puede empeorar tu SPM... o mejorarlo. Ya hemos hablado de mi tenaz insistencia en consumir ciertas comidas y bebidas que empeoraban mi SPM. Ahora tengo que hacerte una pregunta: ¿Tienes problemas para controlarte cuando se trata de *la comida*?

Sé sincera.

¿Algo dentro de ti insiste: «Comeré (y beberé) lo que quiera»? ¿Hay un espíritu obstinado dentro de ti que se cruza de brazos en una actitud desafiante y gruñe: «Nadie va a decirme lo que puedo o no puedo comer»? De ser así, tienes que doblegar a esa fuerza rebelde o te obstaculizará en tus intentos de hacer elecciones positivas que te ayudarán a sentirte mejor.

Voy a decirte algo que quizás te sorprenda. A la mayoría de las mujeres no les gusta que le digan lo que tienen que hacer, *en especial* cuando se trata de la comida. Estoy pensando que todo comenzó con Eva. Ella vio algo bueno para comer y decidió tomarlo aunque le habían dicho que le traería severas consecuencias. Sus acciones indicaron: «No me importa lo que me suceda, lo quiero y nadie va a impedirme comerlo». ¿Qué hay acerca de ti? ¿Algunas veces haces lo mismo?

Tengo que confesarte algo: una rebelde de la comida vive dentro de mí. No padezco de desórdenes alimenticios, así que si años atrás me hubieras sugerido que tenía dificultades para controlarme, te habría dicho: «¿De qué me estás hablando?». No obstante, la negación recibió una llamada de atención cuando decidí hacer un ayuno líquido por un fin de semana. *La comida no es un tema para mí, no será difícil hacerlo*, o al menos eso pensaba. Y no fue tan difícil el primer día. Ni el segundo. Pero a la tarde del tercer día, un monstruo horripilante, obstinado y glotón que había dentro de mí echó su cabeza hacia atrás y gritó: «Nadie va a decirme lo que puedo y no puedo comer. Hay una porción de pizza en el refrigerador y yo quiero comérmela. Y lo haré».

La voracidad y la vehemencia de este espíritu rebelde me agarró con la guardia baja. ¿De veras esa era yo? Sí, por supuesto que era yo, y ese espíritu había estado dentro de mí todo el tiempo, simplemente no lo había reconocido porque se había ocultado con habilidad tras otras formas de rebelión más simpáticas y aceptables, como: «Sé que no debería haberme comido esa segunda galleta, pero está recién salida del horno y no siempre puedo comer una galleta calentita». O si no: «Sé que las zanahorias de la bandeja de vegetales serían una opción más saludable, pero esos nachos y esa salsa se veían muy buenos como para renunciar a ellos».

Durante el SPM, la rebelde comilona que había en mí se acentuaba más. Vi ese patrón en otras también. Observé a mujeres en-

*8. Actitudes peligrosas*

loquecidas por el SPM en el almacén, casi atropellando a la gente con su carrito en su apuro por llegar al mostrador de los helados. Los antojos más comunes son los dulces, las comidas saladas o los carbohidratos. Una mujer en mi encuesta confesó que durante su SPM lo único que la consolaba eran los macarrones con queso (¡no una porción, sino toda la cacerola!).

Seamos claras, ciertas comidas para ciertas personas apelan tan fuertemente a la rebelde comilona que llevan dentro, que pueden generar una adicción. Recuerda el desafío del viejo comercial de las papas fritas: «Te apuesto a que no puedes comerte una sola». Eso es una obviedad para muchas. Y no termina con la comida. Es posible que ciertas bebidas también se tornen adictivas. Y las publicidades pueden ser algo así: «Te apuesto a que no puedes beber una sola». Ya sea un *café latte* doble sin azúcar de Starbucks o un vaso de vino. Pides uno «pequeño», pero no es suficiente, ya que el dulce líquido te llama[9].

Mantente alerta. Sé sabia. Las Escrituras nos dicen que no seamos dominadas por lo que comemos o bebemos.

Si tienes a una comilona rebelde dentro de ti que te hace demandas que sabes no son buenas para ti, es tiempo de silenciar al diablo y buscar a Dios para que nos brinde su sabiduría a la hora de hacer nuestras elecciones. Santiago 1:5 dice: «Si a alguno de ustedes le falta sabiduría, pídasela a Dios, y él se la dará». ¿Quieres orar conmigo?

*Dios*, pongo de lado toda resistencia, rebeldía y obstinación que pueden impedirme responder a tus impulsos santos. Si hay algo que quieres que deje de comer o beber porque me daña, por favor, revélamelo. Si hay nueva información que quieres que sepa a fin de beneficiarme, haz que salte de la página y despierte mi alma. Comienza ahora a cambiar mi manera de pensar para que pueda cambiar mi manera de actuar. Dame un corazón sabio, porque intento seguirte con todas mis fuerzas.

## Dios, cambia mi corazón

> «Desde mi angustia clamé al Señor, y él respondió dándome libertad» (Salmo 118:5).
>
> ¿Necesitas estar libre de actitudes erróneas con respecto a la menstruación? ¿O sobre tu cuerpo? ¿O incluso acerca de tu actitud hacia la comida? Si es así, clama a Dios. Él te responderá.

## ACTITUDES POSITIVAS

A lo largo de los años he asistido a fiestas con temas inusuales. Una fiesta de Misión Imposible desafiaba a distintos equipos a resolver pistas para encontrar y desactivar una bomba falsa con el fin de salvar al mundo. (¡Viva! ¡Mi equipo la halló!). En una fiesta de cumpleaños número cuarenta compartí la torta con Pedro Picapiedras, Atila el Huno y el Zorro (que cortó la torta con su espada). En la universidad participé en una fiesta de togas. (Ahora que lo pienso, mi cita era probablemente más inusual que el tema de la fiesta).

Sin embargo, el premio por el tema más insólito se lo llevó Marshele, que me invitó a la celebración de una histerectomía. La invitación decía así:

> Estás invitada a la fiesta
> «No más útero después de todo».
> Ven y disfruta de un aperitivo de ovarios en memoria de mi menstruación.
> Brinda por mi útero y sus cuarenta y cuatro años de predecible SPM, espasmos e hinchazones.
> Haz un homenaje a su elasticidad al traer al mundo a tres bebés regordetes.
> Deseémosle buena suerte con un poema, oración y una caja de apósitos[1].

¿Cómo te vistes para una celebración de estas? ¿Llevas regalo o no? Yo no sabía qué podía esperar, y por dentro temía que la conversación pudiera caer en una burda discusión sobre los procesos reproductivos. No obstante, la curiosidad fue más fuerte. Así que me uní a mi amiga en la despedida de su útero.

La noche de la fiesta, Marshele me saludó cariñosamente y me condujo a una mesa repleta de delicias, como Pastelillos de Crema sin Espasmos, Trufas de Chocolate Mejores que las Hormonas y Albóndigas Obstétricas. Un hermoso arreglo floral de lirios blancos adornaba la mesa. ¡Ah, espera! No eran lirios, sino toallitas higiénicas enrolladas a modo de flores. Éramos más o menos unas veinte mujeres que nos reunimos en su sala mientras una serie de canciones de despedida como la de Kelly Clarkson, *Since U Been Gone* [Desde que te fuiste], sonaban en el estéreo y nos recordaban el propósito por el que nos habíamos reunido.

Marshele nos invitó a contar historias cómicas sobre las mamografías, los embarazos y en general acerca de ser mujeres. Yo hablé de Vicky. Una mañana, mientras Vicky se estaba maquillando, Cameron, su hijo de cuatro años, entró al baño. Percatándose de una caja de tampones que estaba encima del lavabo, la agarró y dijo: «Mami, ¿para qué es esto?».

Avergonzada, le quitó la caja, la guardó en el botiquín y cerró la puerta. «Esas son servilletas para algunas ocasiones especiales», le contestó.

Ella olvidó el incidente hasta que varios meses más tarde llegó el Día de Acción de Gracias. Vicky entró al comedor, donde encontró al abuelo, la abuela, su hermano y su esposo doblados de la risa. Cameron, en su afán de ayudar en las preparaciones de la celebración, había puesto la mesa usando las «servilletas especiales».

Ah, sí, los niños nos hacen reír. Y también nos reímos mucho con este otro cuento.

Dos chicos entraron a una farmacia, tomaron una caja de tampones y se dirigieron a la registradora. El cajero le preguntó al mayor de ellos:

—Hijo, ¿cuántos años tienes?

—Ocho —respondió el niño.

—¿Sabes para qué son estas cosas? —le preguntó el hombre.

—No exactamente —replicó el pequeño—. Pero mi hermanito de cuatro años las necesita. El comercial de televisión decía que si las usas podrás nadar y andar en bicicleta… ¡y él no puede hacer ninguna de esas cosas!

Marshele les entregó premios a las mejores historias. Imagina mi sorpresa cuando me dio el «primer lugar»: ¡un monedero fabricado con envoltorios plegados de chocolate orgánico!

La fiesta terminó con Marshele leyendo un poema que ella misma había escrito sobre la forma increíble en que Dios había creado su cuerpo. Todas nos fuimos aquietando en una especie de maravilla colectiva, mientras sus palabras nos trasportaban de lo más divertido a lo santo en el espacio de un suspiro.

Una fiesta fuera de lo común; unas mujeres fuera de lo común.

Esa noche me demostró que es posible atravesar los aspectos vergonzosos de los temas femeninos y todavía abrazar un sentido de asombro por la forma milagrosa en que Dios nos diseñó como mujeres. En el capítulo anterior identificamos tres actitudes negativas que muchas mujeres albergan. Consideraste tus propias actitudes y desarraigaste el pensamiento perjudicial. Eso es bueno. Ahora es tiempo de plantar un pensamiento sabio en su lugar, ya que hemos de considerar tres actitudes saludables que nos ayudarán a lidiar con el SPM.

## Actitudes que sanan

Cuerpo, ahora te estoy escuchando…

Nuestro cuerpo canta una canción que es pertinente y personal. Es importante que escuchemos los mensajes de nuestro organismo. Ya te conté que me equivoqué muchas veces en esa área. Al igual que muchas mujeres en sus veinte y treinta años, me sentía un poco invencible, y siendo joven, mi cuerpo se recuperaba rápidamente de los abusos de la comida chatarra, la falta de sueño y el esfuerzo excesivo. Criar a mis hijas, trabajar en una profesión y mis labores en el ministerio me mantenían en constante movimiento. Como el conejito de Energizer, seguía andando, andando y andando, hasta que un día, a principios de mis cuarenta, mi cuerpo se quejó. Y no fue un refunfuño suavecito —no me hubiera detenido lo suficiente como para escucharlo— sino un dolor punzante que me atravesó el pecho, el equivalente a un grito.

«¡Estoy cansado de que no me valores! Estoy tratando de hablar contigo», gritó mi cuerpo a través de mi corazón que latía salvajemente, «pero tú no me escuchas. ¡Préstame algo de atención!».

Me disculpé de inmediato. Mientras permanecía recostada bajo el lente de la máquina de rayos X en la sala de emergencias, le dije a mi cuerpo: «Sé que no he sido precisamente amable contigo en el pasado, pero te pido perdón por haberte ignorado. Te prometo escucharte y darte la atención que necesitas». Afortunadamente, los rayos X no revelaron ningún problema, pero fue un llamado de atención para mí. Desde ese momento, mi cuerpo y yo hemos conversado en muy buenos términos.

Dios puso dentro de cada una de nosotras una sabiduría femenina. Una manera en que podemos alcanzar esta sabiduría es escuchando las señales que emiten nuestros cuerpos y luego preguntándonos ciertas cosas. No te recomendaría que hicieras estas preguntas en público o en voz alta, porque la gente puede llegar a pensar que te faltaron algunas papas fritas en la Cajita Feliz. Más bien, hazte estas preguntas en tu mente y luego escucha. Por ejemplo, imagina que es la semana anterior a tu período. Estas son algunas de las interrogantes que puedes tener basándote en las señales que posiblemente estés recibiendo:

- Ojos, ustedes parecen llorosos. ¿Están avisándome que mi período está a punto de visitarme o están alterados por otra cosa?
- Cuerpo, pareces tenso y nervioso. ¿Es por el SPM? ¿O me estás diciendo que haberme comido un cremoso helado de chocolate en el almuerzo en vez de un sándwich de atún con pan integral no fue una buena idea?
- Hola Sr. Grano. ¿Me estás sugiriendo que use una loción astringente? ¿O es hora de comprar más tampones?
- Cerebro, pareces confundido. ¿Me estás diciendo que necesito dar un paseo para despejarme? ¿O me estás anunciando que tengo que tomar diez minutos de descanso a fin de que puedas resolver algunas cosas?
- Ah, queridos senos, están inflamados de reclamos. ¿Qué quieren decirme? ¿Me están sugiriendo que deje la cafeína por unos cuantos días?

Los cambios antes de la menstruación a veces son dramáticos, a veces imperceptibles, pero si escuchamos, ellos nos hablarán. Lo que te estoy pidiendo aquí es que consideres los indicios físicos. Lara Owen afirma: «Toda mujer que esté remotamente en contacto con su cuerpo sabe que cuando está menstruando, y por lo general algunos días antes, se siente diferente. Y esto es un hecho de la naturaleza que en última instancia no puede negarse»[2].

Según la escritora y doctora Christiane Northrup: «Tenemos que darle el crédito a nuestro cuerpo por su sabiduría innata. No tenemos que saber con exactitud *la razón* por la cual algo está ocurriendo en nuestro cuerpo para responder a ello. No necesitas saber por qué tu corazón está agitado o por qué sientes deseos de llorar. La comprensión suele venir *después* de que te has permitido experimentar lo que estás sintiendo [...] Así que aparta un momento y revisa los hechos de las últimas horas o días. Si te estás sintiendo mal o tienes algunos síntomas, reflexionar sobre los acontecimientos recientes puede darte una idea de lo que precedió a los síntomas»[3].

La clave es prestarles atención a las señales que tu cuerpo envía y aprender a responder de una manera que promueva la buena salud. No importa cuántos años tienes, ahora es tiempo de empezar a escuchar y reaccionar ante los mensajes de tu cuerpo para que te sirva bien en los años venideros. Sé tu propia defensora. ¡Nadie conoce tu organismo mejor que tú!

### ¿Menstruación? Iré con la corriente

Me fastidia que la palabra *men* (hombres, en inglés) esté contenida en el término menstruación, porque los hombres no tienen ni idea de este proceso. Los hombres y las mujeres somos muy diferentes. Para saber qué tan diferentes solo tienes que mirar sus frascos: los hombres no tienen frascos, las mujeres se aplican lociones y pociones de más o menos ocho frascos distintos cada día. Esas diferencias proclaman la verdad: los hombres y las mujeres son distintos en su composición.

¿Qué palabras puedo usar para transmitir las diferencias de composición? Las resumiré de este modo: Los hombres son como tierra (y me refiero a la tierra en el sentido más noble, tú me entiendes). Las mujeres son como el agua. Dios creó al primer hombre de la tierra, y al igual que el suelo en el que caminamos, su cuerpo y sus emociones tienden a ser *duros, fijos, firmes* y *regulares*. La mujer no fue creada de la tierra, sino de una materia viviente (el hueso del hombre). Nuestros cuerpos y sentimientos son como el agua: como las olas del océano que viven, se mueven, golpean contra la costa y acarician la tierra. Al igual que la ribera, nuestros cuerpos son curvados, y como las olas ondulantes fluimos, somos lúcidas y cambiantes. Así como las mareas del océano se rigen por el ciclo de veinticuatro horas de la luna, nosotras somos gobernadas por los veintiocho días de nuestro ciclo menstrual. Durante este ciclo experimentamos:

- Subidas y bajadas
- Procesos de avance y retroceso
- Pináculos de energía y hondonadas de debilidad

Piensa en el primer día de tu período como una *marea baja*: un tiempo para descansar, retirarse de la actividad excesiva y disfrutar de los momentos a solas para reflexionar. Luego, por las siguientes dos semanas, la energía aumenta al elevarse levemente los niveles de estrógeno. Las olas, aunque gradualmente están creciendo, por lo general nos permiten navegar en un mar tranquilo. Piensa en el día catorce de nuestro ciclo como una *marea alta*: estás en el pico máximo de tu energía, creatividad y productividad. Después de la ovulación la marea comienza a retroceder al disminuir los niveles de estrógeno y aparecer la progesterona. Si el equilibrio entre el estrógeno y la progesterona se rompe, puede crear olas tempestuosas y peligrosas mareas picadas que pueden rasgar tus velas.

Me asombra cómo Dios insertó en la creación indicios y afirmaciones de nuestro ciclo, como si quisiera que tuviéramos recordatorios constantes de lo que significa ser femeninas. El océano es un ejemplo, las estaciones son otro. Piensa en el invierno como en la primera semana de tu ciclo. Así como la tierra descansa y se prepara en silencio para comenzar un nuevo ciclo de vida, tu cuerpo hace lo mismo. La primavera sería la semana dos, un tiempo de vida en ciernes que vivimos enérgicamente, renovadas por el nivel creciente de estrógeno. La tercera semana es como el verano, cuando la vida madura, así como el óvulo dentro de la mujer madura hasta la plenitud. La cuarta semana representa el otoño, un tiempo en que la vida se retira, del mismo modo en que un óvulo no fertilizado es arrastrado por el derramamiento del revestimiento uterino. A veces las últimas dos estaciones son apacibles; otras veces tienen lugar agresivas tormentas que cambian la vista del paisaje. Lo mismo es cierto con respecto a las últimas dos semanas del ciclo de la mujer.

La luna es otro arquetipo femenino de la creación que nos da una imagen de nuestro ciclo. Piensa en la luna como un reloj gigante en el que el primer día, una noche oscura sin luna, representa el primer día del ciclo de la mujer. En el día dos, una fina línea de luz aparece. En el tercer día la línea se ensancha. La luz creciente representa la energía que la mujer siente cuando sus niveles de estrógeno aumentan. Con cada noche que pasa, la luna se torna más brillante, así como también el sentido de bienestar de la mujer. Para el día catorce la luna está llena, y ese día durante un ciclo típico el óvulo que se halla dentro de la mujer también se encuentra maduro. A menudo este es el momento del mes en que ella está en su punto máximo en términos de energía, creatividad y deseo sexual. Unos días más tarde, la luz de la luna inicia su descenso gradual. Este es el día en que los niveles de estrógeno comienzan a disminuir si el óvulo no ha sido fertilizado. El resultado para una mujer puede ser un decaimiento gradual en muchos niveles. Su estado de ánimo se vuelve sombrío y tempestuoso, hasta que su período pasa y el ciclo comienza nuevamente con el hilo delgado de luz y la esperanza de días fructíferos en el horizonte.

> *Mi confesión.* El error más grande que cometí con relación a mi SPM fue fallar en entender los ritmos naturales de mi cuerpo e ir con la corriente. En vez de sacar ventaja de los «días brillantes» y darme permiso para descansar durante los «días oscuros», me obligaba a alcanzar metas irrealistas incluso cuando mi cuerpo me pedía a gritos que me quedara quieta.

Hay una forma de descubrir tu propio ritmo: *Grafica tu ciclo*. Lleva a cabo las evaluaciones de los síntomas físicos y mentales si aún no lo has hecho. Escribe tu puntaje en el espacio provisto y anota tus síntomas en el cuadro que está al final del libro. Después, esta noche, antes de irte a dormir, anota el número que describe la severidad de tu síntoma en la casilla que corresponda a la fecha de hoy. Arranca la página con la evaluación (o cópiala) y pégala en el lugar de la casa que más frecuentas, como el refrigerador, el espejo del baño, la puerta de la ducha, etc.

Haz esto todos los días durante los próximos tres meses.

Espera.

¿Qué acabas de hacer?

¿Reviraste los ojos? ¿Diste un suspiro diciendo: «No quiero hacer esta cosa»? Vamos, admítelo. Estás pensando: *No voy a hacerlo, es una pérdida de tiempo*. La razón por la que adivino tu reacción es porque cuando alguien me dijo que tenía que anotar mis síntomas en un cuadro todos los días, de inmediato me crucé de brazos y tuve una serie de «Grrrrs», un gesto femenino común indicador del estado de ánimo que quiere decir algo así:

G: Gruñir. *No quiero perder tanto tiempo enfocándome en mis síntomas.*
R: Revirar los ojos. *¿Llenar el cuadro todos los días? ¡Debes estar bromeando!*
R: Revelarse. *No puedes obligarme a hacer eso si no quiero.*
R: Resignarse. *Probablemente lo haga.*
R: Realizarlo. *Está bien. Creo que voy a hacerlo si quiero estar mejor.*

Sí, tienes que hacerlo. Porque hasta que no escribas tus síntomas y los correlaciones con el ritmo de tu ciclo, solo *sospecharás* un patrón. No obstante, el cuadro te dará la evidencia que necesitas. Las soluciones deberían basarse en datos, no en especulaciones. Es importante que anotes todos tus síntomas —físicos, mentales y espirituales— porque aunque los he separado en tres grupos en este libro, es prácticamente imposible aislar los síntomas mentales de los físicos y los espirituales, ya que «el cuerpo es como un río de

## 9. Actitudes positivas

información y energía, y todas sus partes tienen una comunicación dinámica con las otras partes»[4].

Las mujeres que registran sus síntomas admiten que al principio les resulta molesto, pero al final vale la pena el esfuerzo.

>«Me asombré al descubrir que mi hábito de dejar caer las cosas estaba relacionado con mi SPM. Hacer el cuadro me ayudó a ver la conexión. Ahora, en vez de condenarme por ser tan torpe, aflojo un poco la cuerda la semana anterior a mi período. Y trato de ser supercuidadosa durante ese tiempo». —HANNAH

>«Pensé que los extraterrestres se habían llevado mi deseo sexual. Sin embargo, registrar mi ciclo en el cuadro me ayudó a ver que en realidad había dos días de cada mes en los cuales tenía un atisbo de deseo sexual, por lo general próximos a la ovulación. Ahora, Tom y yo sacamos ventaja de ese tiempo programando «citas íntimas». ¿Y sabes qué? Aprovechar esas dos noches le ha vuelto a poner chispa a nuestra vida sexual». —T. J.

La información de tu cuadro te beneficiará y servirá como una valiosa historia clínica para un médico o profesional de la salud si decides consultar a uno. Así que ahórrate los Grrrrs y llena metódicamente esas pequeñas casillas cada día. En verdad tienes que hacerlo si quieres estar segura de lo que está sucediendo en tu cuerpo.

*Haz un círculo en los días de alerta roja.* En tu cuadro, circula las fechas en que tienes tu período. Ahora toma tu agenda o lo que uses para organizar tu planificación mensual. Cuenta catorce días desde el primer día de tu último período y márcalo con un bolígrafo rojo. Si tienes un ciclo normal de veintiocho días, este probablemente será el momento en que ovularás. Los días previos a la ovulación tienden a ser de alta energía. Por el contrario, los posteriores a la ovulación con frecuencia revelan una declinación de energía, siendo la semana número uno antes de tu período la más tensa. Esos son tus días de alerta roja. Haz un círculo en ellos también. O si eres una fan de la tecnología, puedes programarlos en tu iPhone o tu agenda electrónica. Evita programar actividades innecesarias en ese tiempo. En verdad, si hay algo que debes organizar… ¡que sea una siesta!

Si tu ciclo es más corto o más largo que el típico de veintiocho días, está bien. Solo adáptalo según tu historia personal y elabora una hipótesis fundamentada en cuanto a tus días de alerta roja. Si estás lidiando con el SPM, aflorará un patrón claro y predecible en términos de niveles de energía y síntomas recurrentes previo a tu período. Si sigues con atención tu ciclo por tres meses y no ves un patrón claro, es probable que tus síntomas se relacionen con otra cosa y no con el SPM.

En vez de sentirte en guerra con tu cuerpo, conviértelo en tu aliado.

- Aprende qué intensifica tus síntomas (demasiada azúcar y harinas procesadas, ciertas comidas, encuentros estresantes, tráfico cargado, música fuerte, etc.).
- Aprende qué minimiza tus síntomas (comer cinco porciones pequeñas de alimentos con proteínas por día, nadar varias veces a lo largo de la piscina, reírte con buenas amigas, etc.).
- Aprende a discernir las subidas y bajadas de tus niveles de energía y saca provecho de los tiempos altos.

Marcar los días de alerta roja te ayudará a manejar mejor la vida. También puede ayudar a tu familia.

«A finales de mis treinta años mi SPM estaba fuera de sus casillas. Sabía que tenía que hacer algo para disminuir la tensión de mis hijos adolescentes, así que marqué mis días de alerta roja en un pequeño calendario de doce meses y lo pegué al costado del refrigerador. Cuando los niños me veían hecha una furia, corrían al refrigerador a ver si retrataba de uno de los días de alerta roja. Si era así, de inmediato preparaban un baño de burbujas para mí. Como ya habíamos acordado previamente, me ausentaba diez minutos y me escurría en el santuario dentro de la tibia agua espumosa.

En los últimos años mi SPM ha estado mejor, pero mis hijos todavía se ríen por nuestro acuerdo y la manera en que ese simple acto disminuía la tensión en el hogar».
—Ayllsa

Por supuesto que debemos ser cuidadosas en no propiciar situaciones donde el comportamiento inapropiado se recompense (explotamos en ira y luego nos mimamos con un baño de espuma). No obstante, si un cónyuge o un miembro de la familia está de acuerdo con un plan de prevención de crisis como este, puede demostrar ser provechoso. La clave es que todos los que estén involucrados sepan de los días de alerta roja.

Hemos considerado dos actitudes positivas que te ayudarán a atenuar tus síntomas del SPM. Ahora veamos la tercera.

## COME ALIMENTOS QUE LE DEN VIDA A TU CUERPO

El SPM de Kathy Loidolt era intenso en los primeros tiempos de su matrimonio. Ella no lo cuestionaba. «Pensé que todas las mujeres padecían de SPM, no tenía idea de que la razón de que me sintiera tan mal era porque no comía bien».

Los hábitos alimenticios de Kathy cambiaron cuando su hijo tuvo una reacción alérgica severa ante varios alimentos. «A fin de ayudarlo, preparaba comidas sanas para toda la familia. Eliminé las comidas procesadas y las que contenían colorantes y químicos. Con el tiempo… ¡sorpresa! Las alergias de mi hijo desaparecieron. Y también mi SPM». La filosofía de alimentación de Kathy, que está detallada en su excelente libro *Shopper's Guide to Healthy Living* [La guía del comprador para una vida sana], se puede resumir en una frase simple: «Si comes bien, te sientes bien»[5].

Creo firmemente que cada mujer, en especial una mujer con SPM, debe tener una filosofía personal de alimentos. Voy a contarte cuál es la mía. La premisa está basada en tres fuentes: las Escrituras, información que aprendí en mi investigación, y lo que he visto demostrado en las vidas de mujeres reales como Kathy. Esta filosofía es algo con lo cual crecí —pero que abracé hace recién seis años— y continúa evolucionando. La comparto con la esperanza de que pueda ayudarte a desarrollar la tuya y, si aplicas los principios, hacer que tu SPM se desvanezca por completo.

## La filosofía alimenticia de Lorraine

Los cinco principios siguientes forman una filosofía que creo que Dios está usando para ayudarme a darle una mejor salud a mi cuerpo.

1. *Come alimentos que vivan y se muevan.* Dios le dijo a Noé después que salió del arca y comenzó la vida nuevamente en una tierra recién «bañada»: «Todo lo que se mueve y tiene vida, al igual que las verduras, les servirá de alimento» (Génesis 9:3). Basada en este principio es sabio hacerme dos preguntas antes de poner algo en mi boca.

- ¿Vivió? ¿Vino de la tierra?
- ¿Se movió? ¿Tuvo una madre?

Las manzanas, frambuesas, zanahorias y frutas secas califican como alimentos porque vinieron de la tierra. Las vacas, pollos y pescados todos se movieron y tuvieron una mamá, así que pueden ser considerados alimentos. Estas comidas le proveen los nutrientes y la salud a mi cuerpo.

¿Los «químicos» son alimentos? ¿Provienen de la tierra? ¿Tuvieron una madre? No. ¿Y qué acerca de los productos como los pastelillos rellenos de dulce, esos que son cuadrados y se calientan en la tostadora? Aunque «salten» cuando están listos, no creo que tales artículos de pastelería hayan tenido una mamá. O que hayan salido de un árbol de pastelillos. Así que, según los principios de Génesis, creo que junto con los químicos no clasifican como comidas dadoras de vida, y por lo tanto no sería sabio suministrárselas a mi cuerpo. Los productos genéticamente alterados o procesados deberían estar bajo sospecha, ya que los procesos les han succionado la vida literalmente y ya no se asemejan más a la planta o a la «mamá» de la cual vinieron.

2. *Come y bebe de una manera que honre a Dios y a tu cuerpo.* En 1 Corintios 6:19-20 se nos indica: «¿Acaso no saben que su cuerpo es templo del Espíritu Santo, quien está en ustedes y al que han recibido de parte de Dios? Ustedes no son sus propios dueños; fueron comprados por un precio. Por tanto, honren con su cuerpo a Dios». Si Dios le llama «templo» a mi cuerpo, eso implica que él lo ve como un lugar santo. Así que yo no debería profanarlo

poniendo comidas dañinas en mi boca. La cantidad también debería entrar en consideración. La Palabra de Dios condena el exceso de comida (glotonería) o de alcohol (borracheras)[6]. Así que debería hacerme dos preguntas más.

- ¿Lo que voy a poner en mi boca honra a Dios y a mi cuerpo?
- ¿Puedo detenerme después de la primera porción?

3. *Come lo que sea «provechoso»*. «Todas las cosas me son lícitas, pero no todas son de provecho. Todas las cosas me son lícitas, pero yo no me dejaré dominar por ninguna» (1 Corintios 6:12, LBLA). A partir de este versículo debería hacerme estas dos preguntas:

- ¿Es de provecho para mí lo que voy a poner en mi boca?
- ¿Tal comida o bebida me controla de alguna manera?

Este es un principio delicado, porque lo que puede ser provechoso para mí tal vez no lo sea para otro, y lo que me controla a mí quizás no controle a alguien más. Pienso en mi amiga Rebecca, que es intolerante al gluten. No es beneficioso para ella comer panes de harinas integrales, ya que su cuerpo lo percibe como veneno. Sin embargo, para mí es bueno comer harinas integrales, ya que necesito fibras. En el área de ser dominada por algo, debo ser cuidadosa con el azúcar, dado que tengo un desequilibrio de azúcar y una leve adicción al chocolate (cuando como un poquito quiero más). Así que debo trazar la línea y probar unos pocos bocados de mousse de chocolate, mientras que otra persona puede comer toda una porción. Seguir estos principios incluye una sabiduría personal y límites personalizados.

4. *Nunca juzgues a otra persona que tenga una filosofía de alimentos diferente*. El tema acerca de lo que está bien o mal comer era un problema también en los días de Pablo. Su consejo es sensato:

> Reciban al que es débil en la fe, pero no para entrar en discusiones. A algunos su fe les permite comer de todo, pero hay quienes son débiles en la fe, y sólo comen verduras. El que come de todo no debe menospreciar al que no come ciertas cosas, y el que no come de todo no debe condenar al que lo hace, pues Dios lo ha aceptado. ¿Quién eres tú para juzgar al siervo de otro? Que se mantenga en pie, o que caiga, es asunto de su propio señor. Y se mantendrá en pie, porque el Señor tiene poder para sostenerlo (Romanos 14:1-4).

Juzgar a otros nos coloca en un precipicio peligroso. Un verso que asusta a la «juzgona» que hay en mí es Mateo 7:1-2: «No juzguen a nadie, para que nadie los juzgue a ustedes. Porque tal como juzguen se les juzgará, y con la medida que midan a otros, se les medirá a ustedes». ¡Vaya! No sé tú, pero si quiero que Cristo use conmigo una vara larga, es mejor que vea a los demás con ojos de misericordia.

5. *No hagas que otros pequen por lo que comen o beben.* Me encanta la Palabra de Dios, ya que resulta muy instructiva. Pablo escribe que debemos ser cuidadosos con nuestras libertades:

> No destruyas la obra de Dios por causa de la comida. Todo alimento es puro; lo malo es hacer tropezar a otros por lo que uno come. Más vale no comer carne ni beber vino, ni hacer nada que haga caer a tu hermano (Romanos 14:20-21).

En definitiva, debo ser muy cuidadosa y respetar las elecciones de los demás en cuanto a la bebida y la comida, sin servirles nunca algo que los dañe o moleste debido a sus creencias.

Veo estas cinco ideas como principios, no como reglas legalistas. Como no soy alérgica a ninguna comida, ni tengo adicciones serias a algunas de ellas, ni problemas de salud relacionados con ciertos alimentos o aditivos, cuando voy a mi club gourmet o alguna boda y me dan una porción de torta rebosante de azúcar, me permito darme un gusto. Esta es la excepción, no la regla. Los principios de mi filosofía acerca de las comidas son estáticos; los alimentos varían a medida que crezco y mis circunstancias cambian, pero el mensaje es el mismo: «Sea que comamos o bebamos, hagamos todo para la gloria de Dios» (1 Corintios 10:31).

## PRACTICA, PRACTICA, PRACTICA

Con seguridad alguna vez miraste a alguien que admiras y pensaste: «¿Cómo llegó a ser así?». Puedo responderlo con una sola palabra: práctica. Te conviertes en lo que piensas una y otra vez. Tus acciones siguen las ideas en las que te involucras a lo largo del tiempo.

En este capítulo hablamos sobre poner en su lugar tres actitudes saludables: escuchar a tu cuerpo, ir con la «corriente» cuando se trata de la menstruación y comer alimentos que te den vida. ¿Los pensamientos te inspiraron a hacer ajustes en algunos de tus hábitos y actitudes actuales? Si es así, aférrate a esa inspiración. Escribe las actitudes o hábitos que sientes que Dios quiere que cambies y luego enumera las acciones requeridas para que el cambio ocurra. Elige pensar o actuar diferente una vez. Luego una segunda vez. Y una tercera.

Mira. Desea. Piensa. Actúa. Confía en Dios. Luego hazlo todo de nuevo una vez más. Art Linkletter estaba en lo cierto cuando dijo que toda cosa digna de hacerse una vez debería hacerse diez veces.

Tú puedes ser diferente. Puedes cambiar a medida que practicas, practicas y practicas. Sigue yendo hacia adelante y un día serás una mujer que otros verán y dirán: «¿Cómo llegó a ser así?».

## *Dios, cambia mi corazón*

> «¿Acaso no saben que su cuerpo es templo del Espíritu Santo, quien está en ustedes y al que han recibido de parte de Dios? Ustedes no son sus propios dueños; fueron comprados por un precio. Por tanto, honren con su cuerpo a Dios» (1 Corintios 6:19-20).
>
> ¿Qué significa que fuiste comprada por un precio de sangre? ¿Cuál fue el precio? ¿A quién perteneces porque tal precio fue pagado? ¿Dónde habita el Santo, Santo (quiero decir Santísimo) Espíritu? ¿Qué clase de atmósfera anima su santidad y trae placer al Espíritu Santo? ¿Cómo afectará esto la forma en que tratas a tu cuerpo?

# 10

## DIECISIETE MANERAS DE APLACAR EL ESTRÉS

*T*ic, tic, tic.

Elaine era una bomba a punto de detonar. El accidente que había detenido el tráfico esa mañana la había hecho chapotear en el café derramado y taconear con sus zapatos altos por el muelle a fin de tomar el ferry de camino al trabajo[1].

Se acercó a un banco casi sin aliento y se sentó junto a un adolescente que usaba una gorra de béisbol, mientras el transbordador se alejaba del muelle. El periódico y su golosina favorita establecían un espacio cortés entre los dos. Ella comenzó a frotarse las sienes para aminorar el latido en su cabeza. Al hacerlo, Gorra de Béisbol se estiró, agarró su diario, lo abrió de par en par y comenzó a mirar los titulares.

¡Qué caradura! ¿Cómo se atrevía a agarrar el periódico sin permiso? Con suma irreverencia ignoró la evidente irritación de Elaine y pasó las páginas como si fuera el dueño. *Tic, tic, tic.* Justo cuando estaba reuniendo el coraje para confrontar su grosería, él plegó el periódico, lo colocó sobre sus piernas, tomó su golosina, le quitó el envoltorio y le dio un mordisco.

A Elaine se le cayó la mandíbula, estaba anonadada. ¿Quién se cree que es? ¿Cómo alguien puede ser tan maleducado e irrespetuoso con la*s cosas de otra persona? Voy a «cantarle las cuarenta».* Antes de poder emitir una palabra, Gorra de Béisbol se metió el resto de la golosina en su boca, se paró, se colocó el periódico debajo del brazo y caminó hacia la otra punta del ferry.

¡Bestia, mocoso malcriado! La sangre de Elaine hervía. ¡Voy a pedir *que lo echen!* Se puso de pie de un salto y marchó en la dirección que él había ido. *Tic, tic, tic.* Ningún rastro del chico en el piso de arriba. Bajó las escaleras a empujones. No estaba abajo tampoco. Tal vez se hallaba en la cafetería robándole la comida a otra persona. Asomó su cabeza por la puerta, examinó con furia las caras de cada mesa. Gorra de Béisbol no se encontraba por ninguna parte. De repente, ya no le importó nada más. Marchó en dirección a un hombre de traje que leía el periódico y comía un sándwich. Agarró su emparedado, le dio un mordisco, lo arrojó de nuevo al plato y se fue dando grandes pasos.

¡BOOM!

Cuando bajó del ferry esa tarde después de un terrible día de trabajo, todavía echaba humo cuando pensaba en Gorra de Béisbol robando sus cosas. Hasta que... ¡hasta que abrió la puerta de su auto y descubrió sobre el asiento del acompañante *su* periódico y *su* golosina!

El día de Elaine fue estresante, pero sinceramente he tenido días que hacen que el suyo parezca un paseo en el parque. Al menos ella estaba en un transbordador flotando libremente por el agua, sin niños saltándole encima. De repente recordé escenas de la niñez de mis hijas: una bebé llorando en su sillita de comer, el teléfono sonando, mi hija de tres años volcando el frasco de mayonesa sobre mi pie, *todo a la misma vez.* Solo el hecho de pensar en esos días me tensa los hombros. ¿Y si le agregamos el SPM al escenario? ¡El milagro hubiera sido que yo *no* estallara!

Si al igual que yo a veces pierdes los estribos, mira a tu caballito de mar, la parte de tu cerebro límbico conocida como hipocampo. Cuando estás estresada, tu caballito de mar (hipocampo) produce cortisol[2]. Un poco de cortisol es bueno —te proporciona una oleada de energía y te permite ser más ágil y activa— pero demasiado te intoxica[3]. Una sobrecarga de cortisol a largo plazo puede llevarte a respuestas emocionales inapropiadas, depresión y problemas de memoria.

En su libro *Deadly Emotions* [Emociones letales], el Dr. Don Colbert escribe:

## 10. Diecisiete maneras de aplacar el estrés

Parece que estamos experimentando una epidemia de depresión en nuestra nación, y yo creo que eso está directamente relacionado con la falta de habilidad para disminuir la respuesta al estrés [...] Es probable que resulte en desequilibrios hormonales graves y los resultados son desastrosos, tanto en lo psicológico como en lo físico[4].

Tenemos que encontrar maneras de cerrar el *goteo, goteo, goteo* de cortisol para que no se convierta en el *tic, tic, tic* de una bomba de tiempo hormonal. Reducir el estrés significa desactivar la bomba del SPM.

Veamos algunas formas de reducir el estrés. No voy a mencionarte solo tres maneras, ni siquiera diez. Te voy a dar diecisiete ideas poderosas para reducir el estrés: ocho para *liberar* y nueve para *descansar*. He intentado miles de cosas y te aseguro que estas son lo mejor de lo mejor (y legales). Asocié un intervalo de tiempo con cada idea para que puedas elegir las mejores para ti en base al tiempo de que dispones. Primero veamos las formas de aminorar el estrés a través de liberar la tensión.

### OCHO LIBERADORES DE TENSIÓN

Nuestros músculos y estructura esquelética pueden servir como un tanque de almacenaje para retener el estrés. Al ejercitar los grupos musculares y activar las diferentes partes del sistema, podemos enviar señales a nuestro cerebro a fin de que segregue las hormonas que calman el ánimo y agudizan nuestra mente: la serotonina y la oxitocina. Esas hormonas nos bendicen con un descanso del alma y nos dan la sensación de que todo está bien con el mundo. Cuando sientes el *tic, tic, tic* de la tensión del SPM, escoge una o más de estas ideas para que no llegues a explotar.

Si tienes...

*Dos minutos*: Llora. Hazte un ovillo debajo de una frazada suave en tu cama y desahógate. Llora un llanto suave y con lágrimas abundantes o sollozos ruidosos y fuertes. De cualquiera de las maneras, llorar libera la tensión, expulsa las toxinas de tu cuerpo, te permite sentirte libre y limpia, y en general te hace sentir mejor[5].

Un buen llanto es catártico. Si no puedes derramar ni una lágrima, agarra una cebolla, córtala... ¡y a llorar! O mira el resumen de tu última devolución de impuestos (con frecuencia eso es bueno para soltar un par de lágrimas). Si tienes algo de tiempo, mira una novela sentimental como *Mujercitas*, *El regalo supremo* o *Amigas inseparables*.

**Tres minutos:** Practica isométricos. Mientras esperas en el consultorio del médico o cuando haces la fila para pagar en el almacén, aprieta bien fuerte tus glúteos por cinco segundos y luego relájalos. Repite el proceso tres veces. O contrae los músculos del vientre. Sostiene: uno, dos, tres. Suelta y repite. O presiona los omóplatos cada uno hacia el otro por cinco segundos, luego relájate. Ejercicios isométricos simples como estos liberan toxinas y tensión, y fortalecen tu médula para que parezcas más alta y te sientes más derecha. Los isométricos también segregan una proteína esencial para tu cuerpo llamada IGF-1 y ayudan a aumentar los niveles del factor neurotrófico derivado del cerebro (BDNF, por sus siglas en inglés), lo que mantiene tu mente lúcida y tu cerebro joven[6].

**Cuatro minutos:** Patea la tensión. Un autor dijo: «El mal humor se deshace pateando». Por varios miles de dólares puedes subirte a un avión y volar a Nanjing, China, a fin de visitar el bar Liberación del Enojo del Sol Naciente, que emplea a más de veinte personas para el equipo de protección. Los clientes liberan el enojo al patear, romper vasos, arrojar platos y despotricar[7].

¿No tienes tanto dinero como para viajar fuera del país? En los Estados Unidos está Sarah Smash Shack en San Diego, donde por cuarenta y cinco dólares puedes colocarte un casco y una ropa acolchonada y arrojar platos de porcelana contra una pared[8]. ¡Oye, si tienes demasiado con lo que lidiar, solo hazlo!

Evidentemente, estos son ejemplos extremos que nos hacen reír y preguntarnos quién rayos se anota para tales eventos, pero el principio subyacente es el de hacer uso de la energía física concentrada para liberar la tensión reprimida, y este es un principio sólido. ¿Cómo lo hacemos cuando se trata del SPM?

## 10. Diecisiete maneras de aplacar el estrés

- Lanza ochenta patadas de perro. Arrodíllate, con las rodillas sobre el suelo y las palmas de las manos directamente bajo tus hombros. Mantén tu espalda recta y paralela al piso. Levanta tu muslo derecho bien alto hasta que tu rodilla esté paralela al suelo. Patea bien fuerte con tu pie y luego regresa tu pierna a su posición inicial. Repite cuarenta veces (¡sí, cuarenta!). Con cada patada siente cómo la tensión abandona tu cuerpo. El dolor en tu cadera y muslo derecho significa que estás aniquilando la grasa y afirmando el músculo, un beneficio agregado. Después que has completado cuarenta patadas con la pierna derecha, repite la secuencia con la pierna izquierda. Cuando hayas terminado, rueda sobre tu espalda, inhala profundo y exhala. ¿Te sientes mejor?
- Kickbox. Compra un vídeo de kickboxing y completa un ejercicio de alto voltaje cardíaco de cuatro minutos. Imagina al SPM como tu adversario y dale tu mejor golpe.
- Patea el hábito. ¿Sueles permanecer sentada durante los comerciales de televisión mientras miras tu programa favorito? En vez de eso, levántate y patea, alternando entre el pie izquierdo y el derecho (siempre y cuando no patees la lámpara, ya que eso aumentaría el estrés).

*Diez minutos*: Salta la cuerda. Cuando te sientes emocionalmente atada, salta la cuerda. Solo diez minutos de saltar la soga:

- Libera la tensión corporal.
- Puede quemar doscientas calorías.
- Agudiza los reflejos.
- Incrementa la agilidad.
- Fortalece la resistencia cardiovascular.
- Desarrolla el tono muscular en las partes superiores e inferiores del cuerpo.
- Ayuda a mantener el equilibrio y la buena postura.
- Fortalece los huesos.

Saltar al ritmo de los latidos del corazón aclara tu cerebro y aumenta la energía. Salta en privado o en un grupo. A diferencia de las máquinas de levantamiento de pesas, el equipamiento que requiere este ejercicio se empaca sencillamente en tu maleta cuando viajas, así que si te sientes terrible, salta para tener alegría.

***Quince minutos:*** Baila. Ve a un lugar tranquilo y pon tu canción favorita en tu reproductora de CD o tu iPod. Sube el volumen. Bien alto. Déjate llevar por la música y baila, baila, baila. Expresa tus emociones a través de los movimientos. Siente el estrés abandonando tu cuerpo con cada estiramiento y encogimiento. Pasa el mejor momento de tu vida. Haz círculos, da vueltas, contorsiona el cuerpo, balancéate, piérdete en el ritmo. Al hacerlo, deja que tu espíritu vuele en alabanza al Dios que te creó y te ama. Al final de la canción, inclínate y escucha el silencioso aplauso divino. ¡Bravo! ¿No es una maravillosa manera de liberar la tensión del cuerpo, volviendo tu espíritu a Dios en adoración?

***Treinta minutos:*** Ten relaciones sexuales con tu esposo. El sexo puede aumentar la inmunidad, aliviar el estrés, disparar las hormonas del bienestar a través de tus sistemas y quemar ciento ochenta calorías en media hora. ¡Además se siente muy, pero muy bien![9] (Mi esposo le da a este ejercicio la mayor puntuación de toda la lista).

***Cuarenta y cinco minutos:*** Mueve tus pies. Los investigadores de la Universidad George Washington condujeron un estudio de catorce semanas para determinar el efecto de la actividad aeróbica sobre el SPM. La conclusión: las mujeres con SPM que hicieron ejercicios aeróbicos por cuarenta y cinco minutos, tres veces por semana, mostraron menos depresión premenstrual y ansiedad en comparación con el grupo que no hizo ejercicios. La actividad que hace palpitar el corazón:

- Libera veinte neurotransmisores diferentes más potentes que la morfina.
- Mejora las funciones cerebrales.

## 10. Diecisiete maneras de aplacar el estrés

- Disipa la frustración, agresión y niveles de estrés.
- Te hace transpirar, lo cual depura las toxinas.

Después de la ejercitación notarás que tu mente está más despierta, mientras que tus emociones se encuentran menos agudas. Te sentirás mejor en general. Ejercitarte es una de las mejores elecciones que haces para ti misma. Así que haz unos cuantos ejercicios y fíjate si logras cierta victoria sobre tu malhumor.

***Una hora:*** Crea algo nuevo. ¿Qué te gusta hacer? ¿Tienes alguna pasión? ¿Una curiosidad acerca de algo? ¿Qué está atado dentro de ti y precisa ser liberado, necesita que lo saques de la jaula de una agenda demasiado ocupada? ¿Escribir? Si es así, compón un poema que capture tus reflexiones o abre un blog. ¿Pintar? Saca el pincel y expresa lo que hay en tu alma. ¿La jardinería? Planta un rosal o comienza un herbario. ¿Cocinar? Crea un nuevo aperitivo que nunca has probado antes e invita a tus amigas a una degustación.

Dios, nuestro Creador, nos hizo a su imagen. Y al igual que él encontramos satisfacción —ese maravilloso sentimiento de complacencia— cuando creamos algo nuevo. Crear es liberar el espíritu que está dentro de nosotros, y pocas acciones en la vida pueden cambiar el ánimo, de la tristeza al éxtasis, más rápido que crear algo nuevo.

Recién vimos ocho maneras de atenuar el estrés a través de *liberar*. ¿Todavía respiras? ¿No te sientes mejor tan solo imaginándote haciendo algunas de estas actividades? Ahora avancemos un paso más aprendiendo una segunda manera de reducir el estrés a través del *descanso*.

## Descanso: nueve maneras de aplacar el estrés

Adivino que aún no te has dado cuenta de la importancia de nuestro segundo plan: reacomodar el estrés dándole a tu cuerpo pequeños descansos. Veamos nueve formas de hacerlo.

***Diez segundos:*** Toma una pastilla. Un complejo multivitamínico rico en calcio, magnesio y vitamina B-6 puede aliviar ciertos síntomas físicos, pero también beneficia la salud mental y emocional.

- *Calcio.* Según un estudio, nueve de cada diez mujeres en un régimen elevado de calcio (mil trescientos miligramos por día) reportaron menos cambios de humor a través de su ciclo mensual que cuando consumían menos calcio[10].
- *Vitamina B-6.* Es conocida por aliviar la ansiedad, el estrés, la fatiga y la pérdida de la memoria. Toma doscientos miligramos una vez al día y te sentirás mejor.
- *Magnesio.* Los investigadores italianos descubrieron que el magnesio aliviaba los cambios de humor relacionados con la menstruación. Yo tomo Calm, una bebida antiestrés que equilibra el calcio y restaura los niveles de magnesio. La tomo caliente antes de ir a dormir. Es riquísima y calmante[11].

***Treinta segundos:*** Acaricia a tu mascota. Los científicos demuestran que acariciar el pelaje de una mascota puede disminuir las pulsaciones cardíacas y calmar las emociones. Un artículo decía que un gran calmante del estrés es interactuar con tu gato al menos una vez al día con algo como una caña de pescar con plumas en la punta. El escritor no decía si esta actividad atenuaba el estrés para la mascota o el dueño... ¡o para quien fuera la caña de pescar con plumas![12]

***Un minuto:*** Respira hondo. Inhala oxígeno, que da vida a tus células, músculos y pensamientos. Exhala las tensiones, pensamientos tóxicos y actitudes nocivas. Respirar hondo desde el diafragma (no desde la boca) envía oxígeno a la sangre, lo cual puede disminuir la frecuencia cardíaca y alimentar el proceso cerebral. Hazlo ahora. Relaja tus hombros. Aquieta tus pensamientos. Toma una bocanada de aire profunda. Profunda. No,

## 10. Diecisiete maneras de aplacar el estrés

más profunda todavía (hincha ese pecho tanto que parezcas una luchadora de sumo). Retén el aire; uno, dos, tres. Déjalo salir. Ahhhh. Adiós tensiones, hola paz. De veras da resultado, ¿no? Eso es porque la respiración profunda relaja y aquieta el sistema nervioso, y relajar cualquier cosa que contenga la palabra *nervioso* es probablemente una buena idea.

*Cuatro minutos*: Abraza y besa. Según un estudio reciente en dos mil parejas, los besadores espontáneos sufren menos estrés que los demás. «Besar libera el estrés creando un sentido de conexión con el otro que segrega endorfinas, el químico que combate el estrés y la depresión», señalaba el estudio[13]. Otra investigación descubrió que agarrarse de la mano y abrazarse puede disminuir el estrés de forma comprobable. El suave apretón de un abrazo puede estimular las terminales nerviosas que hay debajo de la piel, enviando mensajes tranquilizadores al cerebro, y frena la emisión de cortisol, que puede tornarte nerviosa y excitada.

*Seis minutos*: Mímate con una aromaterapia. ¿Necesitas alguna ráfaga de éxtasis mental? Inhalar ciertos aromas puede mejorar el estado de ánimo, influenciar el comportamiento y las emociones y contribuir a una mejor salud[14]. Dios creó una línea de fragancias para aliviar la depresión, la ansiedad, la fatiga, la irritabilidad y el estrés, así que escoge una[15]. La lavanda, el sándalo, el limón y la manzanilla relajan las ondas cerebrales[16]. Vamos, enciende esa vela aromática que compraste para un momento como este. Siéntate en una silla confortable, cierra los ojos y por los siguientes minutos date permiso para ser transportada momentáneamente a un campo de lavandas en una exuberante colina inglesa. La ropa para lavar puede esperar.

Dependiendo de tu presupuesto, considera otros escapes aromaterapéuticos.

- *Caro*: Date el gusto de pasar medio día en un balneario (cien dólares o más).
- *Barato*: Unta tu cuerpo con crema de manteca de mango o loción de pepinos (siete dólares).

- *Gratis*: Arranca las muestras de perfume de las revistas de mujeres y folletos de cosméticos. Guárdalas en una bolsita con cierre. Cuando tengas un día de alerta roja, saca tu tesoro y huélelo para contentar tu corazón.

*Diez minutos*: Abraza la belleza. Como mujeres, fuimos creadas para la belleza, pero durante el SPM a veces nos sentimos horribles, por dentro y por fuera. Contrarresta estos sentimientos redescubriendo el arte perdido de disfrutar de lo bello.

### Estas cosas a mí me hablan de belleza...

«Me encanta sentarme en mi silla del jardín y escuchar los pájaros cantando mientras bebo una taza de té de manzanilla». —Laura

«Para mí la belleza significa sentarme junto a un hogar encendido y beber té chai mientras deleito mis ojos con mi revista preferida de decoración o cocina». —Tamara

«Comprarme una crema facial y un nuevo lápiz labial. ¡Vaya! Esto es suficiente para mí». —Sidney

«Me gusta la colorterapia. Después de todo, hay una razón por la que les llamamos *blues* [azul, en inglés] a las canciones tristes, así que me visto de colores brillantes o me siento en mi alegre terraza interior color amarillo». —Marshele

En lo personal, experimento la belleza cuando me coloco los auriculares, cierro los ojos y dejo que Andrea Bocelli me lleve en una escapada romántica a las montañas de la Toscana con su emocionante *Melodrama*. ¡Ahhh! Un éxtasis total.

¿Qué te habla de belleza a ti? Piensa en tres cosas ahora mismo, y la próxima vez que te sientas un poquito triste, aplícalas y disfruta lo que te levanta el ánimo a ti personalmente.

## 10. Diecisiete maneras de aplacar el estrés

***Quince minutos:*** Prueba la acupuntura. Si el SPM te tiene sobre agujas y alfileres, podrás encontrar alivio... ¡a través de agujas y alfileres! La acupuntura es una práctica tradicional china que consiste en poner agujas esterilizadas muy finitas debajo de la piel, en puntos específicos ubicados en los «meridianos energéticos» de tu cuerpo[17]. Las agujas interactúan con el sistema nervioso, liberando químicos similares a las hormonas que benefician el estado de ánimo, la percepción del dolor y el sistema inmunológico. Un estudio descubrió que la acupuntura reduce de manera significativa la ansiedad, el dolor en los senos, el insomnio, las náuseas, los dolores de cabeza y los problemas digestivos (tiene un 77,8% de efectividad, mientras que el placebo solo tiene un 5,9%)[18].

***Veinte minutos:*** Date un baño extremo. No soy una persona enojadiza por naturaleza, pero durante mi SPM podía pasar de ser una santa dulce y sonriente a convertirme en una pecadora gritona y regañona en solo veinte segundos. A veces me sentía como un potrillo salvaje que se retorcía y corcoveaba, lanzando mi sentido común hacia un arbusto de rosas. Si solo hubiera tenido la fuerza de jalar la cuerda y traer a la bestia bajo sumisión. Ah, estar en control de algo. Cualquier cosa... incluso si se trataba tan solo de la ilusión de tener el control. Entonces un pensamiento acudía a mi mente: *¿Qué tal si creara una situación extrema para mis sentidos que pudiera controlar?*

### ¡Aquí está! Te presento al baño extremo

El baño extremo implica sumergirse en una tina de agua mientras expones tus cinco sentidos a los extremos. Por ejemplo:

- *Tacto*. Sumérgete en un baño caliente mientras bebes un batido helado de fruta.
- *Vista*. Cierra todas las puertas y ventanas, apaga todas las luces, y permite el contraste de la luz de las velas que arden a través de la oscuridad.
- *Gusto*. Coloca un cuadradito de chocolate (no el paquete entero) en tu lengua y deja que sature tu boca.

Después de saborear hasta el último vestigio de dulzura, mordisquea una papita frita (sí, una) empleando un minuto completo para comértela toda. Sonríe mientras todas las papilas gustativas dan una vuelta de carnero deleitándose por el cambio de sabor de dulce a salado. O aquí tienes una opción dulce-salada más saludable: envuelve una lasca de queso salado alrededor de un cuadradito de melón dulce. ¡Mmmm!

- *Oído*. Suspira ante el susurro de una fuente de agua de mesa (disponibles por menos de treinta dólares en muchos comercios) o un CD con música de relajación. Luego emprende el vuelo con el saxo de Kenny G mientras sus arpegios metálicos se escuchan alrededor del lugar.
- *Olfato*. Deja que el vapor de dos tazas de sal de Epsom en el agua del baño abra tus fosas nasales y alivie la tensión de tus músculos. Después del baño, sucumbe ante la fragancia del aceite de damasco que frotarás sobre tu cuerpo.

Sumergirme en la tibieza, con el fuerte contraste entre lo helado y lo hirviendo, lo brillante y lo tenue, lo dulce y lo salado, llena mis sentidos de deleite y desvanece mi temor. Suspiro y doy gracias a Jesús, que nos invita: «Vengan a mí todos los que están trabajados y cargados, y yo los haré descansar». Una Lorraine diferente emerge de las aguas del baño extremo. Mi irritabilidad se arremolina y se va con el agua de la tina, y el viaje de mis sentidos a la imaginación exótica me permite regresar a la vida real renovada y fresca.

***Cincuenta minutos***: Recibe un masaje. Un masaje profundo reduce la tensión corporal y aumenta el nivel de la hormona oxitocina, que ayuda a bajar la presión sanguínea, aminorar la respiración y atenuar el estrés[19].

- *Caro*: Date el gusto de disfrutar de una hora de masajes en el ambiente sereno de un balneario (ciento cincuenta dólares o más).

## 10. Diecisiete maneras de aplacar el estrés

- *Barato*: Paga por minutos para usar el sillón masajeador en un centro comercial.
- *Gratis*: Ofrécete como voluntaria a fin de que los estudiantes de las escuelas de masaje practiquen contigo (busca las listas en las páginas amarillas). O si no, intercambia masajes profundos con tu marido. Estate lista para la actividad antes mencionada: tener relaciones sexuales con tu esposo.

Al final, tú y solo tú serás quien elija si seguirás andando mientras tu cuerpo grita que le des descanso o si apartarás el tiempo para distender la tensión y así no estallar.

Desearía poder decirte que siempre tomé decisiones sabias para manejar mi estrés, pero no fue así. Como un nadador luchando contra la corriente, a menudo me presioné neciamente para seguir andando cuando mi cuerpo me pedía a gritos que me relajara, disminuyera la marcha y fuera a favor de la corriente.

No obstante, poco a poco estoy aprendiendo esto:

«Todo tiene su momento oportuno; hay un tiempo para todo lo que se hace bajo el cielo».
—Eclesiastés 3:1

Hay un tiempo para trabajar… y un tiempo para descansar.
Un tiempo para seguir andando… y un tiempo para detenerse.
Un tiempo para avanzar… y un tiempo para retroceder.

Busca el momento preciso, esa es la clave. Y ya conoces el resto de la historia.

## Dios, cambia mi corazón

> «Al de firme propósito guardarás en perfecta paz, porque en ti confía» (Isaías 26:3).
>
> ¿Necesitas perfecta paz? Comienza y termina cada día diciendo: «Dios, confío en ti». Luego, en tu lista de «cosas por hacer», anota: «Confiar en Dios». Escribirlo legitima la actividad que hay en tu mente y te fuerza a pensar en cómo confiar en él en medio de tus otras actividades diarias. Y sentirás un gran sentido de satisfacción cuando marques esta tarea como «hecha» al final del día.

# 11

# EL DESCUBRIMIENTO MENTAL

La siguiente historia es verídica. Los nombres no han sido cambiados para proteger la identidad de la culpable (yo). Esta es mi historia, pero supongo que puede llegar a ser similar a la tuya.

### Diario: Edad, treinta y cinco años

Situación: Manejando a casa con dos niñas pequeñas en el asiento trasero después de haber pasado la Navidad en familia.
Nivel de SPM: Alerta 5

—Estás yendo por el camino equivocado —exclamé cuando Peter tomó la salida en la Interestatal 70 rumbo al oeste, hacia Denver.
—No, estoy bien. Este es el mismo camino que tomamos la última vez.
Le disparé una mirada grosera.
—No, Peter. Se supone que debemos doblar en sentido sur. Este camino nos lleva al oeste... al menos veinticinco kilómetros en la dirección equivocada.
—No, vamos bien —contestó con dulzura.
—No, no es así. Hemos estado conduciendo por cinco horas. Seguir por este camino significa recorrer veinticinco kilómetros más encerrados en este auto donde falta el aire.

Ahora mismo, quince minutos se sienten como si fueran quince horas. Me duele la espalda. Tengo hambre. Las niñas están quisquillosas. *Yo estoy quisquillosa.*

Como si le hubiera dado pie, Amanda se quejó desde el asiento trasero:

—Mami, quiero una galletita.

—Perdón, cariño —le respondí—, pero las galletitas se acabaron hace una hora. Todos comeremos cuando lleguemos a casa.

Me volví hacia Peter y remarqué:

—Si es que alguna vez llegamos.

Inmutable, Peter miraba fijo al frente. Con cada vuelta de neumático, con cada metro de pavimento que nos alejábamos de la salida «correcta» mi tensión aumentaba.

—Da la vuelta, Peter. ¡Ahora!

Silencio.

—¿Estás escuchándome?

Peter estaba en punto muerto, sordo a mis lloriqueos.

—Estaciona el auto. Déjame bajar —grité.

Sus ojos seguían fijos en el camino.

—¡Peter, déjame salir de aquí!

Extendí mi mano para agarrar la manija de la puerta, lo cual fue bastante estúpido de mi parte, porque viajábamos por una autopista a ciento diez kilómetros por hora.

De modo estoico, él cerró las puertas con el seguro automático para niños.

—¡Grrrr! ¡Eres muy obstinado! ¿Alguna vez te importa alguien más aparte de ti? Siempre tienes que hacer las cosas a tu manera, ¿no es cierto?

Con los nudillos apretados, me aferré al apoyabrazos de mi asiento. Por dentro sentía que explotaba, saltaba arriba y abajo, dándole puñetazos a la guantera como una loca. Las hormonas brotaban a borbotones cual lava hirviendo, latiendo, martilleando, presionando por hacer erupción. Me imaginaba estallando en mil pedazos, trozos de Lorraine volando por el aire, proyectiles que se quedaban pegados en las ventanillas, salpicados en las salidas del aire acondicionado. Mi boca aterrizaba en el vidrio trasero

## 11. El descubrimiento mental

y seguía moviéndose. *¡Estúpido! ¡Idiota! ¿Por qué tienes que hacernos sufrir a todos? ¿Por qué no puedes simplemente admitir que te equivocaste y dar la vuelta?*

La casi irreconocible voz de la razón resonó en mi mente: «¿De veras el crimen de Peter merece esta reacción nuclear?». Probablemente no. Sin embargo, había dejado el pensamiento racional allá por el cruce de la Interestatal 70. Peter había cometido un error y yo usé la tensión que había en mí como un bate de béisbol para pegarle. ¿Mi reacción podría tener algo que ver con el hecho de que mi período estaba por comenzar en unos días?

«Cierra la boca», me advirtió una suave y silenciosa voz en mi cabeza. Yo la ignoré. Cada vuelta del cuentarrevoluciones provocaba en mí un nuevo insulto hacia mi porfiado marido.

¡Pobre Peter! Seguramente deseaba que me callara (y en realidad, yo también quería hacerlo), pero no podía dejarlo pasar. Cuando al fin doblamos hacia el sur, caí en un profundo silencio de enojo durante las cuarenta millas del último tramo. Descargamos el auto, cenamos y llevé las niñas a la cama, todo sin emitir una palabra, pero aunque mis labios permanecían en silencio, mi mente rebosaba de insultos.

Me preparé un baño de espuma, esperando que el agua caliente me calmara. Me puse un paño tibio sobre las sienes, cerré los ojos y reproduje los incidentes de la tarde. *Tenía derecho a estar enojada. ¿Por qué él no me escuchó? ¿Por qué siguió yendo en la dirección equivocada aun cuando le indiqué que había pasado de largo en la salida?* Dios susurró en mi corazón: «Lorraine, ¿por qué no me escuchaste a mí? ¿Por qué continúas llevando tus palabras en la dirección equivocada aun después de que te pedí que te detuvieras y "dieras la vuelta"?».

Detesto pelear con Dios; no tiene sentido. Él siempre es tan bueno, tan correcto. Aun así, le hice frente.

«Dios, no sabes lo difícil que es para mí. Cuando me pongo así, cuando mi cuerpo está todo contorsionado y tenso, no puedo evitar desahogarme o golpear algo, de lo contrario siento que voy a explotar». Mi argumento era verdadero, pero aun en medio de mi niebla hormonal claramente lo vi como lo que era: una excusa (y una que no tenía peso). Con mi mano aparté violentamente la capa espumosa de la tina. ¡Plaf! El agua golpeó el extremo de la bañadera y salpicó pequeñas gotas que descendían por mi rostro como lágrimas. Mi pobre marido. Él no había hecho nada para merecer mi paliza verbal. ¿Y las niñas? ¿Qué clase de ejemplo les había dado? Mi conducta plasmaba en sus jóvenes mentes la idea de que estaba bien que una esposa enloqueciera a su marido y lo degradara con palabras irrespetuosas y agresivas. «Ah, Dios, ¿qué hice? Esto es lo último que quisiera enseñarles a mis hijas».

Me imaginaba a Amanda y Megan ya adolescentes sentadas ante un terapeuta con anteojos como fondos de botellas que les daba su opinión de experto: «Tu balbuceo incesante», decía apuntando a nuestra hija mayor, «y tu fobia a los automóviles», continuaba señalando a la menor, «se pueden remontar al trauma que sintieron cuando eran niñas y su madre le gritaba a su padre por haber tomado el camino equivocado».

Formé una enorme burbuja con mis dedos. ¡Pop! Se reventó. Si solo pudiera reventar mis palabras furiosas y hacerlas desaparecer así de fácil.

Peter abrió la puerta y asomó su cabeza en mi refugio húmedo. «Después de tu baño, ¿por qué no hablamos sobre lo que sucedió en el camino a casa?». Su calma me irritaba. Sabía que su cabecita no estaba llena de pensamientos santos hacia mí, pero al menos tuvo la cortesía de no gritarme.

«Estaré fuera en un minuto», mascullé con abatimiento.

Fue un minuto largo. Me quedé sumergida hasta que mi piel se arrugó como una uva pasa. No quería salir, ya que sabía que tendría que disculparme por mis palabras irracionales y críticas. El agua se había enfriado, así que me sequé con la toalla, me puse la bata y me uní a Peter junto a la mesa de la cocina. Él esperaba con paciencia para que habláramos. Observé que mi pie se movía hacia arriba y abajo nerviosamente. Él tenía todo el derecho a exigirme que pidiera disculpas, pero me aferré neciamente al último fragmento de superioridad moral que me quedaba e insistí en que tenía razones para haberme enojado así. Mi pretensión de superioridad moral se derritió cuando mi esposo hizo algo sorprendente. Se acercó, puso sus brazos alrededor de mí, y me dijo: «Te amo».

Qué hombre tan fuera de lo común.

Qué hombre tan inteligente.

Peter sabe que cuando menos merezco ser amada es cuando más lo necesito. Suspiré y me fundí en su abrazo. Las lágrimas fluyeron de mis ojos, llevándose con ellas la tensión que había estado presa dentro de mí, logrando lo que mis palabras despiadadas no habían podido hacer.

«¿Cómo puedes amarme? Soy una persona muy mala». Me di la vuelta, cogí un pañuelo de papel de la caja que estaba sobre el mostrador y me soné la nariz. «No quiero ser odiosa. Es que justo antes de mi período mis palabras salen con tal fuerza que no sé cómo pararlas».

Él asintió con la cabeza, indicando que aunque no podía sentirse identificado, aceptaba mis disculpas.

«Esa Lorraine horrible no es la que quiero ser». Sequé mis mejillas con el pañuelito húmedo. Mi esposo no dijo nada. Con cada minuto que pasaba mi determinación se fortalecía: «Me niego a ser una de esas mujeres histéricas que reniegan y se quejan de cada cosita. O incluso de las cosas grandes». Sacudí el pañuelo de papel en su rostro. «Voy a cambiar, Peter. Ya verás».

Él no parecía dudarlo, ni tampoco pareció haber creído mi promesa.

Quería que me creyera. Deseaba creerme yo misma. ¿Sería capaz de cambiar? ¿Podría ser diferente?

En el tono de voz más alto que pude lograr, repetí mi promesa: «Por la gracia de Dios, Peter, voy a cambiar. No voy a dejar que las hormonas se lleven lo mejor de mí, y *aprenderé* a controlar mi lengua».

## De «nuestros labios y oídos»

> Si tus labios logras controlar,
> cinco cosas observarás con atención:
> A quién hablar, de quién hablar,
> cómo, cuándo y dónde.
> —W. E. Norris

Te acabo de confesar mi pecado. Puedes estar pensando: *Si ese es el peor «pecado» que alguna vez haz cometido con tu marido, ¿qué esperanza hay para mí?* O tal vez pienses: *He pensado cosas similares, pero al menos nunca las ventilé como tú.*

Detente un momento, amiga. Mejor dejemos a un lado las comparaciones entre nosotras, ¿no es cierto? En cambio, comparémonos con los estándares que Dios establece en su Palabra. Él dice: «Eviten toda conversación obscena» (Efesios 4:29). Ninguna. Nada. Cero.

La exigencia es alta, ¿no crees? ¿Cómo te está yendo con tus palabras? Pregúntate con *sinceridad*: «¿Algunas de las siguientes declaraciones son ciertas para mí?».

- ☐ A veces las palabras salen disparadas de mi boca y siento que no puedo frenarlas.
- ☐ A menudo pienso que desearía no haber dicho eso.
- ☐ Conozco al menos a una persona que diría que me quejo o lloriqueo demasiado.
- ☐ Le he dicho cosas crueles que lamento a mi esposo o mis hijos/compañeros de trabajo/parientes.
- ☐ Cuando enloquezco, a veces insulto.
- ☐ Soy culpable de hablar demasiado.
- ☐ Hablo antes de haber pensado en el impacto que mis palabras tienen para los demás.

Si has respondido que sí a varias de estas declaraciones, no estás sola. Escucha los comentarios de mis encuestas:

> «Solo dime cómo puedo controlar mi lengua durante el SPM y te firmo la transferencia de mi Mustang convertible». —Melinda

## 11. El descubrimiento mental

«Estoy harta y cansada de disculparme por mis palabras airadas cuando sufro de trastorno hormonal».
—Dyannah

«Estoy convencida de que la misma hormona que se libera antes de mi período y hace que mis manos dejen caer las cosas, también provoca que se me caiga la mandíbula y mi boca se abra, aun cuando estoy decidida a mantenerla cerrada». —Marianne

Un esposo dijo: «Filmé a mi esposa mientras me gritaba. Cuando se lo mostré, ella casi no podía creer que esa mujer chillona era ella».

Ninguna mujer que conozco arremete intencionalmente contra su familia o amigos con el fin de desmoralizarlos con palabras crueles, pero sucede. ¿Qué tiene que hacer esa mujer? ¿Cómo puede guardarse de causar daño con su lengua?

Está bien, presta atención, porque estoy a punto de compartir contigo una idea que te cambiará la vida, la solución que he descubierto. Cuando la practiques, hará que tus tiempos hormonales sean más manejables y logrará varias cosas:

- Mejorará tu matrimonio al reducir las peleas entre tú y tu esposo.
- Hará que tus hijos se levanten y te llamen «bendita».
- Aumentará el respeto hacia ti entre tus compañeros de trabajo.
- Bendecirá a las personas que amas, a las que odias, y a las que no te importan también.

En realidad, si pones esta idea en práctica, los demás te verán como
    inteligente,
        capaz,
            confiable,
                una mujer «responsable» con la habilidad de resolver lo que surja en tu camino.

Los esposos de todo el mundo aplaudirán esta idea. Y las mujeres también se regocijarán, porque la aplicación universal de este secreto aumentará el respeto por el género femenino. Sé que deseas oírlo y ya te he tenido esperando lo suficiente. Así que es tiempo de revelar el secreto...

Es breve. Poderoso. Simple.

¿Cuál es este secreto? *Cierra la boca.*

Lo siento. Sé que suena abrupto, ¿no es cierto? Si agrego la frase *por favor* delante, ¿lo hará más aceptable?

La verdad es, señoras, que muchas de nosotras nos quejamos de todo, desde el precio del combustible hasta lo ajustado de nuestros pantalones, y francamente eso resulta muy molesto. Otras abrimos la boca y estamos «habla que habla» de una forma que toda persona en el radio de escucha piensa: ¿Alguna vez se callará? Un comediante dijo: «Mi esposa y yo no hemos tenido una conversación en un año. No quiero interrumpirla». Otras fustigamos a los demás con críticas ásperas que cortan como cuchillos, dejando heridas que mutilan a nuestras víctimas para siempre.

Sin embargo, controlar nuestra lengua es difícil, ¿verdad? Tal vez podamos domesticarlas en un buen día, ¿pero en un día malo, uno del SPM, por ejemplo? Podemos sentir que cerrar la boca es tan imposible como clavar gelatina a un árbol. No obstante, debemos ejercitar la disciplina, porque las palabras desenfrenadas lastiman a los que amamos. Y el cotorreo frívolo entristece el corazón de Dios.

## Terminemos con las diatribas

Ese día, cuando le dije a Peter que deseaba controlar mi lengua, lo hice en serio. Le dije a Dios lo mismo más tarde cuando no me podía dormir. Dios respondió esa oración. Con el correr del tiempo, me mostró varias cosas que podía hacer para cambiar mi forma de hablar.

### «Cierra la boca»

Un autor escribió: «Lo que el mundo necesita más que ninguna otra cosa es una mujer que tenga el coraje de expresar lo que hay en su mente»[1]. ¿De veras? A dondequiera que miro —ya sea

## 11. El descubrimiento mental

en la televisión, las reuniones y el salón de belleza— observo a las mujeres hablando la primera cosa que les viene a la mente. No, lo que el mundo en realidad necesita es una mujer que tenga el coraje de digerir concienzudamente los impulsos internos de su alma y luego abra su boca *solo* cuando Dios le diga que hable.

El dominio propio es un rasgo que está muy devaluado en nuestra sociedad. La esposa del programa de televisión que arenga a su esposo es vista como graciosa. La rubia de ojos grandes que dice lo primero que pasa por su mente resulta cómica. La madre que trata mal a sus hijos porque está estresada es digna de perdón, ya que en última instancia todos perdemos los estribos una vez cada tanto, ¿no? Sin embargo, ¿no deberíamos en realidad aplaudir a la que se siente estallar, pero no lo hace? ¿A la que refrena sus palabras cuando sus pensamientos no son edificantes? ¿A la que tiene todo el derecho de hablarles mal a sus hijos, pero en cambio se dirige a ellos con amabilidad?

Dios me habló al corazón: «Lorraine, a menos que puedas pronunciar palabras que me glorifiquen, cierra tu boca». Hmmm. No está mal como lema de vida, en especial durante el SPM. Empiezo a pensar que SPM significa Solo Palabras Moderadas. Dios, en su gracia, me mostró tres maneras prácticas de cerrar la boca.

*Pon guardias en tu boca.* El Salmo 141:3 dice: «Señor, ponme en la boca un centinela; un guardia a la puerta de mis labios». Durante el SPM yo no ponía un guardia en mi boca, sino dos —Boris y Brutus— a quienes imaginaba alertas y de pie todo el tiempo. He aquí cómo trabajaban mis guardianes: cuando una palabra se agitaba dentro de mis entrañas, trepaba hasta mi garganta y amenazaba con abrirse paso y salir por entre mis labios, mis dos guardias cruzaban sus espadas y examinaban la palabra. Si era amable, edificante y apropiada, entonces ellos descruzaban sus espadas y le permitían el paso. Si era áspera, crítica o descuidada, forzaban a la palabra a descender por mi garganta. No puedo decirte la cantidad de veces durante mi SPM que literalmente me tragué las palabras, ya que Boris y Brutus desempeñaron su tarea con fidelidad.

Compartí el concepto de los guardias en la boca con mi amiga Tammy, que se lo enseñó a su hijo de ocho años, Jacob. Un día Jacob dijo una mala palabra. Tammy arqueó la ceja en señal de reproche. «Jacob, ¿dónde están Boris y Brutus?». Él alzó la vista mostrando una mirada desafiante y con una sonrisita socarrona dijo: «Me los tragué».

*Consigue una pulsera que diga: «Quejas, váyanse»*. Un artículo en el periódico me llamó la atención: «No quejarse hace del mundo un lugar mejor». La historia revelaba que el reverendo Will Bowen, de la Iglesia de la Unidad en Cristo en la ciudad de Kansas, desafió a su feligresía a comprometerse por veintiún días a no quejarse, murmurar, criticar o ser sarcásticos[2]. Él les entregó pulseras color púrpura que decían: «No quejarse», y los que querían participar se las colocaban en sus muñecas. Cada vez que un participante emitía una queja, tenían que cambiar la pulsera a la otra muñeca y comenzar nuevamente los veintiún días libres de lamentos.

Había estado buscando accesorios para un vestido color púrpura que compré hace poco y pensé: «Oye, *yo puedo hacerlo*». Así que les comenté a los miembros de mi familia y amigos de mi compromiso y les di permiso para dirigirme una «mirada especial» si me quejaba. Antes de haber pasado las primeras doce horas, ya me había cambiado la pulsera de lugar tres veces. Grrrr. (¿Acaso Boris y Brutus se quedaron dormidos?). Aunque no terminé los veintiún días —tenía miedo de que me llevara veintiún años— me asombré de cómo una pulsera me sensibilizó a mí y a los demás a mantenernos atentos a las expresiones negativas. Además, aprendí que mi discurso negativo se enfocaba casi exclusivamente en dos temas —familia y finanzas— lo cual me decía que mi actitud en estas dos áreas necesitaba cambiar considerablemente. Esos también eran los dos asuntos que más me estresaban durante mi SPM.

En años recientes, mi amiga Linda Dillow y yo diseñamos nuestras propias pulseras amarillas de «Quejas, váyanse» para usarlas de manera similar a fin de ayudar a las mujeres a mantenerse atentas a las palabras que pronuncian[3]. Para mi asombro, las mujeres agarraron las pulseras, ansiosas de ser corregidas. Ellas no quieren ser negativas o críticas, y están emocionadas de poder tener un recordatorio práctico que las ayudará a convertirse en mujeres que hablan con gracia. Además, disponen de una ayudita que les permite hablarles a las demás de lo que están haciendo y animarlas a ponerse la pulsera. Bueno, está bien, *no todas* entienden el concepto. Una mujer me envió la pulsera amarilla cortada en

## 11. El descubrimiento mental

pedacitos, con una nota que decía: «Un día me cambié la pulsera de mano cuatro veces... ¡en una hora! ¡Ya me cansé!».

*Haz una resolución.* «Tú has probado mi corazón, me has visitado de noche; me has puesto a prueba y nada hallaste; he resuelto que mi boca no peque» (Salmo 17:3, LBLA). Hacer una resolución significa decidir con firmeza. Afirmamos las intenciones cuando las ponemos por escrito.

---

Escribí mis resoluciones para los momentos del SPM:
1. No abras tu boca.
2. Cósete los labios.
3. Bajo ninguna circunstancia te desates los labios.
4. Lee del punto uno al tres y repite.

---

No estoy diciendo que *nunca* abrí la boca durante el SPM, porque eso sería una mentira. Algunas mujeres pueden llevar esta cosa del silencio demasiado lejos, como Carley, por ejemplo. Después de una horrible pelea, Carley se negó a hablarle a Dan. Pasaron dos días. Ellos todavía no se hablaban. Luego Dan se dio cuenta de que necesitaba que Carley lo despertara a las cinco de la mañana para irse a trabajar, ya que tenía que tomar un vuelo temprano en la mañana. Como no quería ser el primero en romper el silencio, colocó un trozo de papel en la almohada de ella que decía: «Por favor, despiértame a las cinco de la mañana». A la mañana siguiente se despertó a las siete y se percató de que había perdido el vuelo. Furioso, tomó el teléfono para llamar a Carley y cantarle las cuarenta, pero entonces vio un papel que estaba junto a su cama y decía: «Son las cinco. Levántate».

Hay un tiempo para hablar y un tiempo para callarse. Aquí te comento algunos principios que usé para ayudarme a decidir cuándo abrir la boca y cuándo mantenerla bien cerrada.

- Cierro mi boca si no tengo nada valioso que decir. Mejor estar en silencio y que los demás piensen que soy tonta, que abrir la boca y disipar toda duda.
- Cierro mi boca si estoy cargada emocionalmente y lo que diga puede percibirse como un ataque.

- Cierro mi boca si mis palabras no tienen coherencia; espero hasta que la confusión mental se haya ido.

Por otra parte, hay momentos para abrir mi boca. Amy Carmichael, una devota misionera en la India, sugirió estas pautas:

- Abro mi boca si las palabras son *verdaderas*.
- Abro mi boca si las palabras son *amables*.
- Abro mi boca si las palabras son *necesarias*[4].

La próxima vez que pases frente a un espejo, dedica un momento a practicar tu cara de sabia. Los ojos bien abiertos. Las cejas arqueadas. Las comisuras de los labios hacia arriba. La boca cerrada. Mírate. ¡Te ves brillante! ¿Te das cuenta? ¡Puedes hacer esto y lucir fantástica! Cuando finalmente abras tu boca, que sea con esas palabras de 2 Crónicas 18:13, LBLA: «Vive el Señor, que lo que mi Dios me diga, eso hablaré». ¡Qué versículo!

### *Palabras de vida*

Panal de miel son las palabras amables: endulzan la vida y dan salud al cuerpo.
—Proverbios 16:24

La lengua que brinda consuelo es árbol de vida.
—Proverbios 15:4

Las palabras del hombre son aguas profundas, arroyo de aguas vivas, fuente de sabiduría. —Proverbios 18:4

### *Palabras de muerte*

La lengua insidiosa deprime el espíritu.
—Proverbios 15:4b

También la lengua es un fuego, un mundo de maldad. Siendo uno de nuestros órganos, contamina todo el cuerpo y, encendida por el infierno, prende a su vez fuego a todo el curso de la vida. —Santiago 3:6

## 11. El descubrimiento mental

Permíteme hacer un resumen ahora. La primera idea que Dios puso en mi corazón para ayudarme a ser una mujer que habla con gracia fue que cerrara mi boca; la segunda fue que conociera su Palabra.

### «Conoce mi Palabra»

Como una lectora regular de la Biblia, me resultaba conocido Proverbios 18:21: «En la lengua hay poder de vida y muerte». Sin embargo, Dios parecía decirme: *Lorraine, tú desprecias este versículo como si fuera algo que se aplica a los demás, no a ti. Quiero que veas que tus palabras tienen poder; tus palabras pueden matar o dar vida.*

Si había de captar por completo el poder de mis palabras, necesitaba más que este simple versículo: precisaba todo el consejo de Dios. Concordancia en mano, investigué la Biblia de tapa a tapa y anoté cada verso que tocara el tema de *hablar*, las *palabras* y la *lengua*. Descubrí cinco maneras en que desagradaba a Dios con mi manera de hablar, en particular cuando las hormonas me enloquecían. Quiero compartirlas contigo, junto con algunos diálogos que tuvimos Dios y yo a medida que batallaba con su Palabra.

Debo advertirte que cuando me embarqué en este estudio esperaba sentir el pellizco de la corrección; en cambio, recibí el cepo de la convicción, como una abrazadera que me apretó por dentro y me enfermó por el daño que habían causado mis palabras. Si sientes convicción en tu espíritu cuando estés leyendo esto, abrázala, porque la convicción es el primer paso hacia el cambio.

*Las muchas palabras desagradan a Dios.* Eclesiastés 6:11 afirma: «Aumentan las palabras, aumentan los absurdos. ¿Y qué se gana con eso?». ¡Ay! «Evita las palabrerías profanas, porque los que se dan a ellas se alejan cada vez más de la vida piadosa» (2 Timoteo 2:16). ¡Doble ay! «En las muchas palabras, la transgresión *es inevitable*» (Proverbios 10:19, LBLA) ¡Triple ay! La abrazadera apretaba cada vez más fuerte. Traducción: El *bla, bla, bla*, termina en *pecado, pecado, pecado*. Asusta.

*Las palabras críticas desagradan a Dios.* Jesús dijo: «Pero yo les digo que todo el que se enoje con su hermano quedará sujeto al juicio del tribunal. Es más, cualquiera que insulte a su hermano quedará sujeto al juicio del Consejo. Pero cualquiera que lo maldiga quedará sujeto al juicio del infierno» (Mateo 5:22). Según este versículo, asesiné al conductor que me cortó el paso llamándolo idiota. ¿Y el doctor que me hizo esperar cuarenta minutos para atenderme? Muerto también. En realidad, en las últimas veinticuatro horas había matado a seis personas y a mi gato.

*Quejarse desagrada a Dios*. Dios sacó a los hijos de Israel de Egipto en medio de una serie de milagros, liberándolos de un estilo de vida de opresión y esclavitud. Sin embargo, los israelitas se quejaron del lugar al que Dios los había llevado. Se quejaron de la comida que les había provisto. Incluso los líderes que Dios les había asignado no eran de su agrado. Dios soportó por un tiempo todos sus reclamos, pero cuando llegó al punto del «cansancio por cotorreo», desató sobre ellos castigos en la forma de incendios, plagas y serpientes venenosas.

Refunfuñar constantemente, en su forma más pura, significa demostrar arrogancia y orgullo en el rostro de un Dios santo. Llegar al punto de entender que mis lloriqueos insultaban a mi glorioso Dios de esta manera me asombró y me llevó a permanecer en un silencio lleno de remordimiento.

*Maldecir desagrada a Dios*. «No pronuncies el nombre del Señor tu Dios a la ligera. Yo, el Señor, no tendré por inocente a quien se atreva a pronunciar mi nombre a la ligera» (Deuteronomio 5:11). El castigo en el Antiguo Testamento por usar el nombre de Dios en una maldición era la muerte (Levítico 24:16). Si nos atenemos a este estándar hoy, Hollywood sería una ciudad fantasma y nuestras tropas militares disminuirían a unos pocos escuadrones. ¿Y yo? Hubiera muerto a los veinte años y tú no estarías leyendo este libro.

Déjame ser clara: Las palabras de maldición o los insultos se roban la vida de nuestro espíritu. Las obscenidades que lanzamos hoy nos desensibilizan a fin de soltar maldiciones en el futuro. Simplemente no las pronuncies.

*Las palabras dichas al descuido desagradan a Dios*. En Mateo 12:36, Jesús dice: «Pero yo les digo que en el día del juicio todos tendrán que dar cuenta de toda palabra ociosa que hayan pronunciado». Yo le discutí: ¡*Vaya, Dios! ¿Estás seguro? ¿De toda palabra?* Consulté otras traducciones buscando un margen de flexibilidad, pero todas plasmaban la misma verdad: *Cada* palabra descuidada que hable será examinada el día del juicio.

## 11. El descubrimiento mental

Una noche soñé que estaba en el cielo, dando cuenta de las palabras que había hablado mientras estuve en la tierra.

Me imaginaba en el paraíso de pie en un salón blanco. Una docena de talonarios de papel formando una pila altísima estaban ante mí. Un hombrecito se paró sobre una escalera y de la parte superior de la pila tomó un talonario y comenzó a leer las palabras que pronuncié con negligencia el día 1 de mayo:

- 8:00 a.m.: Le llamó estúpido a un conductor, creado a la imagen de Dios.
- 8:20 a.m.: Insultó a la maestra de su hija, describiendo sus métodos de calificación como «idiotas».
- 8:32 a.m.: Se quejó de que el clima en Colorado cambiaba con más frecuencia de lo que una adolescente se cambia de ropa.

Y así sucesivamente durante horas. Con cada frase yo mascullaba: «Culpable». Ah, cuántas exageraciones (mentiras), críticas (homicidios) y comentarios desconsiderados (espuma en la boca con nada valioso que decir). Cuando había dicho esas cosas en la tierra, no me habían parecido tan serias. No obstante, aquí en el salón blanco —la santidad del cielo— cada palabra parecía negra. Vil. Atroz. Sabía que no podía entrar en la gloria del cielo hasta que cada uno de esos pecados hubiera sido borrado de mi historial.

Mis hombros se hundieron. El hombrecito hizo una pausa en su letanía para darme una palabra de aliento: «Hija, ¿recuerdas Romanos 8:1? "No hay condenación para los que están en Cristo Jesús"». Sí, lo recordaba. Dios no me condenaría por esas palabras dichas al descuido, ya que Jesús había pagado el precio por ellas. Mi entrada al cielo estaba asegurada. No obstante, ¿cuánto le había costado mi parloteo a mi Señor? ¿Cuánta sangre Jesús había derramado para pagar el precio de mi negligente boca?

La abrazadera se ceñía aun más. La verdad dolía. Con todo, aun en medio del dolor, un nuevo sentimiento surgía dentro de mí: la gratitud. De forma chispeante y estimulante, sentía fluir mi gratitud hacia un Dios que con su gracia me había dado un atisbo de los sucesos que vendrían de modo que pudiera cambiar las cosas en el presente.

Mis palabras excesivas, críticas, quejosas, maledicentes y descuidadas traían muerte. A mí. A los demás. Y al Hijo de Dios. Mis palabras negativas se revelaban por lo que en verdad eran: no mensajes neutrales, sino enviados con un potencial de muerte.

¿Mi conocimiento produjo un cambio instantáneo en la forma en que hablaba? No. En realidad, todo el ejercicio me sirvió solo para sentirme horrible, pésima, una pecadora sumergida en una pila de estiércol delante de un Dios santo.

Me consideraba una miserable. Dios me tenía donde quería.

¿Estás lista para la tercera idea? Porque te cambiará la vida...

## «HAZ DE MIS PALABRAS TUS PALABRAS»

Dios me dejó en el hoyo del fracaso por varios meses. «Estoy desahuciada. Nunca seré una mujer que hable con gracia», gruñía con cada nueva infracción que cometía. Por fortuna, aun estando en el «hoyo», leía la Biblia todos los días. Una mañana fría y gris mis ojos se encontraron con 1 Pedro 4:11 y allí estaba: la escalera para salir de mi hoyo.

«El que habla, hágalo como quien expresa las palabras mismas de Dios».

La tercera instrucción de Dios vino desde un lugar obvio: su Palabra. Si iba a hablar palabras cargadas de vida y no de muerte, entonces mis palabras tenían que ser las mismas de Dios.

Lo que estoy a punto de decirte es crítico, así que por favor, presta atención. Si quieres que tus palabras transmitan vida a los demás, es importante que entiendas la progresión de cómo las palabras de Dios pueden hacerse tuyas. En el principio, antes que nada existiera, Dios *habló*: «Sea la luz», y así fue. Todas las cosas fueron creadas a través de su Palabra hablada. De inmediato veo una distancia entre las palabras del Todopoderoso y las mías *(Señor, ni siquiera puedo hacer con mis palabras que la pila de ropa para lavar se meta en la lavadora)*. Dios acortó esa distancia enviando a su Hijo al mundo. Jesús, llamado también el Verbo, la Palabra Viviente, habitó entre nosotros. Antes de dejar esta tierra se entregó a sí mismo y le prometió su Espíritu a todos los que creyeran en él. Se inclinó hacia sus discípulos y sopló sobre ellos y les dijo: «Reciban el Espíritu Santo» (Juan 20:22).

## 11. El descubrimiento mental

Los creyentes que profesan que Jesús es su Salvador reciben su soplo, su Santo Espíritu, para que viva dentro de ellos. A la edad de diecisiete años, cuando puse mi fe en Jesús, su Espíritu vino a morar dentro de mí. Siempre que me rinda al Espíritu que está dentro de mí, podré pronunciar las mismísimas palabras de Dios. Y tú también podrás hacerlo.

Haz una pausa y deja que esto penetre en tu alma.

De modo que el primer modo en que las palabras de Dios pueden convertirse en mis palabras es *rindiéndome a su Espíritu*. El segundo es *memorizando su Palabra*. Memorizar las Escrituras incrementa el vocabulario del Espíritu Santo en mi vida[5]. Cuando atesoro la Palabra de Dios en mi corazón, el Espíritu Santo puede hacerla brotar y usarla según la situación lo requiera. El Salmo 119:11 afirma: «En mi corazón atesoro tus dichos para no pecar contra ti». Mi traducción de este versículo sería: «Tu Palabra, Dios, he guardado en mi corazón, así durante mi SPM no utilizaré las mías para aporrear a los que me rodean como piñatas de feria».

Me puse la meta de memorizar un versículo nuevo cada día durante dos semanas (muy fácil de realizar mientras crías niños pequeños, trabajas medio tiempo y llevas adelante las tareas del hogar). Escribía los versículos en tarjetas de tres por cinco centímetros. Muchos de los versículos se relacionaban con el acto de controlar mi lengua y hablar palabras de vida. Mientras estaba sentada en la sala o hacía la fila en algún comercio, releía las tarjetas y repetía los versículos en mi mente. Cuando me maquillaba o iba de camino a alguna cita, repetía los versos en voz alta. Hablar y pensar en la Palabra de Dios me llenó de un poder que no te puedo explicar, un poder que se hallaba en mí, no *mío*. Beth Moore, la autora y maestra de la Biblia, dice que lo más afectivo que podemos expresar verbalmente son las Escrituras[6].

Nunca olvidaré el día en que una mujer mayor a quien admiraba mucho me llamó y me pidió un consejo, porque según dijo: «Tú expresas lo que hay en el corazón de Dios y su Palabra».

¡Vaya! Me quedé sin habla (prueba de que Dios en realidad estaba obrando).

Memorizar las Escrituras, sin duda alguna, demostró ser el factor más importante a la hora de cambiar mis patrones verbales.

## Hablar con gracia, un proceso de toda la vida

Las tres ideas que Dios utilizó para enseñarme —cierra la boca, conoce mi Palabra y haz que mis Palabras sean las tuyas— cambiaron mi manera de hablar. ¿Eso significa que ya quedé «arreglada» para siempre? De ninguna manera. Es fácil deslizarse de nuevo a los hábitos negligentes. Ahí es cuando necesito poner en alerta a Boris y Brutus o sacar mi pulsera amarilla que dice: «Quejas, váyanse». Otra pulsera me motiva cuando se trata de mi hablar. Aun mientras escribo estas palabras, este regalo de mi esposo adorna mi muñeca. Son varios dijes en forma de cruz que cuelgan de una pulsera plateada sobre la que están grabadas estas palabras: «Mujer ejemplar, ¿dónde se hallará? ¡Es más valiosa que las piedras preciosas!» (Proverbios 31:10).

Una mujer ejemplar, eso es lo que quiero ser. ¿Y tú? Lo que me sorprende, lo que me hace caer de rodillas asombrada ante mi Dios, es que cuando me rindo a su Espíritu, puedo convertirme en una mujer que habla con gracia, incluso durante mi SPM.

### *Dios, cambia mi corazón*

> Presenté cinco tipos de palabras que le desagradan a Dios. Escríbelas en los espacios que aparecen debajo:
>
> _____, _____, _____, _____ y _____ desagradan a Dios.
>
> Ahora anota cinco clases de palabras que crees que agradan a Dios.
>
> _____, _____, _____, _____ y _____.
>
> Luego escribe una breve oración pidiéndole a Dios que te ayude a ser la clase de mujer que habla las palabras que deleitan su corazón.

# Parte 3
# Síntomas espirituales

## *Evaluación de los síntomas espirituales*

Los síntomas espirituales son aquellos que una mujer sufre en su alma; los pensamientos que atacan el centro de su identidad como mujer, sus creencias y/o su relación con Dios. Los síntomas espirituales siempre están basados en la mentira. Marca los síntomas espirituales *que ocurren con cierta previsibilidad dos semanas antes de tu período.*

### MENTIRAS QUE PIENSAS SOBRE TI MISMA:

- ☐ No puedo hacer nada bien
- ☐ Soy poco valiosa o inaceptable
- ☐ Estoy sola
- ☐ No tengo esperanzas
- ☐ Odio mi vida
- ☐ Soy muy estúpida
- ☐ No tengo un lugar
- ☐ Si me muriera, a nadie le importaría
- ☐ Detesto ser mujer
- ☐ La vida es solo tristeza
- ☐ Otros

### MENTIRAS QUE PIENSAS ACERCA DE DIOS

- ☐ No le importo a Dios
- ☐ Dios cierra sus oídos a mis oraciones
- ☐ Servir a Dios no tiene sentido
- ☐ Dios es injusto
- ☐ Dios no quiere que lo molesten con algo tan trivial como el SPM
- ☐ Dios está distante y no está interesado en mi vida personal
- ☐ Otros

### TU PUNTAJE: _____

0: Claramente, esta no es un área en la que tengas dificultades, ¿cómo es que estás siendo evaluada?

1-12: Cuando termines de leer este libro, haz el estudio bíblico en la parte final. Encontrarás una ayuda muy importante a fin de determinar por qué te sientes de ese modo y qué puedes hacer al respecto.

13-18: Pide una cita con tu médico, pastor o consejero. Muéstrales tu puntaje en esta evaluación. Estás bajo un ataque espiritual serio y es probable que sufras de depresión.

## 12

# RECHAZA LAS MENTIRAS ESPIRITUALES

El agua caliente corría por mi cabeza, deslizándose por mis hombros y todo mi cuerpo y yéndose luego por la alcantarilla, en un remolino que se llevaba parte de la tensión que destilaba por cada poro de mi cuerpo. Giré la llave que tenía la letra «C» para que el agua lo más caliente posible pudiera ayudar a relajar la rigidez de mi cuello.

Deseaba arrojarme a un pozo y morir.

Acababa de empezar mi período. No era sorpresa para mí, de veras, pero por lo general una vez que la menstruación llegaba ya me sentía mejor, no peor. *Esta ducha me ayudará*, razoné.

Agarré el champú que se había caído a mis pies. Al agacharme, noté unas hendiduras angostas y circulares justo debajo de cada una de mis rodillas, las marcas que habían dejado mis medias para pantalón. Una hendidura similar rodeaba mi muñeca, en el lugar donde había llevado el reloj. Mi cuerpo se encontraba hinchado, inflado, así como también lo estaban mis emociones. Exprimí el frasco de champú sobre la palma de mi mano, lo coloqué derecho y comencé el proceso de tratar de refregar los pensamientos airados que ocupaban mi mente: *¡Me detesto cuando pierdo los estribos con mis hijas, pero se lo merecían! Cuántas veces les he dicho que no tienen que arrojar la pelota dentro de la casa. Un millón de veces. Sin embargo, ¿me escucharon? No.*

Una voz en mi cabeza se unía a mi conversación privada. *Eres un desastre. ¿Qué anda mal contigo?*

La voz era conocida: ya había batallado contra el enemigo de Dios antes. El diablo hablaba desde afuera —separado de mí— pero a la vez dentro de mi cabeza. Normalmente batallaba contra sus burlas, pero hoy no tenía las fuerzas. Además, ¿por qué me estaba molestando ahora? Este no era un tema espiritual, simplemente tenía un caso severo de SPM.

*Eres una pésima madre*, bullía la voz. *¿Cómo les puedes gritar así a tus hijas? Solo estaban jugando. Ellas no querían romper el florero. Fue un accidente. No obstante, les gritaste. Hiciste llorar a Amanda. ¿Y Megan? Ella te tiene miedo. ¿Qué clase de madre eres?*

Me restregué con vigor, enterrando bien las uñas en el cuero cabelludo, pero aunque intentaba liberarme de ella, la suciedad permanecía.

*¿Y Peter? ¿No te había pedido que dejaras unos papeles de pasada en el banco? ¿Lo hiciste? No. Ya pasaron tres días. ¿Por qué no puedes manejar mejor tu agenda? ¿Qué le vas a decir cuando te pregunte si te ocupaste de ello? Haces cosas por otras personas, pero no las haces por tu propio marido. ¿Cómo crees que lo hace sentir eso?*

Me enjuagué la cabeza y tomé un mechón de pelo entre mi pulgar e índice. El chirrido del cabello me proclamaba limpia, pero yo no me sentía así en lo absoluto. Me sentía sucia. Agarré el champú y me enjaboné de nuevo.

*¿Cuándo fue la última vez que hiciste algo bueno por Peter? Él trabaja duro todo el día, y cuando llega a casa en la noche, le encargas las niñas y te quejas de lo cansada que estás. ¿Qué hay acerca de él? ¿Y de sus necesidades? ¿Alguna vez piensas en tu esposo?*

«¡Cállate! ¡Solo cállate!», le ordené a la voz. Levanté mis puños enjabonados. Odiaba sus acusaciones. Eran crueles, odiosas… ¡y ciertas!

«Ah, Dios, he sido dura con Peter. Hasta he sido mala. No puedo recordar la última vez que cociné una cena especial solo para él o lo llamé únicamente para decirle que lo extrañaba.

La voz vino de nuevo, más rápido, más fuerte.

¡Eres un fracaso! Eres un fracaso como madre, como esposa… y hasta como cristiana. Vas a la iglesia y actúas como «espiritual».

## 12. Rechaza las mentiras espirituales

Cantas canciones, sonríes y asientes cuando el pastor te dice *que «ames a tu prójimo». No obstante, ¿qué tal en cuanto a esa mujer en el estudio bíblico? ¿La amas? No. La juzgas porque es diferente a ti. Sonríes y actúas amablemente delante de ella, pero mientras tanto la estás rebajando en tu mente. ¿Es eso lo que se supone que debe ser una cristiana?*

«¡Déjame en paz!», dije sollozando.

*¡No estás siguiendo a Dios, lo estás avergonzando! No eres más que una hipócrita.*

«Ah, Dios, es verdad, es verdad», lloré. «No es de extrañar por qué me haya sentido lejos de ti últimamente. Debes odiarme y con buena razón. Soy una cristiana horrible, una pésima madre y esposa. ¿Por qué un Dios santo como tú querría tener algo que ver con alguien tan miserable como yo?».

Cerré la llave de la ducha, me sequé y me coloqué la bata. Al escurrirme el cabello me di cuenta de que no me había puesto el acondicionador.

*¡Idiota! Ni siquiera puedes lavarte bien el cabello.*

Lágrimas de odio hacia mí misma fluyeron de mis ojos, quemándome al descender por mis mejillas. Me grité a mí misma:

—Eres patética, estúpida, idiota. Eres una buena para nada… ¡nada!

Una nube de vapor inundaba la habitación. Con la manga de mi bata tracé un círculo en el espejo, creando un agujero en la condensación a fin de poder ver mi reflejo.

Unos ojos sanguinolentos, inflamados, me miraban.

«No vales nada».

¿Esa era mi voz o la del enemigo? No importaba. Ahora parecíamos uno y el mismo.

Miré mi rostro desvanecerse lentamente debajo de las gotitas. Me quedé quieta, inmóvil, mirando fijo a ese espejo. Nadie me miró a su vez. Había desaparecido por completo.

### El rostro invisible en el espejo

¿Viste alguna vez tu cara en el espejo? Al igual que yo, ¿batallaste contra pensamientos de odio hacia ti misma antes de tu período? ¿Las acusaciones asaltaron tu mente, haciéndote sentir incompetente, estúpida o inepta? ¿Te sentiste sola, como si no le importaras a nadie, *en especial* a Dios?

Por más de veinticinco años luché con pensamientos como esos. Lamentablemente, nunca relacioné por completo el tiempo y la intensidad de ellos con el ritmo del ciclo menstrual. El patrón existía, solo que yo no conectaba los puntos, me hallaba ciega a eso.

¿Por qué? Porque al igual que la mayoría de las mujeres, estaba engañada.

Ciertamente, existe un componente espiritual en los altibajos hormonales del ciclo menstrual. Detengámonos por un momento y pidámosle a Dios que dirija nuestros pensamientos a medida que avanzamos.

> *Padre*, te pido ahora que abras los ojos de nuestro corazón para que podamos ver con ojos espirituales y oír con oídos espirituales las verdades de tu Palabra que quieres que comparta. Dios, guárdanos del engaño. Permítenos ver lo visible y lo invisible. Aconséjanos a cada una de acuerdo a su propio camino mediante el poder de tu Espíritu Santo. Gracias te damos de antemano por la nueva revelación y la sabiduría que nos proporcionarás mientras consideramos en oración cómo nos hiciste como mujeres. Oramos esto para tu gloria. Amén.

## Los síntomas espirituales de los altibajos hormonales

Comencemos con una definición. Definí los síntomas espirituales de este modo:

> Los síntomas espirituales del SPM son aquellos síntomas que la mujer sufre en su alma debido a pensamientos negativos que atacan su identidad, sus creencias y su relación con Dios. Esos pensamientos, que son destructivos y se basan en una mentira, son parte de la batalla espiritual que es recurrente y predecible, y por lo general más intensa en los días posteriores a la ovula-

## 12. Rechaza las mentiras espirituales

ción hasta unos pocos días antes de que el período de la mujer haya finalizado, cuando el estrógeno y la progesterona se encuentran en sus niveles más bajos.

Como los síntomas espirituales se arraigan en nuestros pensamientos, es importante que sepamos cómo llegan a nuestra mente. Se ha dicho que la mente promedio alberga alrededor de diez mil pensamientos por día. Por lo general cada pensamiento puede remontarse a una de estas cuatro fuentes[1]:

1. *Pensamientos externos*: pensamientos generados por fuentes externas (amigos, maestros, libros, los medios, etc.).
2. *Pensamientos internos*: pensamientos motivados por nuestras propias necesidades y deseos o como parte de llevar adelante nuestras vidas cotidianas.
3. *Pensamientos de Dios*: verdades habladas a nuestra vida por el Creador soberano que nos ama.
4. *Pensamientos de Satanás*: mentiras lanzadas por un enemigo que desea destruirnos.

Durante el SPM, diez mil pensamientos por día parecen una estimación muy conservadora; a veces sentimos como si diez millones de pensamientos pisotearan nuestras mentes por segundo, y muchos de ellos son mentiras que sientes como ataques a tu identidad. ¿Cómo debemos actuar?

Primero, tenemos que exponer las mentiras, arrancar las máscaras de engaño de sus rostros retorcidos y gritarles: «¡No te escucho más!». Luego, necesitamos reemplazar las mentiras con verdades. En este capítulo deseo que consideremos tres mentiras a las que nosotras, como cristianas, simplemente debemos renunciar si queremos alcanzar la victoria sobre el SPM.

## Mentira #1: el SPM no es una batalla espiritual

«La idea de que justo antes de mi período de algún modo quedaba atrapada en una batalla que incluía a "fuerzas invisibles espirituales" me sonaba a algo salido de una novela de ciencia ficción». —Kathy

> «Creo en una batalla espiritual entre Dios y Satanás […] Lo he visto en mi ministerio. Pero la idea de que esté conectada de algún modo a mi período me parece ridícula». —Patti

Estoy de acuerdo, la idea de que el SPM es parte de una batalla espiritual puede sonar risible, pero cuando la realidad de nuestras experiencias nos presiona, la mayoría de nosotras admitimos que es verdad. ¿Cuántas veces hemos tenido una reacción extrema en una situación, una tan fuerte que nos sorprendió incluso a nosotras mismas, y luego desestimamos nuestras acciones diciendo: «Perdón, es que tengo un caso severo de SPM»? Sin embargo, en nuestro corazón *sabíamos* que algo más andaba mal. *Quedamos atrapadas en algo mayor que el SPM, algo que sucedía a nuestro alrededor y no podíamos explicar*. Vanesa nos da un ejemplo:

> Paul y yo tuvimos una pelea acerca de si comeríamos o no pollo en la cena. Yo quería, pero él no. Se estaba mostrando muy obstinado, de modo que le grité. Recuerdo haber pensado: *Cálmate, niña, estás atravesando el SPM. No vale la pena pelear*. Sin embargo, de repente Paul arremetió contra mí con tanto odio, tanta maldad, que me impactó. Le arrojé una bolsa de arvejas congeladas y de pronto estábamos en medio de la Segunda Guerra Mundial. Pensé: ¿Qué está sucediendo aquí? Es como *si los dos hubiéramos sido poseídos por algo maligno. ¡Estamos listos para matarnos el uno al otro solo por un pollo!*

Estoy absolutamente convencida, en un ciento por ciento, que muy a menudo las mujeres peleamos contra el enemigo incorrecto. Embestimos contra nuestros maridos o nos crucificamos a nosotras mismas cuando la pelea es contra otro enemigo. La Biblia declara con claridad que hay un mundo visible y uno invisible[2]. En momentos como esos una cortina se rasga momentáneamente y vislumbramos el mundo invisible: un mundo espiritual donde se pelea la batalla entre las fuerzas del bien y el mal. John Eldredge escribe en *Waking the Dead* [Despertando a la muerte]:

Lo siento si soy el único que te trae estas noticias: Naciste en un mundo en guerra y vivirás todos tus días en medio de una gran batalla, que abarca a todas las fuerzas del cielo y el infierno y se libra en la tierra [...] No me gusta ese hecho más que a ti, pero cuanto antes te identifiques con este concepto, más esperanza tendrás de abrirte paso hacia la vida que deseas[3].

Te encuentras atrapada en esta batalla aunque no la hayas iniciado. La guerra comenzó hace mucho, mucho tiempo atrás. Acompáñame por unos instantes. Regresemos a los comienzos, al campo de batalla inicial en el libro de Génesis, para ver si podemos descubrir cómo comenzó y qué tiene que ver con el SPM.

## ¿Dónde comenzó la batalla?

La historia de Eva y la serpiente probablemente resulte muy conocida para ti, pero por favor, por favor, por favor, no te saltes la siguiente parte o te perderás los secretos escondidos en los versículos. Léelos lenta y cuidadosamente, porque quiero mostrarte una idea que es probable que nunca antes hayas tenido.

Ven conmigo, regresemos al jardín donde Eva vivía en paz con Dios y su esposo. La vida proliferaba desde cada rincón de su mundo. El pecado y la muerte eran desconocidos. Dios le dio a Eva todas las cosas para que las disfrutara, *excepto* el derecho a comer del árbol del conocimiento del bien y el mal, porque como Dios advirtió, eso resultaría en muerte. Eva nunca había visto la muerte —incluso quizás ni sabía lo que significaba— pero de todos modos no sonaba como algo bueno.

La serpiente se movió con engaño: «¡No es cierto, no van a morir! Dios sabe muy bien que, cuando coman de ese árbol, se les abrirán los ojos y llegarán a ser como Dios, conocedores del bien y del mal» (Génesis 3:4-5). Eva creyó la mentira y al mentiroso. Desobedeció a Dios, así como también lo hizo su esposo. En el momento en que comieron, la inocencia y la pureza murieron y los trillizos —culpa, vergüenza y temor— nacieron. Adán y Eva también experimentaron la muerte de la relación espiritual que habían tenido con Dios, porque «corrieron a esconderse entre los árboles, para que Dios no los viera» (Génesis 3:8).

Dios determinó consecuencias como resultado de lo que ellos habían hecho. *Ahora mira con cuidado, porque se está por revelar cuál es la conexión de esto con el SPM...*

El Señor le dijo a Satanás: «Pondré enemistad entre tú y la mujer, y entre tu simiente y la de ella» (Génesis 3:15).

A la mujer le dijo: «Multiplicaré tus dolores en el parto, y darás a luz a tus hijos con dolor. Desearás a tu marido, y él te dominará» (Génesis 3:16).

En ese preciso momento todo cambió para Eva.

Primero, tenía un nuevo enemigo: Satanás.

## Las consecuencias de Eva

Antes...
- Vivía en libertad. Era libre de andar por ahí, libre de la tristeza y la vergüenza.
- Vivía en inocencia. La maldad y la muerte le eran desconocidas.
- Vivía en una relación divina. Había una comunión ideal entre ella, Dios y su esposo.
- Disfrutaba la vida. Vivía una existencia libre del dolor y llena de propósito.

Después...
- Su mente cambió. Experimentó la maldad, la vergüenza y la culpa.
- Su cuerpo cambió. El dolor y la tristeza se volvieron parte de su ciclo de vida.
- Sus relaciones cambiaron. Satanás se convirtió en su enemigo; ella a veces veía a su esposo como un enemigo e intentaba controlarlo; se sentía alejada de Dios. (La vergüenza la hizo esconderse de él).
- Su destino cambió. La muerte y el sufrimiento ahora eran parte de su vida.

Segundo, sentiría dolor durante el alumbramiento de sus hijos. Según la autora Denise Frangipane, «la sentencia de Dios no solo cayó sobre el acto del alumbramiento, sino sobre todo el sistema reproductivo femenino: la menstruación, la premenstruación y la menopausia»[4].

Tercero, una nueva tensión comenzó a existir entre Eva y su marido. La frase «desearás a tu marido» no está sugiriendo algo positivo, como «desearás pasar tiempo con él» o «lo desearás sexualmente». Está indicando que «desearás controlarlo», como la siguiente frase lo clarifica: «él te dominará»[5]. La elección de Eva de desobedecer a Dios trajo tensión en cada aspecto de su vida: su cuerpo, sus relaciones y su espíritu.

## ¿Cómo nos afecta a nosotras esa batalla?

Como hijas de Eva, hemos heredado sus conflictos y ellos a menudo se magnifican en el SPM.

- Sentimos dolor en nuestro cuerpo durante el SPM.
- Tratamos de controlar a nuestros esposos, en especial durante el SPM.
- Tenemos un enemigo especial, Satanás, que nos aborrece.

Piénsalo por un momento. Satanás escuchó cuando Dios decretó las consecuencias sobre Eva. ¿Crees que —ahora que existía un «odio especial» entre ellos dos— el diablo dejaría pasar esos detalles inadvertidos? ¡Por supuesto que no! Él usó estratégicamente la debilidad de Eva en su contra *del mismo modo que lo hace en contra de nosotras.*

Ahora puedo verlo. Es posible que algún crítico literario lea lo que acabo de escribir y diga: «¡Pintus se volvió loca! Cree que Satanás y sus demonios pasan su tiempo monitoreando los ciclos menstruales de las mujeres para tenderles trampas cuando están más vulnerables. Ve un demonio detrás de cada puerta».

No es así.

Es obvio que muchos de nuestros pensamientos no tienen conexión alguna con lo demoníaco; simplemente son deseos, anhelos o cavilaciones. No obstante, como nuestro enfoque es la batalla espiritual, debemos concentrarnos en las fuerzas que la influencian.

## ¿De dónde vienen estos locos pensamientos?

¿Cómo puedes saber si estás experimentando síntomas espirituales relacionados con el SPM o si tus síntomas son causados por otra cosa? Primero comprueba tu «Evaluación de síntomas espirituales» y observa si existe una fuerte correlación entre ellos y tu ciclo menstrual (página 176). Luego hazte las preguntas que están debajo y marca las casillas que más se apliquen a tu situación. Mientras más casilleros marques, mayor será la probabilidad de que en efecto estés lidiando con un asunto espiritual del SPM.

1. **Son los pensamientos de tu mente:**
   - ☐ ¿Mentiras acerca de Dios? «A Dios no le importa tu SPM», «Dios no puede o quiere ayudarte».
   - ☐ ¿Mentiras acerca de tu identidad o tus habilidades? «Eres indigna, estúpida, inepta», «Eres un fracaso», «Eres una mala _____ » (mujer, madre, esposa, cristiana, hija, etc.).
   - ☐ ¿Pensamientos de daño personal? Cortarte, tomar drogas, suicidarte, escapar, hacer cosas que inicialmente puedan adormecer el dolor o permitirte tener un escape temporal, pero que al final te dañarán.
   - ☐ ¿Pensamientos de dañar a otros? Comportamiento malicioso dirigido contra tus hijos, esposo, parientes u otras personas.

2. **¿Escuchas los pensamientos en segunda persona?**
   - ☐ Frases con «tú» en vez de con «yo»: «Tú no eres buena» indica una tercera parte, un acusador.

## 3. ¿Los pensamientos incluyen palabras tales como nunca y siempre?

- [ ] Estas palabras implican que no se trata de un asunto pasajero, sino la esencia de quién eres, y que hay algo intrínsecamente malo contigo («Tú siempre pierdes los estribos durante el SPM», «Tú nunca tratas de controlar tu lengua», «Tú siempre arruinas las cosas», «Tú nunca controlas tu mal humor»).

## 4. ¿Es este un tiempo «oportuno» para Satanás?

Satanás dejó a Jesús y esperó para tentarlo de nuevo «en un tiempo oportuno» (Lucas 4:13). ¿Qué tiempos le proveen una oportunidad especial a Satanás?

- [ ] ¿Me siento débil? Jesús no había comido nada por cuarenta días y estaba extremadamente débil en lo físico. Satanás escogió ese tiempo para desatar algunas de sus tentaciones más fuertes contra Jesús (Lucas 4:1-13).
- [ ] ¿Me siento fuerte? El ataque del diablo sobre Job vino cuando todo estaba bien para él (Job 1:9-11).

## 5. ¿Los pensamientos en mi mente contradicen la Palabra de Dios y sus propósitos para mí?

Cuando Pedro le dijo a Jesús: «No mueras», Jesús le respondió: «¡Aléjate de mí, Satanás! [...] no piensas en las cosas de Dios sino en las de los hombres» (Mateo 16:23). Los pensamientos que están directamente en oposición a la voluntad de Dios provienen de Satanás.

- [ ] ¿Mis pensamientos se oponen directamente a los principios de la Palabra de Dios?

Mi filosofía personal sobre el diablo se parece mucho a la perspectiva de C. S. Lewis, que dice:

> Hay dos errores iguales y diferentes en los que nuestra raza puede incurrir con respecto a los demonios. Uno es no creer en su existencia. El otro es creer y sentir un interés excesivo y poco saludable en ellos[6].

No deseo obsesionarme con Satanás, pero tampoco quiero permanecer ignorante de sus maquinaciones. Te lo digo lisa y llanamente: *Satanás no está feliz con este libro*. Él quiere mantener a las mujeres bajo el yugo; no desea que sus ardides sean expuestos. A menudo ha tratado de desanimarme con pensamientos como estos: «¿Por qué te estás asesinando a ti misma escribiendo este estúpido libro? Deja todo. Nadie lo va a leer. A las mujeres no les interesa el lado espiritual del SPM, todo lo que quieren es arreglarse los pies y ser felices». Tuve que levantarme en su contra y decir: «Eso es una mentira, diablo. Las mujeres cristianas desean la verdad por encima de la gratificación personal. *Escribiré* lo que el Señor me ha llamado a proclamar».

## ¿Quién es el enemigo?

La existencia de Satanás se enseña en siete libros del Antiguo Testamento y la enseñan todos los escritores del Nuevo Testamento. Para poder derrotar a este enemigo tenemos que saber quién es.

**Quién es Satanás:**
- Es el acusador (Apocalipsis 12:10). La Biblia dice que nos acusa de día y de noche.
- Su nombre, Satanás, significa adversario[7]. Un adversario es un «enemigo o una persona que muestra hostilidad hacia otra persona»[8].
- Diablo significa calumniador[9]. Un calumniador es «alguien que pronuncia un reporte malicioso o que trata de injuriar la reputación de otro»[10].
- Satanás es llamado «el maligno» (Mateo 13:19; 1 Juan 5:19).
- Es un mentiroso. Jesús dijo de Satanás: «No hay verdad en él. Cuando miente, expresa su propia naturaleza, porque es un mentiroso. ¡Es el padre de la mentira!» (Juan 8:44).
- Es un tentador. Nos tienta a pecar y auto destruirnos (Génesis 3:1).
- Es un ladrón. Nos roba el valor y la dignidad (Juan 10:10).

## 12. Rechaza las mentiras espirituales

- Es un asesino. Su objetivo es matarte o destruirte espiritualmente (Juan 8:44; 1 Pedro 5:8).
- Es «el que gobierna las tinieblas» (Efesios 2:2).

**Quién no es Satanás:**
- No es el colega de Dios. Su colega sería más bien Miguel, el arcángel. Piensa en un gran Dios y un *pequeño* Satanás.
- No es omnipresente. Cuando nos referimos a la influencia del diablo, no hablamos solo de él, sino también de sus ángeles caídos, que son las fuerzas espirituales que comanda.
- No puede leer la mente. Él y sus fuerzas de maldad pueden poner pensamientos en nuestras mentes, pero no saben lo que está sucediendo hasta tanto no hablemos o actuemos. Por esa razón es bueno hablar en voz alta cuando lo confrontamos.

Es tiempo de que las mujeres de todas partes nos pongamos de acuerdo. En efecto, hay una batalla espiritual conectada con los altibajos hormonales. Ahora que el tema está establecido y la verdad ha sido expuesta, vamos a desbaratar una segunda mentira que Satanás usa, una que nos golpea en la misma esencia de quiénes somos como mujeres.

## Mentira #2: no valgo nada

«Nunca había sufrido un SPM hasta que tuve a mis hijos. Justo antes de mi período me sentía cansada y con mucho dolor de cabeza. En general una siesta breve y un par de píldoras para el malestar me aliviaban, pero lo que no puedo calmar son los horribles pensamientos que azotan mi mente diciéndome que soy una desgraciada, una buena para nada, una porquería de persona, una infeliz. ¿Qué hago con todo eso?». —Melody

Los psicólogos catalogan los pensamientos del tipo «soy indigno» como «un diálogo interno negativo». Sin embargo, esos pensamientos también pueden ser síntomas espirituales del SPM.

En *Cartas del diablo a su sobrino*, C. S. Lewis ilustra de manera grandiosa la batalla espiritual invisible a través de la correspondencia entre dos demonios: el tío Screwtape, un demonio mayor, y Wormwood, su sobrino. Screwtape le da consejos a Wormwood acerca de cómo influenciar de manera efectiva a su «paciente» para que sirva a los propósitos de Satanás en vez de servir a los de Dios. Imagina una carta del Aplastador, el demonio principal del Pozo, que está instruyendo a su aprendiz, Astuto Ardiente, con respecto a su «misión femenina» y cómo usar los altibajos hormonales en contra de las mujeres.

> Astuto Ardiente:
> Tu victoria reciente con la mujer resulta encomiable. Dominar sus pensamientos con acusaciones de indignidad la ha distraído temporalmente de servir al Santo. No obstante, todavía hay muchos peligros. Debes redoblar tus ataques para que volverse al Santo le parezca algo imposible.
> La mujer nunca debe haber sospechado que los pensamientos que plantaste en su mente vinieron del Pozo. Nunca te expongas, Ardiente. Tu efectividad depende de tu habilidad para ocultarte y actuar de modo sutil. Recuerda la estrategia que aprendiste en el campamento base: usa imágenes y voces de su pasado para magnificar su creciente sentido de insignificancia. Hazla recordar a su padre rompiendo su boletín de calificaciones y diciendo: «Nunca llegarás a nada». Repasa la clase de gimnasia de tercer grado y las burlas de Arlene: «No la pongan en mi equipo. No puede hacer nada bien». Acósala con recuerdos hasta que crea que son verdades olvidadas.
> No la presiones demasiado. Si la empujas hasta la delgada línea que separa el odio hacia sí misma de la humildad, puede pasar de «Soy indigna» a «Te necesito, Dios». ¡Un verdadero desastre! Bloquea todos los pensamientos del Santo en su mente, no sea que

## 12. Rechaza las mentiras espirituales

se mueva de donde la queremos (destrucción) a donde el Santo la quiere de nuevo (devoción).

Y aquí está el arma secreta que te prometí en nuestro último entrenamiento: la mujer es más susceptible a las insinuaciones cuando está débil físicamente. Estudia sus ciclos. Conoce sus días de debilidad. Apréndete sus imperfecciones. Programa tus ataques más intensos para que coincidan con su debilidad y ella no se resistirá a tus astucias. Cuando esté deprimida, repítele que el Santo no la necesita, que no vale nada. Susúrrale acusaciones que ella creerá, como: «Tu vida no tiene sentido». Sucumbirá. Y tú ganarás. No me falles, Ardiente. Los propósitos de nuestro reino avanzan con tu éxito.

Aplastador

Amiga, el enemigo de Dios sabe cuándo estás débil. Obviamente, él te hostigará con su hipérbole hipnótica durante esos momentos. Como escribió un autor:

> ¿No sería bueno que el diablo nos dejara en paz cuando estamos pasando momentos difíciles? Desearía que así fuera, pero debo informarte que no lo hará. Él siempre pelea sucio. Satanás ve nuestros momentos de debilidad como oportunidades. Fiel a su naturaleza, golpea con vil determinación cuando estamos más frágiles[11].

Resiste las sutilidades de Satanás. Cuando él susurre: «Eres indigna», reconoce que esto es algo más que «un diálogo interno negativo»; es el «discurso del enemigo», un idioma de mentiras que podemos y debemos acallar.

Ahora prepara tu mente y tu corazón para la tercera mentira, porque quizás sea la mayor mentira de todas.

## Mentira # 3: dios me detesta

«Solía ir a la iglesia, pero ya no voy más. Creía que Dios me amaba, pero eso fue hace mucho tiempo atrás. Dios no me ama. ¿Cómo puede amarme después de todo lo que hice? Dios me odia; estoy segura de eso».
—Karim

La mentira de que Dios te aborrece es una variante de la mentira que Satanás le dijo a Eva en el jardín del Edén. Él le insinuó que Dios no quería que comiera de ese árbol porque estaba reteniendo algo bueno para no dárselo a ella. La implicancia de esto para Eva, y todos los seres humanos, es que Dios no quiere lo mejor para nosotros.

Los engaños de Satanás nos colocan en un callejón sin salida. Él nos susurra una mentira envuelta en una insinuación de verdad. Si consideramos el envoltorio, tuerce la verdad solo un poquito, y luego otro poquito más. Va tergiversando el asunto tan lentamente que ni siquiera nos percatamos de lo que está haciendo. De repente nos encontramos considerando la verosimilitud de una mentira descarada. Considera esta secuencia mental:

A Dios en realidad tú no le importas. *Error.*
Dios no quiere saber nada de ti. *Error, error.*
Dios te odia. *¡Vaya! ¿Cómo llegué a este pozo?*

La mejor manera de impedir que las mentiras de Satanás se arraiguen en tu pensamiento es reprendiéndolas en el momento en que entran en tu mente. Las célebres palabras de John Wayne a sus vaqueros acerca de los ladrones de ganado son también verdaderas para luchar contra las mentiras del diablo: «Córtales el paso».

Así que cuando Satanás te sugiera que no le importas a Dios, denuncia esta mentira diciendo: «Esa es una mentira, diablo. Su Palabra me dice que él me ama con amor eterno y que este nunca se acabará» (véase Jeremías 31:3).

La mayoría de las batallas con el enemigo se libran en la mente. Fíjate cuántas veces se emplean palabras para referirse a la «mente» en 2 Corintios 10:4-5 (énfasis añadido):

## 12. Rechaza las mentiras espirituales

Las armas con que luchamos no son del mundo, sino que tienen el poder divino para derribar fortalezas. Destruimos *argumentos* y toda *altivez* que se levanta contra el *conocimiento* de Dios, y llevamos cautivo todo *pensamiento* para que se someta a Cristo.

Debemos echar a patadas de nuestra mente los argumentos, altiveces y pensamientos contrarios al conocimiento de Dios y abrazar en cambio versículos plenos de verdades como Romanos 8:37-39, donde se afirma que Dios nos ama y nada nos puede separar de su amor. Permíteme darte mi versión de este pasaje:

*Pues estoy convencida de que ni la vida ni la muerte, ni ángeles ni demonios [ni Satanás en persona], ni lo presente ni lo porvenir, ni ningún poder, ni ninguna otra cosa [incluyendo dolores de ovarios, sofocones, SPM, DDPM o emociones fuera de control] en toda la creación, podrá separarnos del amor de Dios que es en Cristo Jesús Señor nuestro* (véase Romanos 8:37-39).

No sé tú, pero yo estoy harta del mentiroso y sus mentiras, y me niego a seguir creyéndolas por más tiempo. Estoy preparada para recibir una verdad buena, antigua, saludable y sanadora. ¿Y tú? ¡Entonces dale vuelta a la página y nos sumergiremos en algunas ideas que levantarán tu corazón y harán que tu espíritu cante!

## Dios, cambia mi corazón

> «El Hijo de Dios fue enviado precisamente para destruir las obras del diablo» (1 Juan 3:8).
>
> En espíritu de oración, medita sobre estas preguntas:
> - ¿Cuál es la obra del diablo?
> - ¿Cómo Jesús destruyó sus obras? ¿Cómo continúa haciéndolo?
> - Como seguidora de Jesús, ¿cómo ayudas al Señor en su tarea?

# 13

## ABRAZA LAS VERDADES ESPIRITUALES

*Pondrá su mano sobre la cabeza de la víctima, la cual le será aceptada en su lugar y le servirá de propiciación.* —LEVÍTICO 1:4

*De hecho, la ley exige que casi todo sea purificado con sangre, pues sin derramamiento de sangre no hay perdón.* —HEBREOS 9:22

El plan de Satanás, desde el comienzo mismo, fue este: destruir a la que llevaba la imagen de Dios, Eva[1]. A primera vista parece que ella perdió la batalla en el Edén, que Satanás la derrotó rotundamente. Eva creyó la mentira del diablo. Pecó contra Dios. Sedujo a su esposo para que también pecara. Y todas las personas que nacieron después de ella heredaron las consecuencias de su pecado.

Al parecer debemos ponerle una medalla de victoria en el pecho a Satanás, ¿verdad? Y enviar a Eva al rincón de los perdedores, ¿correcto? ¡No tan rápido! Las cosas no son siempre lo que parecen. Oculta en las ruinas de la vergüenza de Eva está la señal de otro vencedor. Camuflada en el colapso hay una pista, una imagen que habla de un amor tan conmovedor, tan penetrante, tan tierno y tenaz que hace temblar a Satanás. Esta imagen de todas las edades cruza las fronteras generacionales y culturales. Ha inspirado grandes obras entre una larga línea de poetas, artistas y teólogos. En realidad, esta ilustración es tan poderosa que una vez que Satanás finalmente avistó la imagen, sintió un escalofrío ante el reflejo de su propia derrota.

¿Qué es lo que a Satanás le tomó con la guardia baja? ¿Qué yace escondido entre los escombros que sugiere que hay otro vencedor? Es la imagen de la sangre.

Por favor, abre tu mente y corazón ahora, porque quiero contarte dos historias que pueden ayudarte a ver la sangre, en especial nuestra «sangre mensual», bajo una luz diferente por completo. Estas dos escenas constituyen reflexiones de Eva, lo que imagino que yo habría sentido, dicho y hecho si hubiera estado en su lugar. Por favor, entiende que no estoy sugiriendo de ninguna manera que estas historias sean teología; son meramente productos de mi imaginación... pero tal vez, solo tal vez, transformarán tu visión sobre el hecho de ser mujer.

## Primer acto: El don de la primera sangre

*Trasfondo*: Jardín del Edén, a continuación del acto de desobediencia de Eva.

*Escena*: Eva se esconde de Dios.

La vergüenza está representada por una sarta de hojas de parra ceñidas alrededor de mí, de la cual no puedo despojarme. Las hojas nunca podrán ocultar en lo que me he convertido.

Mi cabeza se inclina con aflicción mientras estoy en el estanque de la culpa y veo las ondas expansivas de mi pecado extenderse e infectar todo lo que hay en mi mundo. ¿Qué hice? Ah, Dios, ¿qué hice? ¿Y ahora qué? ¿Moriré?

Corro. Me escondo.

La roca detrás de la cual me encojo arroja su sombra sobre mí. No mires mi vergüenza, Santo Dios, porque no podría soportar que me veas de este modo. Ah, qué angustia mirar a tus ojos y ver tu ira, tu decepción, tu disgusto en vez del amor que siempre he conocido. No puedo soportarlo.

¿Y la muerte? La muerte es mía también. Tú lo declaraste. ¿Cómo se sentirá? ¿Cómo se cumplirá? El miedo me invade. Mi cuerpo tiembla.

Pisadas... ¡Estás cerca!

## 13. Abraza las verdades espirituales

¡Vete! Me agacho más, pero tú aún me ves. Me ves cubriéndome por la vergüenza, ves mi cuerpo tembloroso. Te inclinas y me miras a los ojos. El dolor en tu mirada me penetra hasta el alma. Muero.

¡Castígame! ¡Golpéame! ¡Mátame! Me lo merezco; pero no me mires con esos ojos tristes y apesadumbrados.

Te marchas, solo para regresar con un objeto cortante en tu mano: una navaja. El momento ha llegado entonces. Es el final. Lo siento, Dios; lo siento. No quiero morir, pero debe ser así. Desobedecí. Mi suerte está sellada.

Preparo mi cuerpo para el impacto. ¡Ya hazlo! *Hiéreme y déjame morir*, grito en silencio. No obstante, pasas de largo. En un arbusto cercano yace una criatura. La examinas. Levantas la navaja. Entonces... ¡no! Dios, ¿qué estás haciendo? ¡Detente!

Cubro mis oídos para atenuar los chillidos del animal. Los gritos rasgan el silencio del jardín, uno tras otro, hasta que finalmente todo queda en silencio. La criatura jadea, se estremece y luego yace inmóvil. La vida se derrama sobre la tierra en un río colorado. Cierro mis ojos. No puedo soportarlo, pobre criatura. Esto, entonces, es la muerte. Seguramente yo seré la próxima. El horror se apodera de toda mi alma. He visto un adelanto de mi destino.

Espero a la expectativa de algo horrible. ¿Dónde estás? ¿Por qué demoras el acto mortal? ¡Hazlo ya!

¿Gritaré? ¿Derramaré el líquido rojo? Lo desconocido me tortura el alma.

Finalmente llegas. Tus pies aparecen ante mis ojos abatidos. Mis músculos tensos se preparan para recibir los golpes que traspasarán mi carne. Los dientes apretados, los ojos entrecerrados. Estoy lista. Hazlo ya.

Siento algo. No una cuchillada, no un corte, sino la tibieza de tu dedo debajo de mi mentón. Levantas mi cabeza. Obligo a mis ojos a abrirse y mirar a los tuyos. Mi corazón salta.

Tu herida se ha ido, tu dolor se ha marchado. ¡La agonía en tus ojos se ha desvanecido! El amor, y solo el amor, me mira de nuevo. ¿Cómo puede ser?

Hablas sin palabras: *Se requería sangre. Se derramó sangre. La sangre ha cubierto tu pecado; has sido perdonada*[2].

¿Perdonada?

¿No vas a matarme? ¿No me echarás en cara mi pecado? ¿Todo esto es por ese río llamado «sangre»? ¿Qué clase de líquido puede perdonar los pecados? ¿Qué clase de poder tiene el fluido rojo que puede devolverme la vida y el amor de mi Dios?

Abres tus brazos invitándome. Me resisto. No puedo. Todavía me cubren las hojas de parra de la vergüenza.

Tú comprendes. Tiernamente me quitas la envoltura de vergüenza y la reemplazas con una suave piel todavía tibia. ¡Ojalá mi alma pueda contener todo el gozo que surge dentro de mí! El gozo abundante se desborda por mis labios en una canción de alabanza. Mi pecado se fue; se fue mi vergüenza. La sangre me ha lavado y me ha dejado limpia. Ah Dios, misericordia sobre misericordia, gracia sobre gracia.

Estoy ansiosa de arrojarme a tus brazos, sintiéndome perdonada.

> Convertiste mi lamento en danza;
> me quitaste la ropa de luto
> y me vestiste de fiesta,
> para que te cante y te glorifique,
> y no me quede callado.
> ¡Señor mi Dios, siempre te daré gracias!
> —Salmo 30:11-12

## Segundo acto: El don de la segunda sangre

*Trasfondo*: Fuera del jardín, muchos años más tarde.

*Escena*: Eva se prepara para contarle a su primera hija acerca de la menstruación.

Suave, muy suave, paso mis dedos por la piel que me cubre y pienso en la criatura que dio su vida por mí. Recuerdo sus gritos de dolor y la sangre vertida.

Horrible sangre, terrible sangre.

Hermosa sangre, preciosa sangre.

Sangre derramada para que yo pudiera vivir.

Ahora yo derramo sangre para poder darle vida a otros.

Pienso en mi terror la primera vez que me brotó la sangre. ¡Me voy a morir!, pensé. Sin embargo, no lo hice, no morí esa vez, ni la siguiente. Así que escuché a la sangre y me susurró un mensaje, no un mensaje de muerte, sino de vida: «Eres perdonada. Haz sido hecha justa delante de Dios».

Necesito que me repitan el mensaje con frecuencia, porque las pruebas de la vida me lo hacen olvidar. La vida es dura. El jardín quedó hace mucho tiempo atrás. Las cosas ya no son como lo fueron una vez. La vieja culpa me sobreviene de tanto en tanto, me ahoga, y Dios parece muy lejano. Entonces viene la sangre y me recuerda: «Eres perdonada. Haz sido hecha justa delante de Dios». Estoy agradecida.

Una mañana me topé con un cordero a punto de dar a luz. Primero vino el agua, luego la sangre y después las pequeñas pezuñas. Un corderito salió, sacudiéndose y abriéndose paso al mundo. Al poco tiempo de que mi propio sangrado mensual cesó, su energía se absorbió dentro de mi vientre henchido de vida. Ahora, unos años después, mi bebé es una joven mujer y debo decirle lo que significa para ella derramar su propia sangre.

Esta hija es mi imagen. Hablar con ella es como hablarme a mí misma más joven. No le mentiré. Le diré cómo todo el mundo sufrió porque desobedecí a mi Señor y cómo por mi elección ella sentirá dolor cuando sangre y se convierta en dadora de vida para sus propios hijos. No obstante, también le diré que no piense en la sangre como «dolor». No, nunca. Reducir la sangre a dolor es perder de vista el milagro.

Luego le contaré sobre el que murió para que yo pudiera vivir. Le contaré cómo la sangre me acercó de nuevo a mi Dios. Le explicaré cómo el Dios de gracia me hizo ser una derramadora de sangre a fin de poder darle vida a ella, y cómo un día, al igual que yo, mi hija también será una derramadora de sangre y una dadora de vida.

Y así el ciclo continuará tal vez, si Dios quiere, hasta que suficiente sangre haya sido derramada y las cosas vuelvan a ser como una vez fueron.

Llevo la imagen del derramador de sangre en mi cuerpo. Esta esperanza significa vida para mí en este mundo... y en el venidero.

## Verdad #1: puedo ganar la batalla del SPM

¿Lo ves? Asombroso, ¿no? Satanás *no* ganó la batalla en el jardín ese día. La sangre venció, o más bien, aquel que derramó su sangre. Dudo que Eva pudiera ver el cuadro general en ese entonces, pero si estuviera sentada con nosotras hoy, si conociera la historia entera y tuviera la habilidad de mirar al pasado, a su rol en la historia, creo que diría: «La sangre se derramó para darme vida. Yo derramo sangre para darle vida física a mis hijos. A través de mí vino el que vertió su sangre para darle vida espiritual a toda la humanidad».

Medita en esto. Y reflexiona en este pensamiento de uno de mis autores favoritos, Andrew Murray: «Todas las cosas terrenales son sombras de las realidades celestiales»[3].

La menstruación es lo más «terrenal» que algo puede ser, pero si lo que Murray dice es cierto, esto terrenal puede ser una sombra de una realidad celestial. El derramamiento de sangre es un tema central en toda la Biblia. Repetidas veces el Nuevo Testamento registra ocasiones en que se mata a un cordero y se coloca sobre un altar para que su sangre traiga perdón a la gente por sus pecados. Esta sombra terrenal era un figura celestial del Cordero de Dios, que un día derramaría su sangre para quitar los pecados del mundo: «Todo esto es una sombra de las cosas que están por venir; la realidad se halla en Cristo» (Colosenses 2:17).

Otro momento de descubrimiento para Eva, si pudiera haber visto todo el escenario bíblico, hubiera sido este: *Como mujer, Dios entretejió dentro de mi cuerpo una señal de la redención santa. Mi limpieza mensual era una imagen terrenal de la limpieza espiritual lograda por la sangre de Cristo[4]. Mi sangre fue derramada con frecuencia, yo necesitaba una limpieza de modo regular. Pero su sangre se derramó de una vez y para siempre a fin de limpiar a toda la humanidad.*

Está bien si quieres regresar y leer los dos descubrimientos de Eva de nuevo. Verdades profundas, misterios hondos, acurrucados en los espacios en blanco entre las palabras. Observa con cuidado y verás gracia sobre gracia: la gracia forma una pila alta y se desborda.

## 13. Abraza las verdades espirituales

Si yo fuera Eva y pudiera ver todo el cuadro completo, estaría saltando de alegría y gritando con todo el aire de mis pulmones: «¡Aleluya!».

No soy Eva, pero soy su hija. Y como su hija me siento agradecida por los ecos de la gracia en su vida que resuenan a través de todas las generaciones hasta la mía.

Recuerdo vívidamente el momento en que me di cuenta de que Jesucristo había derramado su sangre para limpiar mi pecado. Tenía dieciséis años. Más o menos veinte adolescentes nos habíamos reunido en el sótano de un centro juvenil para escuchar a una compañera de colegio que contaba cómo Cristo la había salvado de un camino de destrucción, alcohol, sexo y drogas. Ella dijo que merecía morir, pero que Cristo la había salvado. Yo también merecía morir, pero en ese momento recibí de Jesús el regalo de su sangre derramada. Él pagó el precio por mi pecado. Él murió y yo viví.

Había sido perdonada. Estaba limpia.

¿Estás agradecida por la sangre de Cristo? Sé que sí. Su sangre es preciosa para ti porque comprendes lo que se logró en tu beneficio: sanidad, limpieza y vida eterna. Su sangre es un deleite para ti. No obstante, alguien que no ha recibido la sangre de Jesús por la fe ve solo la realidad física de la sangre. *Sucia. Repulsiva. Asquerosa.* La realidad física no ha sido traducida a la verdad espiritual. Como resultado, la sangre trae repugnancia, no deleite.

Lo mismo es cierto de la sangre menstrual de la mujer. La mayoría de las mujeres la ven como un proceso sucio y molesto, no como un mensaje simbólico de redención, un recordatorio mensual del amor de Dios. No tienen la comprensión de que el derramamiento de sangre mensual que le brinda limpieza, purificación y vida a nuestro cuerpo puede ser una imagen de la limpieza, sanidad y vida espiritual que Jesús trae al cuerpo de Cristo. Lo físico no se traduce a lo espiritual.

No obstante, ahora dispones de esta información. Tienes esta imagen. ¿Qué harás con ella?

Quizás todavía objetes: *Lorraine, este es un concepto increíble, de veras, pero la realidad es esta: Cuando empieza mi período, me siento «sucia», y de algún modo estar sucia me hace sentir lejos de Dios.*

## El poder de la sangre

**Características físicas de la sangre:**
- La sangre da vida. Cada célula de cada cuerpo vive a merced de la sangre. La sangre transporta oxígeno, nutrientes, aminoácidos, azúcares, lípidos, colesterol y hormonas a todas las células del cuerpo (más de cien trillones de células).
- La sangre limpia. Los músculos convierten el oxígeno en energía, lo cual produce metabolitos, un desecho que debe lavarse con el torrente sanguíneo. Otras funciones corporales crean más de treinta químicos diferentes que deben ser limpiados y removidos o podrían ser fatales. La sangre facilita este proceso.
- La sangre sana. Cinco tipos distintos de glóbulos blancos defienden al cuerpo contra infecciones y enfermedades. Algunos atacan fuentes dañinas, otros sirven como agentes coagulantes para detener las pérdidas peligrosas o los desangrados.

**Características espirituales de la sangre:**
- La sangre da vida. «La vida de toda criatura está en la sangre» (Levítico 17:14).
- La sangre limpia. «De hecho, la ley exige que casi todo sea purificado con sangre» (Hebreos 9:22).
- La sangre sana. «Gracias a sus heridas [su sufrimiento, su sangre] fuimos sanados» (Isaías 53:5).

Amiga mía, aunque puedas *sentir* que este pensamiento es verdad, no permitas que tu mente le dé cabida, ya que se trata de un engaño, uno que creo que nuestro enemigo ha usado a lo largo de toda la historia para avergonzarnos. Es cierto que en el Antiguo Testamento la mujer que menstruaba era tildada de «impura». Sin embargo, la muerte de Cristo en la cruz nos libera del viejo pacto y nos introduce en uno nuevo, uno que «es superior al antiguo, puesto que se basa en mejores promesas» (Hebreos 8:6). Debido a que Cristo derramó su sangre, Dios nos proclama limpios. Hechos 10:28 me advierte que «a nadie debo llamar impuro o inmundo».

## 13. Abraza las verdades espirituales

¿Nosotros, a quienes Cristo ha limpiado con gran sacrificio de sí mismo, nos llamaremos impuros? ¡Dios no lo permita! Me rehúso a devaluar la sangre de Cristo al decir que su muerte no fue «suficiente». Creo que Dios nos hace ver nuestra propia sangre como un recordatorio mensual para caer de rodillas en adoración porque la sangre de Cristo nos limpia por completo y nos da la confianza de entrar en su presencia santa (Hebreos 10:19). Como la mujer con «flujo de sangre», podemos extendernos y tocar a Jesús, recibiendo su poder para ser sanas y libres de la culpa (Lucas 8:43-46). Haríamos bien en meditar en —y *memorizar*— estos versículos:

> De hecho [...] casi todo sea purificado con sangre.
> —Hebreos 9:22
>
> Pero ahora en Cristo Jesús, a ustedes que antes estaban lejos, Dios los ha acercado mediante la sangre de Cristo. —Efesios 2:13

¿No te dan ganas de cantar?

> *¿Qué me puede dar perdón?*
> *Solo de Jesús la sangre*
> *¿Y un nuevo corazón?*
> *Solo de Jesús la sangre.*
> *Precioso es el raudal*
> *Que limpia todo mal*
> *No hay otro manantial*
> *Solo de Jesús la sangre*[5].

Querida hermana en Cristo, podemos ganar la batalla espiritual contra el SPM porque hay victoria en la sangre, victoria en Cristo. Tenemos que elevarnos a la gloria que Dios destinó para su espléndida novia. Tenemos que reclamar un sentido de la nobleza de la femineidad, entrenándonos a nosotras mismas y a nuestras hijas para abrazar esta actitud de gracia hacia la sangre. Si respondemos a este llamado —si descansamos en el poder de la sangre de Cristo que fue vertida por nosotros— la marea de la batalla espiritual se tornará a nuestro favor.

Está bien, me apasioné demasiado con esta primera verdad porque tal entendimiento es lo que ha cambiado mi forma de pensar con respecto a mí misma. No obstante, si piensas que lo que te compartí resulta liberador, prepárate para la Verdad #2. Si de veras te apropias de ella, te dejará atónita.

### ¿Quién soy?

| | |
|---|---|
| Mateo 5:13 | Soy la sal de la tierra. |
| Mateo 5:14 | Soy la luz del mundo. |
| Juan 1:12 | Soy hija de Dios. |
| Juan 15:1-5 | Soy un pámpano de la vid verdadera, un canal de la vida de Cristo. |
| Juan 15:15 | Soy amiga de Cristo. |
| Juan 15:16 | He sido elegida y designada por Cristo para llevar su fruto. |
| Hechos 1:8 | Soy una testigo personal de Jesucristo. |
| Romanos 6:18 | Soy una esclava de justicia. |
| Romanos 6:22 | Estoy esclavizada a Dios. |
| Romanos 8:17 | Soy coheredera con Cristo y comparto su herencia. |
| 1 Corintios 3:16 | Soy el templo (hogar) de Dios. Su Espíritu vive en mí. |
| 1 Corintios 6:17 | Estoy unida al Señor y soy un espíritu con él. |
| 1 Corintios 12:27 | Soy parte del cuerpo de Cristo. |
| 2 Corintios 5:17 | Soy una nueva criatura. |
| 2 Corintios 5:18-19 | Soy una ministro de la reconciliación para Dios. |
| Gálatas 3:26, 28 | Soy hija de Dios y una sola con los demás en Cristo. |
| Gálatas 4:6-7 | Soy heredera de Dios porque soy su hija. |
| Efesios 1:1 | Soy una santa. |
| Efesios 2:10 | Soy hechura de Dios. |
| Efesios 2:19 | Soy conciudadana con el resto de la familia de Dios. |
| Efesios 3:1, 4:1 | Soy prisionera de Cristo. |
| Efesios 4:24 | Soy justa y santa. |
| Filipenses 3:20 | Soy ciudadana de los cielos. |
| Colosenses 3:3 | Estoy escondida con Cristo en Dios. |
| Colosenses 3:4 | Soy expresión de la vida de Cristo, porque él es mi vida. |
| Colosenses 3:12 | Soy escogida de Dios, santa y amada. |

*13. Abraza las verdades espirituales*

| | |
|---|---|
| 1 Tesalonicenses 5:5 | Soy hija de la luz y no de las tinieblas. |
| Hebreos 3:1 | Soy partícipe del llamamiento celestial. |
| Hebreos 3:14 | Soy partícipe de Cristo; participo de su vida. |
| 1 Pedro 2:5 | Soy una de las piedras vivas de Dios. |
| 1 Pedro 2:9 | Soy linaje escogido, real sacerdocio, pertenezco a Dios. |
| 1 Pedro 2:11 | Soy extranjera y peregrina en este mundo. |
| 1 Pedro 5:8 | Soy enemiga del diablo. |
| 1 Juan 3:1-2 | Soy hija de Dios. Seré semejante a Cristo cuando él regrese. |
| 1 Juan 5:18 | Soy hija de Dios, y el diablo no puede hacerme daño. |
| Salmos 23 y 100 | Soy una oveja de su prado. Él me cuida[6]. |

## VERDAD #2: TENGO UN VALOR INCREÍBLE

Durante el SPM nuestro enemigo a menudo trata de convencernos de que no somos dignas, de que no tenemos valor ni propósito alguno. Dios sabía que nos sentiríamos así algunas veces, de modo que para contrarrestar las mentiras de Satanás dejó treinta y seis declaraciones en su Palabra que exponen *quiénes somos en Cristo*. La estrategia de Satanás siempre ha sido socavar la identidad. Él probó esa táctica con Jesús. ¡En Mateo 4 le hace el desafío: «*Si* eres Hijo de Dios...», no una, sino dos veces en el espacio de unos pocos versículos!

Jesús silenció el ataque de Satanás sobre su identidad citando las Escrituras, que es exactamente la forma en que debemos responder. Cuando nuestro enemigo nos susurra en la mente: «Eres indigna», tenemos que reprenderlo diciendo: «Eso es una mentira, diablo», y después proclamar la verdad de alguna de las declaraciones acerca de quiénes somos: «Yo soy una hija del Rey, designada por él para hacer buenas obras».

Pocos conceptos me han transformado tanto como conocer mi identidad en Cristo. Al igual que la mayoría de las mujeres, luché con una baja autoestima cuando era más jovencita porque no sabía quién era. Erróneamente me definía a mí misma por lo que hacía: «Soy la bastonera de la banda de música», «Soy directora de promoción en la universidad», «Soy la esposa de Peter y la mamá de

Amanda y Megan». Sin embargo, lo que hago no define quién soy. Un trabajo puede terminar. Un rol puede finalizar. Quién soy está definido por mi *identidad*, y la identidad es cierta a pesar de las habilidades, los roles relacionales o los títulos laborales.

¿Quién era yo? Cuando el SPM me superaba, cuando mi enemigo se burlaba, necesitaba saber con desesperación que tenía un valor intrínseco *más allá de mis circunstancias*. A los treinta y un años descubrí la lista de todo lo que era a través del ministerio de Neil Anderson, el Ministerio Libertad en Cristo. La primera vez que leí esas frases pensé: *Son lindas*, pero en general no capté la idea. Coloqué la lista en una pila de papeles para archivar en mi escritorio. Durante las próximas semanas, cada vez que pasaba cerca de él, la lista me llamaba: ¡Estudia esto, *es lo que eres!* No obstante, la agitación de la vida me ganó y pasé por alto las inquietudes. Luego, mientras limpiaba un día la oficina, encontré de nuevo la página.

La primera declaración decía: «Yo soy la luz del mundo». Mi reacción inicial una vez más fue: «Muy lindo, ¿y qué?».

*Piensa en eso*, me urgía una voz interior. Y lo hice. Pensé en ello todo el día… y toda la noche… y al día siguiente. Medité acerca de la luz y sus atributos, y registré mis reflexiones en mi diario personal.

- La luz refleja.
- La luz atrae (personas e insectos).
- La luz calienta.
- La luz atraviesa la oscuridad.
- La luz les permite a las personas ver.

Con cada atributo que anotaba comenzaba a conectar los puntos. Si la Palabra de Dios dice que yo debo ser la luz de este mundo, entonces tengo que reflejar la imagen de Dios. Tengo que repeler las tinieblas (maldad). Como luz, puedo ayudar a otros a ver las verdades espirituales. Mi calidez y mi luz deberían atraer a otras personas (personas, *no* insectos). La emoción comenzó a surgir dentro de mí. ¡Ese era mi propósito, mi identidad! Iba a ser una luz para Cristo en un mundo oscuro.

## 13. Abraza las verdades espirituales

Pasé una semana meditando en esta simple frase. Cada día me concentraba en ser una luz de Dios para los demás. Y mientras más me imaginaba su luz, más brillaba. Estaba anonadada de ver cuánto entusiasmo y propósito me impartía esa sola declaración (¡y todavía tenía treinta y cinco verdades más que estudiar!).

A la semana siguiente me aferré a otra declaración: «Yo soy la sal de la tierra». Una vez más hice una lista en mi diario personal.

- La sal es conservante.
- La sal le agrega sabor a la comida.
- La sal es un purificador.
- La sal previene a la gente de resbalarse (sobre el hielo).
- La sal hace a la gente tener sed.
- La sal tiene valor (hace mucho tiempo se utilizaba en lugar del dinero).

Otra vez las asociaciones vinieron enseguida a mi mente. Como sal, soy un conservante del bien en un mundo de maldad. Tengo que hacer que los demás tengan sed de Cristo. Yo le agrego sabor a la vida. Tengo que ser pura. Parte de mi tarea es guardar a los demás de deslizarse hacia el pecado. Y tengo un gran valor.

Esto es lo que *soy*, aun en medio de mi SPM. Mi identidad es irrevocable. La plenitud de este concepto crecía a pasos agigantados cada semana a medida que continuaba con la lista de mi gozoso descubrimiento. Me maravillaba al aprender la plenitud de esas verdades: Soy una hija de Dios. Soy una amiga de Cristo. Soy una embajadora de Dios. Con cada nueva verdad me paraba más erguida, caminaba como quien tiene un propósito, hablaba con mayor confianza. Mi confianza resultaba irrevocable porque mi identidad era asignada por Dios, no fabricada por el hombre[7].

Comencé a sentirme una nueva persona, y en verdad lo era. Como expresa 2 Corintios 5:17: «Por lo tanto, si alguno está en Cristo, es una nueva creación. ¡Lo viejo ha pasado, ha llegado ya lo nuevo!». Caminaba con un nuevo brío en mis pasos y un sentido de destino y dirección. Mi enfoque se apartó de mí y se fijó en Cristo. Me encanta la forma en que la versión *The Message* (en inglés) parafrasea Efesios 1:11:

Es en Cristo que averiguamos quiénes somos y para qué estamos vivos. Mucho antes de que escucháramos de Cristo y tuviéramos esperanza, él ya nos miraba, tenía diseñada para nosotros una vida gloriosa, como parte del propósito general que él está obrando en todo y en todos.

Mi identidad no tiene que ver conmigo o lo que he logrado. Se relaciona con lo que *Dios* ha hecho por mí a través de *Cristo*. Es algo loco, ¿no es cierto? Dios usó la horrible inseguridad que a menudo acompañaba al SPM para hacerme encontrar mi verdadera identidad y propósito, y no cambiaría lo que hoy en día sé por nada del mundo.

Ahora bien, si piensas que eso es bueno, vas a amar nuestra tercera verdad.

## Verdad #3: Dios ama a las mujeres hormonales

Cuando el SPM te envuelve en una nube enrarecida, la idea de que Dios te ama te parece imposible. Intelectualmente sabes que es cierto. Conoces Juan 3:16: «Porque tanto amó Dios al mundo [yo], que dio [a mi] a su Hijo unigénito...». No obstante, en tu corazón no siempre te *sientes* amada. En tiempos como estos debemos creer por fe. La fe cree aun en ausencia de la emoción. Sin embargo, Dios es bueno. Él sabe que somos seres emocionales, así que encuentra maneras creativas de darnos a conocer su amor por nosotros.

Eran las diez de la mañana. Me mecía sobre mis rodillas mientras permanecía de hinojos en el suelo de mi oficina orando: «Por favor, Señor, tus hijas necesitan con desesperación saber cuánto las amas. Muéstrame qué escribir que trasmita tu amor por ellas». La presencia de Dios descendió de manera «pesada» en el cuarto. Luego una voz dijo: «Te amo; tú haces sonar mi cascabel».

¿¿¿Qué??? Asombrada y perpleja, me levanté de mis rodillas y caminé hacia la cocina, de donde había venido la voz. No había nadie en casa. Mi esposo estaba trabajando. Mis hijas se encontraban en la escuela.

Faltaban unas pocas semanas para Navidad. Sobre el mostrador de nuestra cocina había dos perritos de peluche unidos por un

## 13. Abraza las verdades espirituales

beso imantado y vestidos con gorros de Papá Noel. Si separabas las cabezas de los perritos y las volvías a juntar, eso activaba un chip que hacía que sus narices se encendieran, movieran sus colas y sonara un cascabel. Entonces, una voz declaraba: «Te amo; tú haces sonar mi cascabel».

Miré a los perritos de manera acusadora. La voz evidentemente había venido de ellos. Los agarré y los sacudí a ver qué tan sensible era el chip para dispararse. El cascabel de las colas sonó, pero no habló ninguna voz. Separé sus cabezas y les di un suave empujón para unirlas de nuevo. Silencio. Tenía que golpearles la carita un poco más fuerte para hacerlos hablar.

¿Qué o quién pudo haber activado el circuito de los perritos? Yo estaba sola. De pronto una voz en mi espíritu susurró: *Estoy contigo siempre.*

¿Dios?, pensé.

¡Vamos! Tenía que haber otra explicación. Vivimos a cuarenta millas del Comando para la Defensa Espacial de América del Norte. Tal vez el Tío Sam estaba probando un arma secreta que hacía que se dispararan los chips en los perros de peluche. O quizás alguna fuente eléctrica en el universo había activado la respuesta.

O... ¿o qué? Si podía atribuirle la voz a una fuerza cósmica o del gobierno, ¿por qué no a Dios? Después de todo, Dios hizo hablar al burro de Balaán. Hacer que dos perritos de peluche hablaran sería algo fácil para él. Sin embargo, ¿lo haría? Y de ser así, ¿por qué? Me parecía algo muy loco.

Luego se me prendió la chispa.

¿Qué acababa de orar? *Dios, dime lo que quieres decirles a tus mujeres.*

«Te amo; tú haces sonar mi cascabel», había oído.

Allí, en medio de la cocina, me reí a carcajadas, ya que después de caminar con Dios por más de treinta y cinco años, él siempre me muestra que es impredecible, me atrevería a decir que *divertido*. No me malinterpretes. Yo reverencio al Todopoderoso. Tiemblo ante su santidad. No obstante, aunque es el Rey exaltado del universo, también es *muy personal* y creativo en cuanto a las formas en que habla. La idea de que Dios pudiera hacerme una broma mientras que a la vez expresaba un mensaje tierno para todas sus mujeres me da un sentido de... *intimidad*.

Te amo; tú haces sonar mi cascabel.

¿Era este un mensaje inusual entregado de una forma inusitada por un Dios excepcional? Tal vez sí, tal vez no. Algunas cosas pueden demostrarse, otras tienen que aceptarse por fe.

Por fe sé esto: Tú y yo podemos ganar la batalla del SPM. Tenemos un valor increíble. Y Dios nos ama, aunque seamos hormonales.

## Dios, cambia mi corazón

> Mira cada una de las treinta y seis declaraciones de la página 204. Escoge dos que quieras abrazar de una forma más plena. Luego pasa una semana entera escribiendo y descubriendo la plenitud de la bendición que yace en cada una de ellas. Invierte tiempo en hacerlo, ya que este solo ejercicio puede cambiar para siempre la manera en que te ves a ti misma.

# 14

# LAS DIEZ MEJORES DISCIPLINAS PARA PERMANECER CONECTADAS CON DIOS

*Para aprender, hay que amar la disciplina; es tonto despreciar la corrección.* —Proverbios 12:1, NTV
*Los que aceptan la disciplina van por el camino que lleva a la vida, pero los que no hacen caso a la corrección se descarriarán.* —Proverbios 10:17, NTV

¿Notaste algo en estos versículos? Quiero decir, más allá de que la Palabra de Dios a veces resulta extremadamente directa: «Es tonto despreciar la corrección». No hay mucho para debatir en cuanto a la interpretación de este versículo.

Sin embargo, hay algo más que observar. Mira con cuidado. ¿Ves la palabra *disciplina* en ambos versículos?[1] La disciplina a menudo evoca imágenes negativas de castigo, ¿y quién quiere eso? No obstante, en estos versículos la disciplina es algo *bueno*. La disciplina es el camino a la vida. La disciplina nos hace sabias.

La disciplina puede ayudarnos cuando las hormonas amenazan con hacer de nuestra vida un desastre. Como sustantivo, *disciplina* significa «control adquirido al reforzar la obediencia o el orden»[2]. Cuando las hormonas fluctuantes nos hacen sentir fuera de control, aplicar una acción ordenada puede ayudarnos a sentirnos bajo control.

En este capítulo veremos diez disciplinas espirituales que nos pueden ayudar durante el SPM. Ellas nos proveen una pista segura para que andemos cuando el SPM amenaza con descarrilarnos. Poner en práctica una disciplina requiere determinación de nuestra voluntad; requiere que nos levantemos y declaremos con convicción: «No c*ederé a la autodestrucción; en cambio, avanzaré en una dirección positiva*».

Estas pueden ser palabras fuertes de decir, porque a menudo nuestra voluntad es obstinada. A veces debemos tomar nuestra voluntad por el pescuezo, sacudirla y forzar a la rebelde a que vuelva a sus carriles. Una vez que nuestra voluntad capta las señales, efectuamos el cambio mental que nos saca de la pista de la mujer Sensible, Perturbada y Maníatica y nos pone en la senda hacia una vida Sana, Positiva y Madura.

Estas disciplinas logran dos cosas importantes. La primera es que alivian el estrés (uno de los mayores magnificadores del SPM), y en segundo lugar, cambian el enfoque de «mi» a «él». Quiero explicar un poco más la primera disciplina, la de limpiar, porque aunque me ayuda durante mi SPM, es además algo que trato de practicar *todos* los días, ya que resulta importante para mi salud espiritual.

## 1. La disciplina de limpiar

«Peter, se tapó la cañería», le dije a mi esposo una mañana al observar que el agua de la ducha estaba estancada. Como era de esperar, él pasó una cinta limpiatuberías hasta lo profundo del conducto y salió con una bola gigante de mugre y pelos. La cosa era apestosa (y monstruosa). El tapón había comenzado pequeño, pero cada día que no limpiaba el sumidero, la inmundicia aumentaba.

En nuestros corazones también se acumula mugre, porque la Palabra de Dios declara que nuestros corazones son perversos y engañadores, y así también es el mundo en que vivimos (Jeremías 17:9). Como la mugre del pecado tapona nuestras cañerías, por así decirlo, precisamos desesperadamente una limpieza diaria si queremos evitar que se acumule. He aquí mi ritual de tres pasos.

## 14. Las diez mejores disciplinas para permanecer conectadas con Dios

*Confesar: sacar la basura y mirarla*. Cada mañana me arrodillo con mi Biblia delante (porque la oración y la lectura bíblica van de la mano) y le pido a Dios que exponga todo camino de maldad en mí que no se alinee con su naturaleza santa. Mi Dios es increíble y maravilloso. Deseo deleitarme en él —esto significa que no puedo endulzar el pecado— de modo que *debo* verme a mí misma como él me ve y dejar que el pecado me rompa el corazón tal como se lo rompe a él.

«Muéstrame la mugre», oro, y lo digo en serio. Con fidelidad, él trae a mi mente vislumbres de lo que ocupa mi cabeza en ese momento.

- Palabras rudas.
- Juicios y críticas.
- Malos pensamientos.
- Chismerío.
- Dudas y temor.
- Acciones que lastiman a otros.

Usualmente mi corazón se pone tenso y se rompe en pedazos. Cuando cometía esos pecados, el orgullo y un corazón endurecido velaban su verdadera naturaleza, pero ahora en este momento en que me inclino delante de la luz de un Dios santo, veo mis pecados como lo que son: una bola de mugre vil y nauseabunda. «Ah, Padre mío, lo que hice… lo que dije… lo que pensé… estuvo mal. Te pido perdón, Dios. Lo siento». En algunas ocasiones permanezco en esta posición por varios minutos; otras veces me quedo por un largo, largo tiempo. Como declara el salmista: «Ante ti has puesto nuestras iniquidades; a la luz de tu presencia, nuestros pecados secretos» (Salmo 90:8).

Avanzo al paso siguiente solo cuando siento que Dios me ha mostrado todo lo que quiere que examine dentro de mí.

*Recibir: permitir que Dios lave la suciedad*. Coloco mi cabeza debajo de la lluvia de la gracia de Dios y oro: «Límpiame Padre. Límpiame con la sangre de Jesús. Lávame por el poder de tu Palabra. Purifícame con el fluir de tu Espíritu Santo». Al orar una y otra vez, algo sucede dentro y alrededor de mí —no algo que veo, sino que siento— una limpieza que me lava desde adentro. A veces me imagino la sangre de Jesús corriendo a través, alrededor y dentro de mi malvado corazón. Veo al torrente desarraigar el pecado de la ribera de mi corazón y llevarse mi culpa a un lugar desconocido, de donde nunca puede regresar. ¡Ah, el poder purificador de esa sangre! Mis pecados, que una vez eran negros, asquerosos y mugrientos, se han ido. Estoy blanca como la nieve.

¡Limpia! ¡Qué maravilloso es estar limpia!

Me sumerjo en esta corriente purificadora todo el tiempo que el Espíritu Santo me dirija. Durante los días de mi período, cuando mi cuerpo se limpia a sí mismo, a menudo siento una necesidad de quedarme ahí más de lo habitual. Cuando Dios parece susurrar: «Ya está», entonces avanzo hasta al próximo paso.

*Responder: bendecir a los demás.* A veces lo único que Dios me pide es estar bien con él mediante su proceso limpiador. En otras ocasiones me solicita que haga algo y arregle las cosas con otras personas a las que puedo haber herido por mi egoísmo o insensibilidad. Dios puede impulsarme a escribir una carta, tomar el teléfono, o encontrarme cara a cara con alguien para disculparme o comunicarme con palabras como estas:

- «Lo siento».
- «Estuve mal».
- «¿Me perdonas, por favor?».

Esos son momentos de humillación en que debo dejar a un lado mis «derechos» y ocuparme de mis «errores». Se trata de una parte difícil, pero necesaria, de la disciplina. Como las Escrituras nos recuerdan: «Ciertamente, ninguna disciplina, en el momento de recibirla, parece agradable, sino más bien penosa; sin embargo, después produce una cosecha de justicia y paz para quienes han sido entrenados por ella» (Hebreos 12:11).

Ahora veamos las otras nueve disciplinas, las que yo llamo «Ayudas de emergencia». Constituyen colaboradores auxiliares que rápidamente nos pueden regresar al camino cuando el SPM intenta sacar nuestra vida de su carril.

## 2. La disciplina de caer

Cuando la tensión aumenta, corre a un lugar seguro, ponte sobre tus rodillas, y *cae y clama*. Lo digo en serio; pon tu rostro sobre el suelo y clama al Dios Altísimo. Richard Foster escribió:

> En un sentido, la postura no hace diferencia en lo absoluto; puedes orar donde sea, en cualquier momento y posición. Sin embargo, en otro sentido, la postura es de suma importancia [...] El conflicto en el espíritu se manifiesta a través del lenguaje corporal [...] la postura exterior refleja el estado interior[3].

En la pared de mi oficina tengo un cuadro con la imagen de una mujer arrodillada sobre una Biblia. El versículo que está debajo de la figura dice: «Mañana, tarde y noche clamo angustiado, y él me escucha» (Salmo 55:17). La voz de Dios declara: «Antes que me llamen, yo les responderé; todavía estarán hablando cuando ya los habré escuchado» (Isaías 65:24).

Ciertamente, Dios oye nuestro clamor. Y lo más hermoso es que cuando nos arrodillamos delante de nuestro Dios, él se inclina y nos encuentra. «Yo amo al Señor porque él escucha mi voz suplicante. Por cuanto él *inclina* a mí su oído, lo invocaré toda mi vida» (Salmo 116:1-2, énfasis añadido).

En esta posición íntima de proximidad, tu Padre tiernamente pone su dedo debajo de tu mentón y levanta tu cabeza. El salmista lo afirma: «Pero tú, Señor, me rodeas cual escudo; tú eres mi gloria; **¡tú mantienes en alto mi cabeza!**» (Salmo 3:3). Así que la próxima vez que te sientas mal por tu SPM, cae y clama. Es muy difícil tropezar cuando estás de rodillas.

## 3. La disciplina de levantarte

Hay un tiempo de arrodillarse y un tiempo de levantarse. Dios te ayudará a discernir cuál necesitas en cada momento. Nos ponemos de pie de dos maneras. Primero, nos levantamos contra nuestro enemigo. Las Escrituras nos dicen: «Pónganse toda la armadura de Dios para que puedan hacer frente a las artimañas del diablo» (Efesios 6:11).

Te explicaré cómo hacemos esto en el capítulo siguiente, pero por ahora no quiero dedicarle mucha tinta al diablo. Sí, nos levantamos en su contra. No obstante, nuestra mayor estrategia es *darle un vistazo* al diablo y *fijar la vista* en Dios.

En segundo lugar, nos apoyamos en Dios, el que desea pelear a favor de nosotros. «La batalla no es de ustedes sino mía [...] ustedes no tendrán que intervenir en esta batalla. Simplemente, quédense quietos en sus puestos, para que vean la salvación que el Señor les dará» (2 Crónicas 20:15,17).

Amiga, sé que puedes sentir el SPM como un ejército enemigo que amenaza con destruirte, y tu alma clama por liberación. Levántate en Dios. Cree en su capacidad para luchar por ti. Confía en el que te creó, te ama y se hace cargo de tus batallas.

Cuando su Espíritu se mueva, permite que tu boca se abra y deja que una oración fluya de tus labios.

> Dios de gracia, eres nuestro libertador, eres nuestra salvación. Tú peleas donde nosotras no podemos pelear. Nos rescatas en tiempos de necesidad. Gracias por tus asombrosos caminos. Eres digno de alabanza. Nos unimos a los ángeles en el cielo cantando:
>
> Yo me levanto, me levanto en asombro ante ti.
> Santo Dios de quien la gloria es
> me levanto en asombro ante ti[4].

## 4. La disciplina de la fraternidad

Patricia dice: «Cuando tengo el SPM, lo mejor que puedo hacer por mi familia y mí misma es reunirme con una amiga que no lo tenga». Ella agrega esta aclaración:

> No llamo a cualquier amiga, sino a una que confío será veraz conmigo, podrá escucharme y mostrarme empatía [...] una que entiende mi necesidad de entrar en su vida para poder salir un poco de la mía.

## 14. Las diez mejores disciplinas para permanecer conectadas con Dios

¡Muy cierto! Pocas acciones curan la tristeza del SPM más rápido que una caminata y un tiempo de oración con una amiga del alma bajo el cielo azulado de la maravillosa creación de Dios. Tengo cinco amigas con quienes me siento segura, a las que puedo llamar en cualquier momento y decir: «¿Quieres dar una caminata santa?». Ellas saben que eso se traduce como: «¿Tienes una hora para caminar, respirar aire fresco y hablar de corazón a corazón?». Caminar limpia mi cuerpo de acumulaciones tóxicas y purifica mi alma de acumulaciones emocionales. No solo soy cambiada en el momento, sino además experimento un cambio para el futuro, porque mi amiga hace que tenga que rendir cuentas con respecto a si estoy viviendo de la manera que prometí vivir: caminando cerca de mi Dios.

Santiago lo dice de este modo: «¿Está afligido alguno entre ustedes? Que ore [...] Por eso, confiésense unos a otros sus pecados, y oren unos por otros, para que sean sanados» (Santiago 5:13, 16).

¿Tienes una amiga de confianza a la que puedes acudir o con quien caminar? Si no es así, busca una. Y trata de ser alguien así para otra persona. Mi propia senda espiritual ha sido inmensamente enriquecida por la fraternidad con mujeres genuinas y generosas que no me juzgaron y desearon que me convirtiera en lo que yo desesperadamente quería ser: una mujer de Dios que sigue a Cristo... aun en mis peores días del SPM.

### 5. La disciplina de escribir

Las páginas en blanco te esperan. Así que mediante un delgado hilo de tinta despliega tus cavilaciones, luchas e inspiraciones. Los pensamientos se desenmarañan cuando escribimos. Las palabras le brindan una revelación primero a nuestra propia alma. La página es tolerante; esta invita por igual a los ánimos airados y decaídos que a la euforia exuberante. No hay reglas aquí. Puedes «deletrearrr» mal una palabra. Puedes ser desprolija. No tienes que fingir... estás cara a cara contigo misma.

Escribir es una terapia económica. Si ya es un hábito para ti, sáltate la parte que sigue, porque no preciso convencerte de sus beneficios, pero si la idea te resulta nueva, he aquí unos pensamientos que te estimularán[5].

*Escribe una carta sobre el papel.* Derrama tu corazón en una carta a Dios. Comienza con: «Querido Padre celestial» y luego ora a través de todo el proceso de impresión del bolígrafo. En vez de terminar la carta con «Amén», fírmala con «Tu hija que te ama».

*Canta sobre el papel.* Desliza la rima y el ritmo sobre el papel. Tu canción puede ser un lamento (como el de Jeremías) o una adoración (como los salmos de David). Simplemente, captura tus sentimientos en palabras a fin de que se conviertan en música para tu alma, una melodía que conecta tu corazón con el de Dios.

*Sueña sobre el papel.* El SPM puede nublar tus sueños y volver la mente confusa. A menudo —no siempre, pero con la suficiente frecuencia como para dejarme saber lo importante que es forzarme a hacer esto— acudo a mi diario personal y Dios derrama sabiduría a través de la tinta. Es como si una mano invisible guiara la mía. Releo lo que escribí y pienso: ¿Cómo no lo vi antes? Recuerda: tu cuerpo está en modo «reflexivo» de manera natural durante tu período, de modo que debes sacar provecho de este tiempo de meditación.

*Dibuja sobre el papel.* Dios es el maestro artista. Con frecuencia usó imágenes visuales para comunicar la verdad de su Palabra. Como alguien creada a su imagen, expresa tus meditaciones a través de garabatos o imágenes artísticas.

*Dialoga sobre el papel.* Hazle preguntas a Dios, escucha, y luego, con una actitud de oración, escribe. Esta técnica me ayuda a «razonar» con Dios, conecta mi espíritu con el suyo, y me permite tener una vislumbre de sus caminos más altos (Isaías 55:5-8).

*Documenta tu vida sobre el papel.* Documenta los buenos y los malos días. Escribe una fecha junto a cada entrada. La entrada de hoy será la historia de mañana. La lucha de hoy será la victoria futura. Tu diario personal se convierte en un testamento escrito de la fidelidad de Dios al llevarte de un tiempo difícil a uno mejor. También utilizo mi diario personal como un registro de momentos cómicos acerca de mí o los miembros de mi familia, como esta anécdota de mi hija: «Amanda (ocho años) está practicando su caligrafía, pero parece ser que además necesita trabajar en su ortografía. La página que me entregó para que revisara decía: "Querido Dios: Por favor, ayuda a mamá con su 'periódico mensual'"».

## 14. Las diez mejores disciplinas para permanecer conectadas con Dios

### *Los ocho mejores versos para el SPM*

**Cuando me siento abrumada:** «Estábamos tan agobiados bajo tanta presión, que hasta perdimos la esperanza de salir con vida: nos sentíamos como sentenciados a muerte. Pero eso sucedió para que no confiáramos en nosotros mismos sino en Dios, que resucita a los muertos. Él nos libró y nos librará de tal peligro de muerte. En él tenemos puesta nuestra esperanza, y él seguirá librándonos» (2 Corintios 1:8-10).

**Cuando me siento débil:** «El Señor es el Dios eterno, creador de los confines de la tierra. No se cansa ni se fatiga, y su inteligencia es insondable. Él fortalece al cansado y acrecienta las fuerzas del débil. Aun los jóvenes se cansan, se fatigan, y los muchachos tropiezan y caen; pero los que confían en el Señor renovarán sus fuerzas; volarán como las águilas: correrán y no se fatigarán, caminarán y no se cansarán» (Isaías 40:28-31).

**Cuando me siento perseguida y sola:** «No temas, que yo te he redimido; te he llamado por tu nombre; tú eres mío. Cuando cruces las aguas, yo estaré contigo; cuando cruces los ríos, no te cubrirán sus aguas; cuando camines por el fuego, no te quemarás ni te abrasarán las llamas. Yo soy el Señor, tu Dios, el Santo de Israel, tu salvador» (Isaías 43:1-3).

**Cuando me siento sin propósito**: «Porque yo sé muy bien los planes que tengo para ustedes —afirma el Señor—, planes de bienestar y no de calamidad, a fin de darles un futuro y una esperanza» (Jeremías 29:11).

**Cuando necesito cambiar de actitud**: «Por último, hermanos, consideren bien todo lo verdadero, todo lo respetable, todo lo justo, todo lo puro, todo lo amable, todo lo digno de admiración, en fin, todo lo que sea excelente o merezca elogio» (Filipenses 4:8).

**Cuando me siento ansiosa**: «No se inquieten por nada; más bien, en toda ocasión, con oración y ruego, presenten sus peticiones a Dios y denle gracias. Y la paz de Dios, que sobrepasa todo entendimiento, cuidará sus corazones y sus pensamientos en Cristo Jesús» (Filipenses 4:6-7).

> **Cuando siento que no puedo seguir un día más**: «Cada mañana se renuevan sus bondades; ¡muy grande es su fidelidad!» (Lamentaciones 3:23).
> **Cuando no tengo palabras para describir lo que siento**: «Así mismo, en nuestra debilidad el Espíritu acude a ayudarnos. No sabemos qué pedir, pero el Espíritu mismo intercede por nosotros con gemidos que no pueden expresarse con palabras» (Romanos 8:26).

## 6. La disciplina del estudio

¡Amo, amo, amo la Palabra de Dios! Adoro proclamarla. Me encanta permanecer en ella. Me gusta memorizarla para que el Espíritu de Dios pueda sacarla de mi corazón y traerla a mi mente cuando es necesario.

La Palabra de Dios transforma el alma. Él hace esta promesa acerca de su Palabra: «Así es también la palabra que sale de mi boca: No volverá a mí vacía, sino que hará lo que yo deseo y cumplirá con mis propósitos» (Isaías 55:11).

Te aguardan innumerables beneficios en el estudio de la Palabra de Dios. Uno de ellos es que la Palabra mantiene tu corazón dócil y receptivo. Recuerda que cuando Jesús multiplicó milagrosamente los cinco panes y dos peces para alimentar a cinco mil personas, los discípulos «todavía no entendían el significado del milagro de los panes. Tenían el corazón demasiado endurecido para comprenderlo» (Marcos 6:52, NTV). No quiero perderme los milagros de Dios por la dureza de mi corazón. ¿Y tú?

La Palabra de Dios suaviza nuestros corazones. Nutre nuestro espíritu. Es nuestro pan diario. ¿Te estás saltando algunas comidas? ¡No lo hagas! Pregúntate con sinceridad: «¿Qué prioridad le doy a la Palabra de Dios en mi vida?». Deseas ansiosamente mirar tu programa de televisión favorito. ¿También deseas leer así la Palabra de Dios? ¿Donde pasas más tiempo durante la semana? ¿Frente a la televisión o leyendo la Palabra de Dios? No estoy pasando esto por alto porque es muy importante. ¿Necesitas fuerzas? ¿Precisas dirección? ¿Quieres oír a Dios? Entonces ve a su Palabra. La Biblia también nos enseña a distinguir lo malo de lo bueno. Como dice 2 Timoteo 3:16:

# 14. Las diez mejores disciplinas para permanecer conectadas con Dios

«Toda la Escritura es inspirada por Dios y útil para enseñar, para reprender, para corregir y para instruir en la justicia» (2 Timoteo 3:16).

Esos son unos pocos de los muchos beneficios de la Palabra de Dios. Ahora te desafío: la próxima vez que el SPM se levante, dedica treinta minutos a leer el Salmo 119. Luego escribe quince ventajas que vienen de la Palabra de Dios. Este ejercicio te bendecirá y levantará tu espíritu de tal manera que para el momento en que hayas terminado, toda irritabilidad que sientas se habrá desvanecido bajo la deslumbrante gloria del estudio de la Palabra de Dios.

## 7. LA DISCIPLINA DE ESCUCHAR

En los viajes por carretera nosotros usamos un GPS (Sistema de Posicionamiento Global, por sus siglas en inglés) para que nos diga cómo llegar a nuestro destino. «Ursala», como la hemos apodado cariñosamente, nos advierte de los caminos peligrosos y nos dice cuándo doblar. Por desgracia, su habla mecánica me enoja tanto que a menudo la apago para no escuchar su voz. Entonces me pierdo.

Yo también tengo un GPS espiritual. Es el Espíritu de Dios. «Él [el Espíritu Santo] los guiará a toda la verdad» (Juan 16:13). A diferencia del GPS de nuestro auto, el Espíritu Santo no resulta irritante, sino que a menudo es *suave*. En el griterío de mi mundo ruidoso puedo perder la dirección del Espíritu Santo si no lo activo. El SPM puede confundir mi GPS emitiendo una descarga estática emocional. Cuando eso sucede, me digo a mí misma que debo detenerme, mirar y escuchar. *Dejo de hacer* lo que estoy haciendo, *miro* dentro de mí, y *escucho* atentamente a la suave y apacible voz que me dirige, me consuela y me calma.

«Suave y tiernamente Jesús está llamando», decía el viejo himno. Cuando mi GPS espiritual me susurra una instrucción, trato de no discutir o analizar mucho el mensaje, sino de simplemente obedecer. Por supuesto, todavía dudo (¿Estás seguro de que quieres que vaya por ese camino?). A veces malinterpreto o pienso cosas que me dan mucho miedo, pero debo decir que escucho la voz de

Dios con más claridad y frecuencia ahora luego de varias décadas de entrenarme para oír.

Escuchar siempre —y quiero decir *siempre*— demuestra ser beneficioso. No es fácil —en realidad, algunas veces parece muy difícil— pero indefectiblemente resulta provechoso. Dios está buscando mujeres que tengan la habilidad de escuchar y obedecer su voz.

Richard Foster dice: «En nuestros días, el cielo y la tierra esperan en puntas de pie la aparición de gente guiada por el Espíritu, intoxicada por el Espíritu, llena del poder del Espíritu»[6].

Pongámonos en puntas de pie, mujeres. Inclinémonos, escuchemos con atención y respondamos con pasión a la dirección de nuestro GPS espiritual.

## 8. La disciplina de la soledad

Una de las mejores maneras de disciplinar a un niño cuando se porta mal es enviarlo a pasar un «tiempo a solas». Un lugar silencioso separa al niño de la actividad, de modo que pueda pensar a conciencia sobre su mala actitud y tener un cambio mental.

Una de las mejores cosas que hacer durante el SPM es pasar un tiempo a solas. Separarnos del ruido del mundo. Centrarnos en el silencio. Reenfocarnos. Repetir los versículos que hemos memorizado. Orar.

Una soledad autoimpuesta puede beneficiar nuestra cordura. Recuerdo un día de trabajo sentada en el baño con la puerta cerrada y repitiendo en voz baja las Escrituras para mis adentros. De repente, una compañera que estaba preocupada por mi tardanza me llamó: «Lorraine, ¿estás bien?».

«Sí», le respondí, ya que la paz de Dios me envolvía. «Mejor con cada momento que pasa».

La soledad implica aislamiento, pero en realidad no te encuentras sola. Jesús está contigo. Jesús llena tu espacio. Su paz sobrepasa todo entendimiento (Filipenses 4:7).

El grado en que nos separemos del mundo y nos concentremos en él determinará la medida de paz que experimentaremos. Jesús dijo: «La paz les dejo; mi paz les doy. Yo no se la doy a ustedes como la da el mundo. No se angustien ni se acobarden» (Juan

## 14. Las diez mejores disciplinas para permanecer conectadas con Dios

14:27). Un tiempo a solas con Jesús es una de las maneras más seguras de aquietar tu alma.

### 9. La disciplina del servicio

Las Escrituras nos dicen que tengamos «afán de servir» (1 Pedro 5:2). Una de las mejores maneras de olvidar nuestra propia desdicha es apartar la mirada de nosotras mismas y servir a alguien más. He aquí lo que dos mujeres de mi encuesta dijeron:

> Era uno de los peores meses con SPM que había tenido en un largo tiempo. La depresión se cernía sobre mí. Quería tomar una siesta, pero sentía que Dios estaba diciéndome que visitara al hijo de una amiga que se encontraba en el hospital con un tumor cerebral. Yo objeté: «No tengo la energía, Dios. Además, no tengo nada que ofrecerle». No obstante, Dios seguía trayéndome esa necesidad a la mente, así que envolví un osito de peluche y se lo llevé. ¡Hubieras creído que parecía que le había regalado la luna! El gozo de su rostro completó mi día. Y ese niño valiente me dio una nueva perspectiva. Después de todo, ¿qué era mi depresión comparada con lo que él estaba pasando? Al salir de la habitación del hospital, le agradecí a Dios el haber podido superar mi enfoque egoísta y que él hubiera usado mi pequeño acto de servicio para bendecir a esta familia. —Laura

> Mi vecina de ochenta años necesitaba cortar el pasto, pero mi jardín también necesitaba una buena podada. Sin embargo, esa voz dentro de mí insistía: *Ve a lo de tu vecina.* Cuando iba aproximadamente a la mitad de su jardín, comencé a divertirme. Prácticamente iba saltando entre sus árboles y el césped volaba por todas partes. Mi vecina me dijo una y otra vez lo mucho que apreciaba mi ayuda, pero era yo la que estaba agradecida. Servirla me trajo gozo (y la transpiración se llevó mi SPM). —Erin

El Dr. Martin Luther King una vez dijo: «Todos tienen el poder de la grandeza; no por fama, sino por grandeza. Porque la grandeza se determina por el servicio». En 1 Pedro 4:11 se nos recuerda cómo debemos servir: «El que presta algún servicio, hágalo como quien tiene el poder de Dios. Así Dios será en todo alabado por medio de Jesucristo». Una fuerza sobrenatural nos llena cuando servimos al pueblo de Dios a la manera de Dios y en el tiempo de Dios. Cuando servimos por las motivaciones correctas y con el enfoque apropiado, deleitamos el corazón de Dios y a menudo terminamos deleitándonos nosotros también.

## 10. LA DISCIPLINA DE LA ADORACIÓN

¿Quieres dejar el mundo atrás? ¡Entonces hazlo! La adoración puede transportar tu espíritu de la pesadilla de las realidades terrenales al gozo de las glorias celestiales.

> Ciertas canciones de adoración son como una escalera que me lleva alto, alto, alto, lejos del mundo y a los brazos del Padre celestial. Me siento con él en los lugares celestiales. Recuesto mi cabeza sobre su pecho y escucho el latido de su corazón. Cuando es tiempo de bajar la escalera y regresar a la vida real, encuentro que esos momentos con mi Abba me dieron las fuerzas e hicieron posible que realizara el trabajo que, un rato antes, parecía imposible. —CASANDRA

Para mí, adorar no es algo que *hago*, sino un lugar al que *voy*. Mi espíritu asciende hasta (o en algunos casos, se centra en) una posición de unidad con el Espíritu del Dios viviente. Esta unión maravillosa reestructura mis actitudes, deseos y decisiones. Como escribió A. Z. Tozer:

> Cuando entramos en esta dulce relación, estamos comenzando a aprender una reverencia formidable, una adoración sin aliento, una fascinación asombrosa, una admiración majestuosa de los atributos de Dios y algo

del silencio sobrecogedor que conocemos cuando Dios está cerca[7].

Este es ciertamente un lugar bendito, en la presencia del indescriptible e inmutable Emanuel. Subestimamos enormemente la capacidad que tienen tan solo unos pocos instantes de unir nuestro espíritu en adoración con los ángeles para cambiar nuestra realidad terrenal.

Dios espera. Te da la bienvenida. Ven así como estás.

## Cuando nada parece funcionar

Algunos días podemos intentarlo todo —nos paramos debajo de la lluvia limpiadora de su gracia, caemos, nos levantamos, fraternizamos, escribimos, estudiamos, escuchamos, nos apartamos, servimos y adoramos— pero nada parece poder borrar el dolor espiritual que acompaña a los altibajos hormonales.

Beth Anne ha conocido esta realidad. Ella dice: «Espiritualmente hice todo bien. Clamé a Dios. Leí las Escrituras y las memoricé. Escribí. Nada me hizo sentir mejor. Me sentía una fracasada. Me dije a mi misma que era mi culpa; si tan solo fuera más espiritual, esas cosas me darían resultado».

Francie se siente identificada con la experiencia de Beth Anne: «Por un tiempo las disciplinas espirituales aliviaron mi SPM, pero últimamente no importa lo que haga, nunca siento que es suficiente. Si adoro, pienso que debería haber pasado más tiempo haciéndolo; si sirvo, siempre hay alguna necesidad que no pude suplir».

En un punto u otro esto nos sucede a todas. De repente (sin tener idea de cuándo o cómo ocurrió) la disciplina espiritual que intentamos no funciona, y comenzamos a enfocarnos en el desempeño en vez de en la *relación*.

Cuando fijamos la mirada en lo que *debemos hacer*, podemos terminar en una lucha con la obediencia. Sin embargo, cuando nuestros ojos están puestos en Jesús y en el deseo de permitir que su Espíritu viva en y a través de nosotras, descubrimos el gozo de la permanencia. Un permanecer glorioso, eso es lo que deseamos; es lo que todas queremos, ese maravilloso lugar donde él está en nosotras y nosotras en él. Ah, conozco bien el gozo que viene cuando cesa todo esfuerzo y yo permanezco en él.

Y también conozco la frustración de trabajar arduamente, tratando de hacer todo perfecto, y no llegar a ninguna parte. Ahí es cuando el Espíritu Santo me da un codazo suave y me dice: «Después de haber comenzado con el Espíritu, ¿pretenden ahora perfeccionarse con esfuerzos humanos?» (Gálatas 3:3).

¡Ay!

Andar en el Espíritu en realidad no es tan complicado. El punto radica en dónde ponemos nuestra canoa. Podemos flotar en un charco en el cemento del desempeño humano y remar frenéticamente en la dirección que creemos que tenemos que ir. O podemos poner nuestra canoa en la corriente que fluye del Espíritu, que nos lleva en la dirección que Dios desea que vayamos. Lo primero requiere esfuerzo y termina en una sabiduría humana. Lo segundo requiere esfuerzo, pero solo durante el acto inicial de poner la canoa en el río y saltar dentro de ella. Después de eso, dependemos de la corriente de su Espíritu que nos conduce con la sabiduría divina.

«Quédense quietos, reconozcan que yo soy Dios» (Salmo 46:10).

¿Estás esforzándote? De ser así, ¿cómo puedes detenerte? ¿Cómo sales del charco estancado del desempeño y te sumerges en el río viviente del Espíritu? No es difícil. Una oración tan simple como esta puede ayudarte a hacer el cambio:

*Perdóname Jesús*. Mis ojos han estado puestos en mí, en mis esfuerzos, y no en ti. Ahora te busco. Rindo mi voluntad al mover de tu Espíritu Santo. Muévete en mí y a través de mí. Soy tuya.

Fluirás. Ah, sí, fluirás en el Espíritu. Y te encantará. No obstante, si eres como yo, probablemente te encuentres remando de nuevo en el charco del desempeño. Esto suele suceder. Fluir es un proceso —algo que aprendemos con el tiempo, no de la noche a la mañana— de modo que acepta la gracia de Dios. Luego ora *otra vez*, ríndete *otra vez* y pon tus ojos *otra vez* en Jesús. Dios te volverá a recibir en la corriente de su espíritu con los brazos abiertos. Siempre.

## 14. Las diez mejores disciplinas para permanecer conectadas con Dios

### *Dios, cambia mi corazón*

> «"No será por la fuerza ni por ningún poder, sino por mi Espíritu", dice el Señor Todopoderoso» (Zacarías 4:6).
>
> ¿Qué tienes para esta semana? ¿Qué te dice esto sobre cómo abordar tus actividades? ¿Cómo equilibras la necesidad del esfuerzo humano en una situación dada con la necesidad de descansar en el Espíritu de Dios?

# 15

# SPM Y PERIMENOPAUSIA: LOS BENEFICIOS

Si los médicos pudieran eliminar el SPM y los sofocones, dos de los problemas de los que más se habla en el mundo estarían resueltos: la paz mundial y el calentamiento global.

Algunas personas no pueden comprender la noción de que algo bueno pueda salir de los altibajos hormonales, pero te aseguro que *hay* beneficios.

Antes de enumerarlos, tengo que hacerte una pregunta: ¿Qué beneficios has obtenido de tus propios vaivenes hormonales? Deja este libro a un lado por un momento y declara el beneficio en voz alta ahora mismo.

¿Te resultó fácil? ¿O todavía se te está trabando la lengua intentando encontrar una respuesta, porque aunque tu actitud ha mejorado, todavía es un esfuerzo estirar las letras «SPM» para que encajen en la palabra *beneficio*?

Ah, pero hay beneficios en el hecho de experimentar el SPM. Yo los encontré y también muchas mujeres que encuesté. Me gustaría compartirlos contigo. ¡Prepárate, porque el primero te puede sorprender!

## «Los altibajos hormonales me salvaron la vida»

Cathy describe cómo las hormonas enloquecidas le salvaron la vida.

«Era un bello día en Anchorage, Alaska. Mi hijo de cinco años y yo nos subimos a nuestras bicicletas y nos dirigimos a un sende-

## 15. SPM y perimenopausia: Los beneficios

ro arbolado. Llegamos a un área desértica cerca de un riachuelo. Observé a la izquierda. Había un hombre con una mirada tenebrosa sentado en una enorme roca al costado del sendero. Parecía estar concentrado en mi hijo. Yo estaba en medio de mi período, así que sintiéndome miserable le lancé mi peor mirada de SPM directo a sus ojos, una mirada que gritaba: "Ni se te ocurra meterte con nosotros, amigo".

Si las miradas pudieran matar, entonces esa lo habría aniquilado. De pronto, el hombre se subió a su bicicleta y comenzó a pedalear detrás de nosotros. Dentro de mi cabeza sonó una alarma. Estábamos yendo en una dirección donde no había nada de gente. Le dije a mi hijo: "Demos la vuelta y pedalea tan rápido como puedas. No me preguntes nada". Pasamos muy rápido por al lado del hombre, que pareció sorprendido por nuestro cambio de dirección. Otra vez le dirigí mi mirada matadora de SPM. Él no nos siguió. Al día siguiente, en ese mismo lugar, se halló el cadáver de una mujer. Cuando observé la fotografía del hombre que había sido arrestado, comprobé que era el mismo que habíamos visto. Creo que el SPM de veras salvó nuestras vidas ese día, dándome el poder y las fuerzas para mostrar una mirada malvada».

Lashawn nos da este ejemplo:
«Mi abuela, mi mamá y mi hermana fallecieron de cáncer de seno. Yo temía que pudiera contraer la gran C también. No podía soportar el pensamiento de estar sentada esperando que una mamografía me entregara una sentencia de muerte. Tenía que hacer algo. Me conecté a la Internet e hice algunas investigaciones. Descubrí que el estrógeno es una especie de combustible para las células cancerígenas, de modo que empecé a luchar contra algunas sustancias ambientales que emiten estrógenos. También tomé progesterona para contrarrestar todo ese estrógeno en mi cuerpo. ¡Hoy soy una nueva mujer! Les digo a todas las mujeres que conozco con síntomas similares a los míos que se pueden sentir mejor. Y quién sabe, tal vez haya salvado mi vida. (Nota: En las páginas 49 y 50 hablamos de los xenoestrógenos, «estrógenos externos» que vienen a nosotros a través de ciertos químicos que se hallan en el agua que bebemos, las comidas que consumimos y los productos que usamos).

## «Aprendí a depender más de Dios»

Amy describe cómo su SPM la hizo más dependiente de Dios. «Me siento bendecida de tener terribles cambios de humor con el SPM. Digo "bendecida" porque eso me hace buscar al Señor antes de que mis pies siquiera toquen el suelo. Siento que él me conduce a todo lo largo de mi día, dándome paz y creatividad para lidiar con lo que venga a mi camino. Él me mostró que si puedo ser así durante mi SPM, imagina lo que serían los días "normales" si dependiera de él de un modo tan completo».

Marie concuerda con Amy, diciendo:
«Provengo de una línea de suecas tercas e independientes. Me enseñaron que si quieres que algo se haga, debes hacerlo tú misma y no esperar a que otros lo lleven a cabo. Pedir ayuda era una señal de debilidad. A través del SPM "desaprendí" esa actitud, ya que tengo que pedirle ayuda a Dios. Reconocer mi necesidad me permitió ver el poder de Dios en mi vida. Mi fe es más fuerte porque mi SPM me empujó a depender de él».

Kristi tuvo una experiencia similar:
«Cada mes, como no sé lo que va a ocurrir, le pido a Dios que me ayude a ser una esposa y madre eficaz. El SPM me provee incontables oportunidades de acudir a mi Padre para buscar amor y apoyo incondicional. ¡Dios es mi roca durante mi SPM! Y yo me escondo en una grieta de ella».

## «Los sofocones redujeron mis facturas de servicios»

Jennifer explica:
«El primer día de mi menstruación siempre sufro de una migraña monstruosa. Este último lunes conduje hasta mi casa con un ojo abierto y el otro cerrado a fin de combatir las puntadas en mi cabeza. Cuando llegué a casa, me arrojé a la cama para dormir hasta que se me pasara. Apagué las luces, nada de televisión, radio o videojuegos sonando. Solo paz y quietud… y cuentas de servicio más bajas».

15. SPM y perimenopausia: Los beneficios

Debbie también le agradece a sus hormonas por las cuentas más baratas que pagar:

«Tengo muchos sofocones. Mis dos hijos son grandes y viven con su padre, así que puedo poner la calefacción en el nivel que quiero. ¡Ahorré cientos de dólares este año solamente!».

## «EL SPM Y LA PERIMENOPAUSIA ME DESAFIARON A SER MÁS COMO JESÚS»

Taunya ha visto al SPM edificar su carácter mes a mes. Ella nos explica:

«Puedo ser como el SPM o puedo ser como Cristo, es mi decisión. Una vez oí a un orador decir: "Nunca somos más como Jesús que cuando extendemos amor a los demás en medio de nuestro sufrimiento". Yo quiero ser alguien que alcance a otros aun cuando me sienta terrible».

Danisha tuvo una experiencia similar. Ella dice:

«He vivido lo suficiente como para saber que Dios está más preocupado por mi carácter que por mi confort. El carácter no se edifica sentada en un sillón viendo telenovelas. El carácter se forma en el fuego de mi voluntad, donde permito que las llamas consuman la escoria de mi vida y saquen el oro que hay dentro. Clamo en oración: "Dios, hazlo descender. Que el fuego del SPM queme toda la basura que hay en mí"».

Romanos 5:3-4 declara: «Y no sólo en esto, sino también [nos regocijamos] en nuestros sufrimientos, porque sabemos que el sufrimiento produce perseverancia; la perseverancia, entereza de carácter; la entereza de carácter, esperanza. Y esta esperanza no nos defrauda, porque Dios ha derramado su amor en nuestro corazón por el Espíritu Santo que nos ha dado».

## «EL CAOS HORMONAL ME HA HECHO MÁS COMPASIVA CON LOS DEMÁS»

Judy dice:

«Yo nunca fui de esas que "culpan a las hormonas". Ponía los ojos en blanco cuando otras hablaban del SPM. No obstante, luego quedé embarazada y mis hormonas me enviaron a viajar en una montaña rusa sin parar por nueve meses. Dios usó los tres embarazos para refinarme, humillarme y darme compasión por otros, en especial por los enfermos crónicos, los ancianos e incluso los desequilibrados mentales».

Janna siente más compasión por su hija debido a su propio SPM.

«Siendo madre de una adolescente, a veces pienso: ¿Qué le pasa a esta niña? Sin embargo, luego recuerdo que sus hormonas se hallan desbocadas. Un día Katie estaba llorando; todo le parecía mal en el mundo, pero en realidad no estaba ocurriendo nada "grande". Me miró y me dijo: "Mamá, creo que son las hormonas". Nos reímos juntas. Estoy agradecida por las charlas que hemos tenido sobre los altibajos emocionales y los cambios de humor. Le recuerdo que eso es normal y pasará. A veces me encuentro con otra mujer que podría sufrir de SPM por la forma en que actúa. Trato de elogiarla o de decirle: "Lo siento". Solo se precisan unos instantes o unas pocas palabras para cambiar el día de alguien a nuestro alrededor».

## *Lo que he aprendido de mi peregrinaje con el S P M*

- Aprendí que puedes saber mucho de la condición espiritual de una mujer por la forma en que trata a sus hijos, su marido y su SPM.
- Aprendí que lo echaré todo a perder. Cuando lo haga, necesito tener gracia conmigo misma y seguir adelante.
- Aprendí que a pesar del SPM, ser mujer es una aventura gloriosa que no cambiaría por todo el chocolate del mundo.
- Aprendí que mi SPM parece menos severo cuando me pongo ropa linda.
- Aprendí que Dios es quien gobierna lo infinito y lo infinitesimal. Nada en mi vida es demasiado grande o demasiado pequeño para él.

## 15. SPM y perimenopausia: Los beneficios

En 2 Corintios 1:4 se nos recuerda: «[Dios] nos consuela en todas nuestras tribulaciones para que con el mismo consuelo que de Dios hemos recibido, también nosotros podamos consolar a todos los que sufren».

### «MIS HORMONAS ME MANTIENEN HUMILDE»

Kim dice:

«Me esfuerzo en ser buena —no miento, robo o murmuro; voy a la iglesia y sirvo en el comedor comunitario— pero el SPM me puede convertir en una malvada. Uno de mis autores favoritos, Andrew Murray, dice que él acepta de buen agrado en su vida todo lo que lo mantiene humilde. Yo digo lo mismo, y el SPM me mantiene humilde en verdad».

Lynn también ha aprendido la humildad por el SPM:

«La gente me fastidia tildándome de perfeccionista. Me gusta que mi casa luzca de una cierta manera, y que mis zapatos y cartera hagan juego con el resto. Cuando invito a alguien a cenar, quiero que mis invitados sientan que han disfrutado la velada perfecta. Así que imagínate el horror cuando (en una cena de esas durante un tiempo en que atravesaba mi SPM) tenía seis parejas a la mesa para cenar y se me cayó la fuente de comida al suelo. La bandeja se rompió y la salsa marinera salpicó a todos mis invitados. Humillada, estallé en llanto y corrí a mi habitación y cerré la puerta. (Durante el SPM las cosas se me caen con más facilidad). Unos minutos más tarde, mi amiga vino y me dijo que no me preocupara, que ellos ya habían pedido comida a domicilio y enseguida llegaría. Luego agregó: "Estoy contenta de que esto haya ocurrido. Tú siempre eres tan perfecta y yo no, así que de algún modo que se te haya caído esa fuente me hizo sentir más cerca de ti". El SPM me humilla y hace que tenga los pies sobre la tierra en el mundo real en vez de en el mundo perfecto que a veces trato de crear».

### «SIENTO UN PARENTESCO CON JESÚS»

El versículo que anima a Autumn cuando atraviesa el SPM es Filipenses 3:10: «Quiero conocer a Cristo, experimentar el poder que se manifestó en su resurrección y *participar en sus sufrimientos*». Autumn comenta.

«Tengo comunión con Jesús de muchas formas, pero en los últimos tiempos Dios me ha estado mostrando que es posible sentirme íntimamente conectada con Jesús a través del dolor compartido. Lo sé, suena raro, pero cuando los dolores extremadamente agudos y el ánimo irritable me hacen desear salirme de mi propia piel, veo a Jesús en la cruz y mi sufrimiento me hace sentir más cerca de él».

Traté de identificarme con Jesús de esta manera, pero al principio no podía llegar allí, como indica esta entrada de mi diario personal.

*Yo a los 29*: Está bien, Dios, Hebreos 4:15 me saca de quicio. Este versículo dice: «Porque no tenemos un sumo sacerdote que no pueda compadecerse de nuestras debilidades, sino uno que fue tentado en todo de la misma manera que nosotros, aunque sin pecado». ¡No es cierto! Jesús nunca padeció de SPM. Nunca entró hecho una fiera a su casa en una búsqueda frenética de chocolate, y nunca le dijo a María: «Todo lo que quiero para cenar es una bolsa de nachos». Tal vez Jesús *habría pecado si hubiera experimentado el SPM, porque no conozco a nadie que lo padezca y no peque. Jesús era un hombre, ¿entonces cómo puede identificarse con los senos adoloridos y los dolores menstruales?*

Por supuesto, lo que escribí es un poco irreverente y en parte una broma, pero debo haberlo creído en cierto grado, porque lo escribí. Cuando era más joven no oraba a Jesús durante el SPM. En lo profundo de mí me preguntaba: ¿De veras *él puede entender todas las cosas de las mujeres que me suceden?* Cuatro años más tarde, esa pregunta se responde de una forma profunda.

*Yo a los 33*: La semana pasada fui a ver una obra teatral sobre la Pasión y presencié las últimas ho-

## 15. SPM y perimenopausia: Los beneficios

*ras de Jesús en la tierra. Lloré durante toda la escena: los latigazos, los golpes y la humillación. En mi espíritu sentí que lo que le sucedía a Jesús también estaba ocurriéndome a mí. Me estremeció ver cuando los soldados clavaron sus muñecas y lo izaron en esa cruz. Mi estómago se retorcía mientras miraba el cuerpo hinchado y golpeado de Jesús, su rostro contraído en agonía. La sangre corría por su costado. Jesús clamó: «Padre, perdónalos, porque no saben lo que hacen» (Lucas 23:34). Yo clamé: «Padre, perdóname al pensar por un momento que Jesús no podía identificarse con mi dolor».*

San Agustín dijo: «En mi más profunda herida, veo tu gloria y ella me deslumbra». El sufrimiento de Cristo es un mar de cristal expansivo de insondable profundidad que abarca mi propio lago de dolor. Nada en la vida me puede llevar a un sufrimiento más profundo del que experimentó el mismo Jesús. El SPM se convirtió en un tiempo de comunión con él: «Gracias, Jesús, tú entiendes...». Después de eso, un día o dos más tarde, cuando llegó mi propia sangre, la alabanza fluyó de nuevo de mis labios: «Gracias, Jesús, por derramar tu sangre en la cruz a fin de pagar por mis pecados». Algunas mujeres nunca se sentirán identificadas con el concepto de usar su período como un motivador para agradecerle a Jesús por su sangre derramada, y está bien. No obstante, en cuanto a mí, yo alabo a Dios por toda situación que me recuerde que debo levantar mis ojos al cielo y decir: «Gracias, Jesús, por todo lo que has hecho por mí».

### «EL SPM Y LA PERIMENOPAUSIA ME ENTRENAN PARA SER AGRADECIDA»

Connie les dice a las mujeres más jóvenes que estén agradecidas por sus hormonas.

«Esta es una advertencia para todas las jovencitas. Seis meses antes de que tu período cese por completo, verás en el espejo tus arrugas, tomarás entre tus dedos el rollo de grasa que apareció en tu abdomen de la noche a la mañana y pensarás... ¿qué pensarás? ¡Tu cerebro está vacío! Ah, sí, pensarás: *Dios, perdóname por maldecir mis hormonas. Nunca me di cuenta de todo lo bueno que ellas hicieron: cómo combatieron la grasa, hicieron mi piel más flexible y lubricaron las ruedas de mi cerebro*. Así que, muchachas, denle gracias a Dios por sus hormonas mientras las tienen, porque si bien algunas veces las convierten en la Bruja Malvada del Este, todavía lucen como Glinda, la hermosa Bruja del Sur».

Gretchen concuerda:
«Padecí un SPM horrible, pero después me hicieron una histerectomía. Extirpar todas mis partes reproductivas también eliminó mi SPM, pero volvería a todos esos altibajos emocionales en un instante si supiera que podría tener un bebé».

Jillian también ve belleza en sus hormonas. Ella dice:
«En vez de ver mi semana de SPM como algo que me deprime, elijo ver las otras tres semanas de mi vida como fantásticas».

Meagan elige ser agradecida también:
«Nadie quiere a una quisquillosa. En vez de quejarme por mis síntomas, los uso como estimuladores para decirme que es tiempo de agradecerle a Dios por algo, cualquier cosa… ¡solo agradecerle!».

## «LOS ALTIBAJOS HORMONALES LEVANTAN MIS OJOS PARA VER EL CUADRO COMPLETO»

Shannon vio su perspectiva ampliarse a través del SPM. Ella comenta:
«En la portada de mi Biblia escribí dos principios por los cuales quiero vivir: (1) Guárdate tus lágrimas para cosas grandes y (2) Pásalo por la prueba de los mil años. Cuando atravieso el SPM, me digo a mi misma: "El SPM es algo pequeño. Un tornado destruyendo la ciudad es algo grande. Cobra perspectiva". También me hago esta pregunta: "De aquí a mil años, ¿sentirte deprimida hoy realmente importa?"».

Corrine tiene una visión similar:
«He aprendido a no ahogarme en un vaso de agua. Si sufro un sofocón, mi cuerpo puede transpirar, pero le digo a mi mente: "No transpires. Es un sofocón, no cáncer". Admito que las cosas

pequeñas a veces me irritan más de lo que solían hacerlo: que los platos permanecen en el fregadero o que mi hija use el auto y lo deje con el tanque de combustible vacío. No obstante, ahora tengo notas autoadhesivas por toda la casa que me recuerdan: "No hagas un mundo de las cosas pequeñas"».

Mi experiencia se asemeja a las de estas dos mujeres. El SPM es algo pequeño que se siente grande, en especial cuando caigo en el Síndrome Pobrecita de Mí. Reduzco el tamaño de mi SPM diciéndome a mí misma: *Achícalo*. Luego hago algo para lograrlo. Por ejemplo, puedo conducir hasta el parque llamado Jardín de los Dioses y caminar entre las enormes esculturas de piedra roja y blanca que sobresalen de manera magníficente sobre el nivel del suelo. O puedo poner un DVD de *Planeta Tierra*, una serie del Canal Discovery que me lleva a las profundidades del océano donde viven criaturas fascinantes o a las alturas del Himalaya donde merodean los leopardos blancos. O puedo escuchar mi CD favorito de adoración y leer Apocalipsis 21 y 22, imaginando cómo será el cielo. Acciones como estas minimizan el «tamaño» de mis retorcijones y mi tristeza emocional al sumergirme en la vastedad de Dios y su universo creado. Y así recobro el sentido de la realidad.

Vivir viendo el cuadro grande levanta mi espíritu sobre alas de águila y me permite volar por encima de mis circunstancias, donde puedo ver la vida desde una perspectiva más elevada. Como dice mi amiga Tammy Maltby: «A veces el milagro más grande de todos es simplemente un cambio de perspectiva»[1].

## «MIS SÍNTOMAS ME OBLIGARON A VIVIR UNA VIDA MÁS SALUDABLE»

Stacie expresa:

«Anhelaba el chocolate, las galletas y el vino con todo mi corazón, porque me ayudaban a pasar los malos tiempos del SPM. ¡Nunca se me ocurrió que podían estar *contribuyendo* a mis malos momentos! Una amiga que atravesaba un SPM totalmente horrible se deshizo de sus síntomas eliminando el consumo de azúcar, harinas y alcohol de su dieta. Así que hice lo mismo en la semana anterior a mi período. No fue fácil (me sentí miserable, por cierto), pero un año más tarde estoy libre de mi atadura con el azúcar. No es que *nunca* tome un vaso de vino o una galletita, sino que lo hago de forma ocasional. Sin embargo, ya no los busco más para que me consuelen; [en cambio] voy a Dios. Estoy más saludable ahora, tanto espiritual como físicamente».

Sara tuvo una experiencia similar:
«En mi cumpleaños número cuarenta y uno mi cuerpo me declaró la guerra. Descubrí que el ejercicio semivigoroso me ayudaba a ganar muchas de mis batallas contra el SPM. Incluso una caminata enérgica de treinta minutos me hacía sentir mejor. El ejercicio es bueno para mi cuerpo y mi alma; el SPM me motivó a hacer lo que debería haber hecho siempre».

Angie agrega su punto de vista:
«Estar en la perimenopausia y tener sofocones hizo que aumentara mis ejercicios. Cada noche hacía diez lagartijas y diez patadas».

## Mis beneficios

Después de leer todos estos beneficios, ¿no te sientes un poco apenada por la mujer que no sufre todo esto durante su ciclo, pero nunca siente la necesidad de aprender esas verdades que cambian la vida? Quiero decir, piensa en todas las bendiciones que se está perdiendo.

Para mí, una de las mayores verdades que aprendí como resultado de mi SPM tiene que ver con ofrecer sacrificio de alabanza. En Hebreos 13:15 leemos: «Así que ofrezcamos *continuamente* a Dios, por medio de Jesucristo, un *sacrificio de alabanza*, es decir, el *fruto* de los labios que confiesan su nombre» (énfasis añadido).

Primero, este versículo nos muestra que la alabanza es algo que debemos hacer continuamente, no solo una vez o cuando tenemos deseos. Segundo, cuando nos sentimos mal y elegimos alabar a Dios en vez de quejarnos, eso es un sacrificio —nos cuesta nuestro refunfuño— pero este sacrificio agrada a Dios. Tercero, ofrecer este tipo de sacrificio produce fruto en nuestra vida. El fruto del

## 15. SPM y perimenopausia: Los beneficios

Espíritu es amor, gozo, paz, paciencia, mansedumbre, bondad, benignidad y dominio propio (Gálatas 5:22-23).

Por años le he pedido a Dios, le he suplicado, que me haga más como Cristo. *Sin embargo, nunca, ni en mis sueños más remotos, esperaba que él usara el SPM para responder a esa oración.* El SPM me llevó a ponerme de rodillas. En esa posición de humildad, Dios me ayudó a convertirme en una mejor persona, una mejor cristiana, madre, esposa y amiga. El SPM fue un regalo de Dios envuelto en un papel poco convencional. Nunca pensé que diría esto, pero lo digo de corazón: «¡Gracias, Dios, por los altibajos hormonales!».

¿Puedes decir con sinceridad: «Gracias, Dios, por mi SPM (o perimenopausia)»?

### *Dios, cambia mi corazón*

¿Estás lista para esto? ¿Tienes el valor de hacer esta oración conmigo?

*Dios*, gracias por los cambios hormonales. Me mantienen humilde. Me recuerdan mi desesperada necesidad de tu gracia. Anhelo tu misericordia en cada momento del día. Te invito a vivir en mí y a través de mí a fin de ser cambiada a tu semejanza. Te doy gracias porque, por fe, creo que usarás este «don» inusual para mi bien.

# 16

# EL DESCUBRIMIENTO ESPIRITUAL

> *Una espina me fue clavada en el cuerpo, es decir, un mensajero de Satanás, para que me atormentara. Tres veces le rogué al Señor que me la quitara.*
> —2 Corintios 12:7

Una mañana, varios días antes de un terrible, horrible, repulsivo, nauseabundo y nada bueno día de SPM, encontré este pasaje en 2 Corintios escrito por el apóstol Pablo. Había sobrevivido naufragios, azotes, prisiones y toda persecución imaginable. ¡Él no era ningún pusilánime! Y en rara ocasión oímos a Pablo quejándose de algo, pero en este pasaje se queja. Tenía un problema. No dice cuál era, pero afirma que desea que se vaya.

Las visiones de mi reciente día con SPM se desplegaron ante mis ojos. En ese mismo momento dejé la Biblia a un lado, caí sobre mis rodillas en el suelo de mi oficina, y clamé: «Señor, así es exactamente como me siento con mi SPM. Es un aguijón en mi carne, algo que Satanás usa para atormentarme. Estoy cansada de lidiar con esto. Por favor Dios, llévatelo». Le había pedido al Señor en otras ocasiones que se llevara mi SPM, pero esta vez se lo estaba pidiendo *de verdad*.

«Dios», continué, «tú sanas milagrosamente. Resucitaste muertos. Yo tengo fe. Creo que puedes llevarte el SPM de mi vida si quieres. ¿Harías eso por mí?». Y luego, como Pablo había pedido tres veces, agregué: «Por favor, Dios. Por favor. Por favor».

## 16. El descubrimiento espiritual

Esperé. No hubo ninguna luz brillante. El lugar no tembló. No me sentí diferente para nada. Esa era una *gran* oración. Estaba segura de que Dios me había escuchado, sin embargo, ¿me respondería? Me quedé de rodillas por unos minutos, pero no recibí ninguna directiva o inclinación de parte de Dios o su Espíritu, así que traje mi Biblia delante de mí y continué leyendo donde había quedado.

«*Pero* él me dijo: "Te basta con mi gracia, pues mi poder se perfecciona en la debilidad"» (2 Corintios 12:9, énfasis añadido).

Espera. ¿Por qué hay un *pero*?

Puse mi dedo debajo de la palabra de cuatro letras. «Pero» significa que Dios le dijo que no a Pablo. Dios podía haber quitado ese aguijón, pero permitió que siguiera ahí para provocar y molestar al apóstol. Al mirar fijo esa palabrita, en mi corazón supe de algún modo que la respuesta de Dios a Pablo era también mi respuesta. Tierna, pero firmemente, Dios me estaba diciendo que no. Él estaba dejando mi aguijón en su lugar.

«¿Por qué, Dios, por qué?», lloré.

¿Por qué no podía hacer esta cosa pequeñita por mí? Es decir, le había entregado mi vida. Le había dicho que iría y haría todo lo que él quisiera a fin de servirle. ¿No sería una testigo más feliz, saludable y eficaz si no padeciera de SPM? Podría enseñar más estudios bíblicos y dar conferencias con más frecuencia si no tuviera que dejar un «espacio» en mi calendario para los días de SPM. En realidad, ¿era eso mucho pedir? Ciertamente, mi petición no resultaba algo difícil para Dios. Después de todo, él había puesto las estrellas en el firmamento y la tierra en su órbita. Hacer que mi SPM desapareciera sería algo simple para Dios.

Esos argumentos no cambiaron el no divino. Así que intenté otro método.

«¡No es justo, Dios! ¿Por qué no me das algo que venga solo una vez cada tanto, como una endodoncia, en vez de esta cosa que arrasa conmigo casi todos los meses?». Aunque pensaba las palabras, sabía que esto no tenía nada que ver con la justicia. Y también sabía que aunque me resistiera al no de Dios, me *amigaría* con él. Había caminado con Dios lo suficiente como para saber que discutir con este Rey Soberano Todopoderoso no tenía sentido, incluso si a menudo era parte del proceso. Aun así, la «adolescente» dentro de mí tenía que pelear en un brote de rebelión antes de que la adulta dentro de mí pudiera entrar en el territorio de la entrega.

Despotriqué, solté chispas, me enfurruñé e hice pucheros más o menos por media hora. Acusé a Dios: «Si de verdad me amaras, te llevarías el SPM de mi vida». Sin embargo, aun cuando me resistía a su decisión, en lo profundo de mi interior sabía que él veía algo que yo no veía, y era porque me amaba que había decidido que mi aflicción siguiera siendo parte de mi vida.

La entrega vino como el lento hilo de melaza que chorrea de una jarra, y gradualmente se asentó y se adhirió a mi corazón. «Muy bien, Dios», suspiré. «El aguijón se queda y lo accpto. Debes tener una razón para ello, aunque yo no pueda verla».

Y de repente, sí la vi. La razón había estado allí todo el tiempo en el blanco y negro de su Palabra, pero la rebeldía me había cegado momentáneamente ante las dos notables oraciones que le pisaban los talones a ese molesto pero. «Te basta con mi gracia, pues mi poder se perfecciona en la debilidad» (2 Corintios 12:9).

Hmmm.

Continué con nuestra discusión. «Dios, hablas de tu gracia y tu poder justo después de referirte a mi debilidad. ¿Estás diciendo que el SPM, mi debilidad, es una instancia en la cual puedes mostrar tu gracia y tu poder? No lo entiendo. ¿Cómo es posible eso?».

Como si estuviera subiendo una montaña y hubiera visto la cima a cien pasos de distancia, mi corazón se aceleró y mis ojos se abrieron ante la expectativa de la visión que yacía un poco más adelante de mis ojos. Dios tenía algo grandioso que deseaba que yo comprendiera. El siguiente versículo me llevó a la cima:

> Por lo tanto, gustosamente haré más bien alarde de mis debilidades, para que permanezca sobre mí el poder de Cristo. Por eso me regocijo en debilidades, insultos, privaciones, persecuciones y dificultades.
> —2 Corintios 12:9-10

Se me cayó la mandíbula.

La vista que contemplaba me dejó sin aliento; pero era la visión de Pablo, no la mía. Al menos, no todavía. Si quería tener esa perspectiva, debía apropiarme de ella. Leí otra vez los versículos con un giro diferente. «Por lo tanto, Lorraine se gloriará mucho más alegremente en su SPM para que el poder de Cristo pueda reposar sobre ella. Por este motivo, por la causa de Cristo, Lorraine se deleita en su SPM, en el dolor físico, las lagunas mentales, el humor cambiante, las relaciones tirantes, la persecución espiritual y todas las otras dificultades del SPM».

¿Podía hacerlo? ¿Podía deleitarme de verdad en la mismísima cosa que había demostrado tantas otras veces ser mi perdición? ¿Era tan simple como eso, o había algo más que debía entender?

Al observar el área, vi en mi espíritu un arco iris en el cielo claro, tenue al principio, pero luego resplandeciente de color.

«Porque cuando soy débil, entonces soy fuerte» (2 Corintios 12:10).

Ese era mi arco iris, mi «descubrimiento» espiritual.

## Hallando poder en la debilidad

Mi «descubrimiento» ocurrió en un instante y cambió mi vida para siempre. Aun así, me ha llevado años —décadas en realidad— entender esta paradoja: cambiar mi debilidad por la fuerza de Dios. Este principio es tan amplio, tan profundo, que todavía no lo entiendo por completo, pero Dios me ha mostrado tres acciones que a menudo son parte de este raro intercambio. Eso es lo que quiero mostrarte ahora: tres acciones que oro te ayuden a captar este concepto en tu propia vida. El principio se puede resumir de esta manera: cuando soy débil, la fuerza viene si…

- Danzo.
- Me arrodillo.
- Me levanto.

## Danzo

Era un día de «arrastrarme hasta el guardarropas» y llorar. Me dolían los pechos. Me dolía todo el cuerpo. El enojo se encendió y estaba consumiéndome. Odiaba a todos y a todo. Deseaba golpear algo, dar un portazo o patear una pared, pero en vez de eso corrí a mi guardarropas.

*Odio el SPM*, grité para mis adentros. *Odio su control sobre mí. Odio cómo me siento, lo que pienso sobre los demás. Me odio a mí misma. Siento que estoy luchando con el diablo. ¡Dios, ayúdame! Por favor, Dios, te necesito. ¡Ahora!*

«Cuando eres débil, entonces yo soy fuerte en ti». Dios le habló a mi espíritu, recordándome las palabras que leyera hacía un mes atrás. En ese momento reconocí este principio como un «descubrimiento», aun si todavía no entendía por completo lo que iba a significar en mi vida. Recuerdo haberme sentido esperanzada de que Dios usara mi SPM como una instancia para demostrar su poder. No obstante, había leído esas palabras a la luz del día en el confort de mi oficina y cuando me sentía bien. ¿Qué esperanza tenía ahora que me encontraba tendida en el suelo, en la oscuridad del guardarropas, sintiendo que quería morir?

¿Cómo podía algo parecido a la fuerza surgir dentro de mí en esa condición debilucha y patética? La idea parecía absurda y ridícula.

Me sentía totalmente inútil, como si no sirviera para nada. Mi debilidad me había tirado abajo, abajo, abajo. No tenía ninguna capacidad, ni fuerza, ni sabiduría. No tenía nada de valor que ofrecerle a nadie, en especial a Dios, excepto…

Dios recibiría con agrado algo de mí. Pablo escribió que él se *deleitaba* en su debilidad. Yo todavía no me había deleitado en mi SPM, ni siquiera un poquito. ¿Y cómo podía deleitarme en el SPM cuando me había tirado al suelo y me mantenía sujeta por el cuello? Mi «aguijón» me había paralizado, robándome la vida y el gozo. No tenía sentido deleitarse en algo que me hacía sentir desgraciada. Aun así, sabía con cada fibra de mi ser que esto era lo que Dios quería de mí, lo que deseaba para mí.

Con los dientes apretados y sollozando entrecortadamente me obligué a pronunciar las palabras que sabía que Dios quería escuchar (y yo necesitaba expresar): «Dios (*sollozo*), gracias por… por mi… SPM (*llanto*)». Hundí mi nariz en un pañuelito de papel, inspiré profundo y me obligué a decir las palabras de nuevo. Esta vez salieron con más facilidad. «Dios… gracias… por mi SPM (*resuello*). Me hace necesitarte. ¡Y, Dios (un gran suspiro), cuánto te necesito!».

## 16. El descubrimiento espiritual

«Estoy desesperada por ti, Señor. Te necesito, te necesito, te necesito». Una y otra vez manifesté mi necesidad entre suspiros. En este espacio negro yo no era nada. Y entonces, en medio de mi vacío, él vino.

Así como las aguas buscan llenar las tierras bajas, en algún lugar en lo profundo de mi alma el agua viva del Espíritu Santo se agitó. Arriba, arriba, arriba, él se levantó, lentamente, y luego más y más alto. Me llenó, me rebalsó. Su Espíritu salió a borbotones, llevando a mi espíritu con el suyo, intercalando de manera increíble la debilidad con la fortaleza.

Mis dolores se calmaron, superados por la presencia del Dios viviente. Sucumbí ante el gozo. En realidad, esto era un milagro. Había entrado a mi guardarropa en agonía, sintiendo que no servía para nada, y a los diez minutos el Espíritu de Dios me había tomado y transformado en una fuente rebosante, un manantial de agua viva del cual otros podrían beber.

«Ya no vivo yo, sino Cristo vive en mí» (Gálatas 2:20). El Espíritu de Cristo se ensanchó dentro de mí, haciendo de Gálatas 2:20 una realidad. Cuando me levanté del suelo, me consumía un nuevo amor por los demás, no un amor que yo hubiera logrado, sino un amor verdaderamente de Dios. Mi cuerpo vibraba de vitalidad. El Señor había cambiado mi enojo por su amor, mi debilidad por su fuerza. Allí en mi guardarropa, en medio de zapatos olorosos y chaquetas mal colgadas, comencé a girar. Mi espíritu bailaba. Yo bailaba. Cuando soy débil, *él* es fuerte.

El resto del día fue como mirar a otra persona: igual a mí, pero no yo. La manera llena de gracia en que les respondía a los demás, las sabias palabras que salían de mis labios… todo esto era Dios, todo provenía de su Espíritu, no de mí. Pensarlo de otra manera hubiera sido una blasfemia. Flotaba sobre unos pies livianos, impulsada por una mano divina que iba delante de mí, detrás de mí, debajo de mí y a mi lado. Su Espíritu me elevó por encima de mis circunstancias.

¡Ah, ser llena del poder de Dios, de su Espíritu, que le infundió a mi débil cuerpo con SPM sus fuerzas santas! ¡Qué éxtasis! ¿Qué otra cosa podía hacer? *Tenía* que danzar.

Desearía poder decirte que sucedió lo mismo cada vez que tuve mi SPM —que corría a mi guardarropa y recibía un intercambio divino que me llevaba del llanto a la danza— pero ese no fue el caso. La verdad es que la mayoría del tiempo no danzo, no podría hacerlo. La ráfaga de poder nunca llega. A veces la vida pasa de difícil a horrorosa, y es todo lo que puedes hacer para simplemente seguir adelante. Cuando eso sucede, hago lo mejor que puedo para arrodillarme.

## Me arrodillo

Toma todos los síntomas que describí antes. Colócame en el suelo de mi guardarropa, hinchada por el SPM. Luego agrega los siguientes ingredientes:

- Un marido al que despidieron de su trabajo.
- Una madre a la que le diagnosticaron cáncer de seno.
- Cinco tazas de dolor por una lesión en la espalda.
- Una pizca de impaciencia.
- Una hija enferma (sin mencionar que me olvidé de pagar el seguro médico).

Mezcla todos los ingredientes juntos. Calienta hasta el punto del hervor.

Esta es una receta para el desastre.

Si alguna vez necesité fuerzas sobrenaturales, si alguna vez requerí una transfusión espiritual, era en ese momento. La Palabra de Dios me prometía que él no me probaría más allá de lo que fuera capaz de resistir, pero sentía como si ya hubiera pasado ese punto. ¿Cuánto más podría aguantar?

Me arrodillé en el suelo, débil y cansada, pero no recibí una gran infusión de sus fuerzas. Y no tenía tiempo de esperar a que hiciera un milagro, pues en un minuto debía estar saliendo a llevar a mi hija enferma el médico. Masculló una oración rápida: «Dios, ayúdame». Después me levanté y me puse en acción.

En el consultorio del médico no podía arrodillarme muy bien en el suelo —ni tampoco quería, porque Amanda acababa de vomitar en el piso y encima de la señora que estaba sentada a nuestro lado— pero me arrodillé en espíritu mientras corría al baño a agarrar toallas de papel para limpiar el desastre que había hecho mi

## 16. El descubrimiento espiritual

hija. *Dios, ayúdame en esto*, oré en silencio. *Dame las fuerzas para atravesar este momento.*

Una hora más tarde, cuando me encontraba en la fila de la farmacia a fin de comprar el medicamento para Amanda, me corrieron espasmos de dolor por toda la espalda. Me arrodillé en espíritu: *Señor, te necesito. Dame la fuerza para poder hacer esta fila sin gritar de dolor.*

En casa, llevé a Amanda a la cama con una compresa fría y luego corrí a ayudar a mi otra hija con sus tareas. Me arrodillé en el camino, orando: *Dios, dame la paciencia que necesito para ayudar a mi hija.*

Momento a momento, minuto a minuto, me arrodillaba en la debilidad y le pedía a Dios que me diera fuerzas. Me arrodillaba por mis preocupaciones económicas: *Señor, por favor, provéenos para poder pagar la hipoteca este mes.* Me arrodillaba por la salud de mi mamá: *Señor, dale fuerzas al ir a la quimioterapia hoy.* Y me arrodillaba por mi SPM.

Esa noche, al recostar mi cabeza en la almohada después de haber pasado un día horrible, lleno de tensión, una lágrima surcó mi mejilla. Había sido todo un desafío, pero lo había logrado haciendo una cosa a la vez sin pelear con nadie. ¡Gracias Dios! No había sido un milagro instantáneo, pero era un milagro de todos modos.

Si me dieran a elegir, escogería cada vez recibir sus fuerzas a través de una infusión total de su poder que hiciera mis pies danzar. En cambio, Dios a veces decide darme el casi imperceptible goteo de una transfusión lenta de sus fuerzas, que viene cuando rindo mi voluntad. Tanto danzar como arrodillarme glorifica a Dios, pero de alguna manera siento que arrodillarme le da más gloria. Inclinarse requiere fe, implica elegir depender de él solamente, minuto a minuto, aun cuando no sentimos que esté obrando. Y arrodillarse requiere sumisión. Al igual que Jesús, me arrodillo ante lo que odio o temo y digo: «Padre […] no se cumpla mi voluntad, sino la tuya» (Lucas 22:42).

Dios me da sus fuerzas cuando danzo y me arrodillo. La tercera forma en que veo su fortaleza ya la mencionamos rápidamente en el último capítulo: cuando me levanto.

## Me levanto

El diablo me aborrece. Odia cuando le doy gracias a Dios por mi SPM, me arrodillo y danzo, ya que esas acciones glorifican a Dios. Él mira y espera, buscando una oportunidad de atacar.

Encontró una oportunidad en una tarde fresca de primavera, mientras mis hijas y yo horneábamos galletas con trocitos de chocolate.

«Mezcla la masa con esto, cariño», le dije pasándole una cuchara de madera a Amanda, que observaba el bol desesperada por robarse un par de trocitos de chocolate. Sonó el teléfono. Me limpié un poco la harina de las manos y contesté.

—Hola.

—Eres una *basura* —gruñó una voz malvada.

—¿Quién es? —demandé.

—¡Basura! —repitió la voz y luego colgó.

Me temblaba la mano al intentar poner en su lugar el teléfono.

—¿Quién era, mamá? —me preguntó Amanda.

—Nadie, cariño. Nadie de importancia —dije con voz temblorosa.

Sin embargo, *era* alguien, no un adolescente haciendo una maldad, sino una persona que me odiaba. Durante las últimas seis semanas había recibido dos cartas anónimas dirigidas a mí con la frase escrita en letras negras mayúsculas: «ERES UNA BASURA». ¿Quién podría hacer algo semejante? No tenía enemigos, nadie que yo supiera, excepto el enemigo de Dios, Satanás, que me detestaba porque me negaba a dejarles de enseñar la Palabra de Dios a las mujeres.

Satanás estaba usando a quien fuera que había llamado para lanzarme acusaciones, de eso estaba segura. La voz y las cartas destilaban veneno. La persona que hacía esto era meramente una herramienta en las manos del diablo, ¿pero qué tan lejos llegaría esta herramienta? Hay mucha gente rara vagando por ahí, pero esta persona sabía donde yo vivía.

Temí por mis hijas. Más tarde, cuando salieron a jugar, me quedé junto a la ventana observando, alerta a los autos que pasaban.

Recordé el versículo de 1 Pedro que dice: «Su enemigo el diablo ronda como león rugiente, buscando a quién devorar» (1 Pedro 5:8).

## 16. El descubrimiento espiritual

En los días siguientes, sentí esa presencia malvada como si rondara alrededor de mí y mi familia, mirando, esperando el momento justo para saltar.

Los leones son criaturas feroces. Pueden oler la sangre a kilómetros de distancia. Un animal debilitado por la pérdida de sangre instantáneamente se vuelve vulnerable al ataque de un león. Usualmente ellos saltan sobre su presa en la noche. Acosados por una intensa hambre, cazan hasta rasgar la carne y saborear la sangre de la víctima. Los nativos africanos entienden la naturaleza de los leones, así que muchas veces duermen al lado de un fuego ardiendo. Si el león se aproxima, los nativos sacan un palo ardiendo del borde de la fogata y lo mueven delante del rostro del león. Los leones le temen al fuego y por lo general con esto basta para hacerlos retroceder y marcharse.

A continuación te relato mi encuentro con el maligno, Satanás, el león hambriento. A veces nos encontramos con el maligno cara a cara, cuerpo a cuerpo. Otras veces nos encontramos con él en el reino invisible del espíritu, donde tenemos sueños o vemos visiones. Sin embargo, no te equivoques: un encuentro en el mundo invisible es tan real como uno que podamos ver con nuestros ojos humanos.

Eran las tres de la mañana. Mi esposo se había ido de viaje. Yo estaba recostada en la cama sola, debilitada por la pérdida mensual de sangre, atrapada en ese «ultramundo» entre despierta y dormida. De repente, me percaté de una presencia maligna. En mi espíritu vi al león cuando se acercaba a mi cama y me rodeaba.

*Te voy a matar*, me amenazó. El terror se apoderó de mí; no podía moverme.

*Eres una basura*, rugía. Lentamente, de manera amenazante, se acercó a mí. *Después de matarte a ti mataré a tus hijas.*

Sentía su presencia tan cerca que no podía ni respirar; su intención de devorarme parecía tan real como mis uñas, las cuales se habían clavado con dolor en mis puños fuertemente cerrados. «Ayúdame, Dios. Tengo miedo. ¿Qué debo hacer?».

*Levántate*. La simple orden hizo que otro versículo acudiera a mi mente: «Fortalézcanse con el gran poder del Señor [...] para que puedan hacer frente a las artimañas del diablo» (Efesios 6:10-11).

Me levanté de la cama y me puse en pie. Con una voz fuerte le ordené: «Sal de aquí, diablo. Déjame en paz».

El león se detuvo. Me estudió, decidiendo qué hacer a continuación. Lenta, muy lentamente, se puso en cuclillas como para saltar.

Sentía una nueva Presencia en la habitación detrás de mí, aunque no la veía. Una columna de fuego. El Fuego Santo Consumidor. Dios estaba conmigo, mi ayuda siempre presente en este tiempo de dificultad. Su presencia alimentó mi valentía.

«¡En el nombre de Jesús, *vete!*», le ordené a la bestia. Los ojos del león se nublaron con un rastro de temor, no por causa de mí, sino por el Fuego, por el Nombre.

Rugió.

«¡Vete!», grité.

Y entonces desapareció.

Todo esto suena muy extraño. Debes estar preguntándote si fue un sueño o un encuentro real en el mundo espiritual. Tal vez se tratara de ambas cosas, no lo sé. Lo que sí sé es que algo significativo ocurrió en ese enfrentamiento a las tres de la mañana, y después de ese incidente no recibí más cartas o llamadas amenazantes.

## ME DELEITO EN MI AGUIJÓN

¿Cuál es tu aguijón? Sé que tienes uno. Todos lo tenemos.

Piensa en tu aguijón por un momento, la situación o persona que te tira al suelo y te mantiene sujeta por el cuello. Tráelo a tu mente. Cuando lo tengas presente, hazme un favor. No establezcas comparaciones. No minimices mi aguijón del SPM haciendo una comparación como esta: *Lorraine, tengo cáncer de seno y estoy trabajando a fin de sanar de un abuso infantil que sufrí. Tu SPM es nada comparado a lo que estoy atravesando.* Y por favor, tampoco exaltes mi experiencia: *Padezco de SPM, pero no es nada comparado al tuyo.* Minimizar o exaltar mi aguijón en comparación al tuyo es una manera subconsciente de despreciar el aprendizaje sugiriendo que mi situación no se aplica a la tuya.

En honor a la verdad, no hace ninguna diferencia si tu aguijón es una pequeña molestia que te pincha y fustiga, o es una gran flecha que atraviesa lo profundo de tu alma. La magnitud no

## 16. El descubrimiento espiritual

es el tema aquí. *Lo que importa es lo que hacemos con nuestro aguijón.*

La elección está delante de nosotras. ¿Nos quejaremos y lloriquearemos? ¿O saldremos adelante y descubriremos lo que puede enseñarnos? Mientras nos quejemos, mientras lamentemos nuestros aguijones y nos sintamos impotentes ante ellos, estamos atascadas (literalmente).

La victoria sobre un aguijón comienza aprendiendo a deleitarnos en él. Yo sé, no tiene sentido agradecerle a Dios por algo que te causa dolor. No obstante, sinceramente, no estoy segura de que se *supone* que la gratitud siempre tenga que tener sentido. Por eso la Biblia habla de ofrecer «sacrificio de alabanza» (Hebreos 13:15). Representa un sacrificio afirmar: «Dios, te alabo por esta situación», cuando en realidad queremos decir: «Esto apesta». Todo lo que sé es que cuando finalmente declaré: «Te alabo, Dios, por permitir que el SPM sea parte de mi vida», un cambio sutil ocurrió en mi corazón. Y cuando añadí: «Por fe, creo que me ayudarás a encontrar valor en esto que me aflige», otro cambio ocurrió. Con el tiempo, lo que solía pincharme y provocarme se convirtió en algo que me empujó a la alabanza.

Mi aguijón se convirtió en un amigo más que en un enemigo. Me enseñó a danzar, arrodillarme y levantarme. En mi debilidad, descubrí la fuerza de Dios.

«Por eso *me regocijo en debilidades*, insultos, privaciones, persecuciones y dificultades que sufro por Cristo; porque cuando soy débil, entonces soy fuerte» (2 Corintios 12:10, énfasis añadido). Esta era la visión de Pablo. Y ahora, por la gracia de Dios, es la mía también. Ese es mi pensamiento y me aferro a él.

## Dios, cambia mi corazón

Llena los espacios en blanco a partir de Santiago 1:2-3

«Hermanos [y hermanas] míos, considérense _____ _____ cuando tengan que enfrentarse con diversas _____, pues ya saben que la prueba de su fe produce _____».

¿Cómo es posible tener gozo cuando estás pasando una prueba?_____.

¿Por qué deberíamos estar gozosas (verso 3)? _____ _____.

Lee Santiago 1:4. ¿Qué es lo que produce la constancia? _____.

Una vez que somos maduras, ¿qué es lo que todavía nos falta?_____.

# EL ~~FIN~~ COMIENZO: LÁNZATE A SUS BRAZOS

Casi todos los libros sobre el SPM y la perimenopausia brindan ayuda para atenuar los síntomas físicos y mentales, pero no se refieren a los síntomas espirituales. Espero, a estas alturas, que veas la razón por la que los aspectos espirituales son tan importantes.

Traer a Dios a tu SPM cambia tu manera de pensar.
Traer a Dios a tu perimenopausia cambia tus sentimientos.
Traer a Dios a tu SPM cambia tu actitud.
Traer a Dios a tu perimenopausia cambia la forma en que te ves a ti misma.
Traer a Dios a tu SPM cambia la forma en que comes.
Traer a Dios a tu SPM cambia cómo cuidas tu cuerpo.
Traer a Dios a tu perimenopausia cambia la manera en que hablas.
Traer a Dios a tu SPM cambia tu nivel de estrés.
Traer a Dios a tu SPM cambia cómo te ves como mujer.

En este libro hablé sobre cómo Dios me cambió. Recibí la ayuda de mil quinientas mujeres a las que encuesté. Cité estudios y textos bíblicos para animarte a hacer la elección de un estilo de vida sabio. Ya dije suficiente. Ahora es tiempo de quedarme callada.

Alguien mucho más sabio que yo desea hablar contigo... aquel que te creó... el que sabe todo acerca de ti... tu Abba... Dios[1].

A él le agrada que hayas dedicado un tiempo a pensar cómo te hizo y que consideres atentamente cómo cuidarte. Desea que recuerdes que eres única, que no hay nadie en el mundo igual que tú. Y quiere que sepas que te ama.

Te ama mucho, mucho.

La siguiente carta, basada enteramente en las palabras de Dios en la Biblia, es mi intento de expresar sus pensamientos con respecto a ti. Haz una pausa ahora. Pídele a Dios que abra tus ojos para que puedas ver y que abra tu corazón para que puedas sentir, sentir *de verdad*, las tiernas verdades que él desea que sepas[2].

> Mi muy amada hija:
>
> Te amo con amor eterno, un amor pródigo. Eres mi princesa, la niña de mis ojos. Te cargo en mis brazos y te llevo cerca de mi corazón. Me regocijo en ti con cantos.
> Con sumo cuidado, con toda habilidad, te entretejí en el vientre de tu madre. Fuiste formada de manera maravillosa. Cada cabello de tu cabeza está contado; cada sonrisa capta mi vista. Pienso en ti constantemente. Si tuviera que contar las veces que pienso en ti cada día, superarían los granos de arena de las playas.
> Te conozco por completo. Conozco tu sentarte y tu levantarte. Conozco tus pensamientos antes de que los pienses; sé las palabras que dirás antes de que las pronuncies.
> Hija, déjame llevar todas tus cargas y preocupaciones, porque conozco todo lo que te preocupa. Sé los pensamientos y planes que tengo para ti, planes de prosperarte y no de dañarte, planes para darte un futuro y una esperanza.
> Abre tu corazón de par en par, y yo lo llenaré con mi santo amor. Mi amor te satisfará. Mi amor puede suplir tus anhelos más hondos. Que tu corazón permanezca ligado al mío, porque conmigo puedes llevar a cabo todo lo que te he llamado a hacer.
> Mi amor por ti es más alto, más profundo, más ancho de lo que puedes llegar a imaginarte. Haría cualquier cosa por ti, daría la vida de mi Hijo por ti.
>
> Te amo, preciosa mía.
> Tu Papá

Lee esta carta una y otra vez. Colócala en un lugar visible, donde puedas leerla cada vez que te sientas desanimada, sola o cansada. El majestuoso, santo y soberano Rey del universo quiere que sepas cómo te ve.

Cuando los altibajos hormonales amenacen con sacarte de control, líbrate de ellos y corre a sus brazos. Él te atrapará. Te tomará. Te susurrará la verdad: que eres su amada.

Recuerda, las hormonas cambian, pero su amor por ti nunca cambiará.

# RECONOCIMIENTOS

*Este libro está dedicado a mi querida amiga Linda Dillow.
Juntas hemos buscado de rodillas la sabiduría de Dios.
Juntas hemos sido testigos de la respuesta de sus hijas.
Juntas hemos visto su gloria.
La capacidad de ser un solo corazón y una sola mente para glorificar a Dios es uno de los dones más singulares que dos amigas pueden esperar disfrutar (Romanos 15:5-7).*

Dr. Roy Stringfellow: Estoy inmensamente agradecida por su experiencia médica al ayudarme a refinar el contenido de este libro, pero aprecio aun más su corazón, el cual irradia su profunda fe en Dios y su sincero deseo de ayudar a las mujeres a sentirse mejor a todo nivel: física, mental, emocional y espiritualmente.

Gracias también a mis eternas amigas, mujeres que oran por mí y me dejan usar sus cerebros para procesar mis pensamientos bizarros. No tengo que citar sus apellidos, ustedes saben quiénes son y no pertenecen a la clase de mujeres que buscan reconocimiento: Jan, Sandy, Kit, Annette, Cristi y Patti. Gracias por su aliento inquebrantable.

Gracias a mis hermanas: Melinda, Pam, Julie, Teresa, Marie y Cindy. Las amo con todo mi corazón.

Una ronda de aplausos a mi agente, Joel Kneedler, de Alive Communications, y a mis amigos de escritura y pensamiento crítico que me ayudaron a darle forma al contenido: Kristine Klitzke, Jerusha Clark, Leslie Koepke, Beth Balch, Carla Shearer, Mary Maynard y Liz Graves.

## Reconocimientos

Gracias también a todos en Moody Publishers (resulta perfecto que ustedes hayan publicado un libro para ayudar a las mujeres de humor cambiante). Un especial agradecimiento a Cheryl Dunlop, Deborah Keiser y Holly Kisly por supervisar todo el proyecto y a Steve Lyon por creer en él desde el principio.

Gracias a las mil quinientas mujeres que ofrecieron sus puntos de vista completando la encuesta y a las doce mujeres que hicieron la prueba experimental del estudio bíblico. Me siento sorprendida por su creatividad e inspirada por su deseo de buscar más de Dios.

Peter, tu constante apoyo en estos últimos cuatro años que comencé a investigar intensamente solo podría ser superado por los veinticinco años que me amaste a través de mi SPM (y luego durante la perimenopausia). Eres un santo. Teniendo que lidiar conmigo y nuestras dos preciosas hijas, Amanda y Megan, te mereces el Oscar por tu noble apoyo a las enigmáticas mujeres estrogénicas.

A todos, les doy un aplauso de pie. Y ante mi Dios —el Único, que me alentó cuando luchaba con las palabras y me guió a los recursos y la gente necesaria para que este libro fuera una realidad— me inclino en adoración. Que seas puesto en alto por medio de las palabras que escribí.

# APÉNDICE

## *Grafica tu patrón y su severidad*

a. Escribe el mes en el cuadro ubicado en la página 259
b. Escribe los síntomas que experimentas en la columna más a la izquierda.
c. Los días que tus síntomas se presentan, llena los casilleros con un número que describa su severidad.
    1. Leve.
    2. Molesto.
    3. Afecta mi habilidad de ser productiva en el trabajo o la casa.
    4. Reacciono de forma extrema o irrazonable.
    5. Me siento inmovilizada; lucho hasta para salir de la cama.
d. Haz un círculo rojo en el día que tienes tu período. Si los síntomas aumentan su intensidad en los días anteriores a tu período y disminuyen después de él, probablemente se trata del SPM.
e. Repite el proceso por tres meses y mira los patrones. Aplica el estilo de vida y la dieta recomendados en este libro para atenuar ciertos síntomas. Si ellos son constantemente severos, muéstrale este cuadro a un médico confiable y trabajen en un plan para ayudarte a sentir mejor.

Apéndice: Registro de síntomas

## Registro de síntomas

Mes _____  Comentarios _____

| Síntoma | 1 | 2 | 3 | 4 | 5 | 6 | 7 | 8 | 9 | 10 | 11 | 12 | 13 | 14 | 15 | 16 | 17 | 18 | 19 | 20 | 21 | 22 | 23 | 24 | 25 | 26 | 27 | 28 | 29 | 30 | 31 |
|---|---|---|---|---|---|---|---|---|---|---|---|---|---|---|---|---|---|---|---|---|---|---|---|---|---|---|---|---|---|---|---|
| | | | | | | | | | | | | | | | | | | | | | | | | | | | | | | | |
| | | | | | | | | | | | | | | | | | | | | | | | | | | | | | | | |

Mes _____  Comentarios _____

| Síntoma | 1 | 2 | 3 | 4 | 5 | 6 | 7 | 8 | 9 | 10 | 11 | 12 | 13 | 14 | 15 | 16 | 17 | 18 | 19 | 20 | 21 | 22 | 23 | 24 | 25 | 26 | 27 | 28 | 29 | 30 | 31 |
|---|---|---|---|---|---|---|---|---|---|---|---|---|---|---|---|---|---|---|---|---|---|---|---|---|---|---|---|---|---|---|---|
| | | | | | | | | | | | | | | | | | | | | | | | | | | | | | | | |
| | | | | | | | | | | | | | | | | | | | | | | | | | | | | | | | |

Mes _____  Comentarios _____

| Síntoma | 1 | 2 | 3 | 4 | 5 | 6 | 7 | 8 | 9 | 10 | 11 | 12 | 13 | 14 | 15 | 16 | 17 | 18 | 19 | 20 | 21 | 22 | 23 | 24 | 25 | 26 | 27 | 28 | 29 | 30 | 31 |
|---|---|---|---|---|---|---|---|---|---|---|---|---|---|---|---|---|---|---|---|---|---|---|---|---|---|---|---|---|---|---|---|
| | | | | | | | | | | | | | | | | | | | | | | | | | | | | | | | |
| | | | | | | | | | | | | | | | | | | | | | | | | | | | | | | | |

# ESTUDIO BÍBLICO

Mi querida hermana en Cristo:

Luego de leer este libro quizá digas de forma entusiasta: «Quiero que las personas vean a Cristo en mí. No deseo que las hormonas me gobiernen». Tal vez cambies tus hábitos en cuanto a los alimentos y ejercicios, y hasta pongas en práctica algunos de los principios espirituales del libro, pero unos meses después tu entusiasmo disminuye y te encuentras volviendo sigilosamente a la vieja forma de pensar y actuar.

¿Por qué sucede esto? A menudo se debe a que fallamos en llevar nuestros deseos a un nivel más profundo; no dirigimos nuestros pensamientos hacia nuestro espíritu ni les permitimos que se establezcan y se «cementen».

El propósito de este estudio es que afirmes tu nueva comprensión de la manera de ver tu ciclo, tus hormonas y a ti misma a la luz de la Palabra de Dios. Planifica invertir dos horas por semana para leer los capítulos y completar el estudio. Tal vez puedas optar por hacer este estudio tú sola o junto a un grupo de mujeres. Si lo haces en grupo, a continuación se encuentran algunas pautas:

1. Mantén el enfoque de tu estudio en Dios. Invítalo a ser el Alfa y Omega —el principio y el fin de tu tiempo— al comenzar y finalizar con una oración. De ser posible, incluye oportunidades para adorar durante el estudio.
2. Anima a que se converse de forma abierta y honesta. Haz que cada mujer prometa que lo que se comparte durante el estudio se quedará ahí mismo. Segundo, haz que cada mujer prometa no contar nada que pudiera avergonzar a alguna otra persona. Estas pautas van a animar la conversación auténtica en un ámbito seguro.
3. Lleva tres cosas al estudio cada semana: una copia de este libro, una Biblia y un diario personal, los cuales van a ser

## Estudio bíblico

necesarios para completar las tareas y participar durante los tiempos de debate.

4. ¡Hazlo tuyo! Memoriza un versículo de la Biblia semanalmente. Planifica decir el versículo memorizado en voz alta cada semana como grupo para que al final de la lección puedas recitar los nueve versículos.
5. Si eres la líder del estudio bíblico, vas a necesitar preparar por adelantado las lecciones 3 y 6. Para la lección 3, planifica de antemano tu «Actividad» a fin de que puedas alertar a las mujeres con relación al atuendo correcto. Para la lección 6, quizá puedas encargar suficientes pulseras «Quejas, váyanse» de modo que cada mujer que forme parte de tu estudio pueda tener una[1].
6. Muestra el vídeo de introducción que acompaña cada lección. En mi sitio en la Internet, www.lorrainepintus.com (en inglés), vas a encontrar vídeos de tres minutos de duración para cada lección. Te animo a que muestres el vídeo después de orar y *antes* de comenzar con el tiempo del grupo. ¡Sería un honor ser parte de tu estudio!

Este estudio no debería sustituir a una reunión con un profesional de la salud especializado si tienes serios problemas de salud, así como una cita con tu médico no debería sustituir el hacer este estudio. Que Dios te bendiga grandemente al reunirte en su presencia y aprender su Palabra.

En su amor,

*Lorraine Pintus*

## LECCIÓN UNO (Capítulos 1-2)

Mira el vídeo de la lección 1 en www.lorrainepintus.com (recurso en inglés)

1. Si eres parte de un grupo, dedica un tiempo para que se conozcan unas a otras. Prepárate para compartir al menos una razón por la que decidiste hacer este estudio.
2. Yo compartí mi confesión sobre un tiempo en que el SPM me volvía loca. En tu diario, escribe tu propia confesión o tan solo tus pensamientos más sinceros acerca de este cambio hormonal.
3. Observa la definición oficial del SPM de la página 31 y las definiciones dadas por las mujeres que respondieron mi encuesta.
   a. En mi definición de la página 32 añadí la palabra *espiritual*. ¿Estás de acuerdo o no con que el aumento y la disminución de las hormonas pueden afectarte espiritualmente? De ser así, ¿cómo se vería?
   b. ¿Hay algo que cambiarías o agregarías para hacer que la definición fuera más precisa? Escribe tu propia definición en tu diario personal.
4. Realiza la «Evaluación de los síntomas físicos» de la página 24. Anota tu puntaje y cualquier observación que quieras hacer en tu diario personal.
5. En el capítulo 2 respondí algunas preguntas comunes que tienen las mujeres acerca del SPM y la perimenopausia. ¿Acaso esta información te sorprendió? De ser así, ¿qué?
6. En *Dios, cambia mi corazón,* en la página 40, hice una oración en la que reconocía mi necesidad de que Dios me ayudara a tratar con los cambios hormonales. Escribe tu propia oración en cuanto al SPM en tu diario.
7. Termina este y cada uno de los estudios en oración y adoración, dándole gracias al único que te conoce y va a darte la fortaleza para buscar hacer elecciones sabias y saludables en tu vida.

*¡Hazlo tuyo! Memoriza:* «Preocupémonos los unos por los otros, a fin de estimularnos al amor y a las buenas obras. No dejemos de congregarnos, como acostumbran hacerlo algunos, sino animémonos unos a otros, y con mayor razón ahora que vemos que aquel día se acerca». —HEBREOS 10:24-25

Estudio bíblico

## LECCIÓN DOS (Capítulos 3-4)

Mira el vídeo de la lección 2 en www.lorrainepintus.com (recurso en inglés)

1. Lee 2 Pedro 1:3-9.
   a. ¿Qué nos da la naturaleza divina de Dios?
   b. ¿Cuáles son algunas de las grandes y preciosas promesas que Dios nos ofrece?
   c. ¿En la naturaleza de quién participamos?
   d. ¿Qué hacen los malos deseos?
   e. ¿Por qué deberíamos esforzarnos para edificar el carácter en nuestra vida? ¿En qué consideras que consiste este esfuerzo?

Con relación al estrógeno y la progesterona
2. En el principio, Dios le dijo al hombre (Adán) y a la mujer (Eva) que «sojuzgaran» y «señorearan» la tierra y todo lo que se movía en ella (Génesis 1:28, RVR-60).
   a. Escribe una definición de «sojuzgar» y «señorear». ¿Qué te ha dado Dios para sojuzgar y señorear? Haz una lista.
   b. Vuelve a leer la filosofía sobre los xenoestrógenos y luego escribe una propia. Puede tratarse de una específica y larga, o puede ser simple como la siguiente: «No sé mucho al respecto como para tener una filosofía, pero voy a investigar».
   c. ¿De qué manera tu filosofía sobre los xenoestrógenos podría afectar tu forma de «sojuzgar» y «señorear» lo que fuiste llamada a administrar? ¿Cómo afecta la forma en que sojuzgas tu cuerpo? ¿A tu familia? ¿A la tierra?
   d. Escribe dos cosas que puedas comenzar a hacer hoy mismo para reducir tu exposición y la de tu familia a los xenoestrógenos.

Con relación a tu cerebro
3. Vuelve a revisar todas mis ayudas prácticas para mantener tu cerebro saludable (páginas 62-73). Escribe dos cosas que te gustaría intentar hacer la próxima semana.
4. ¿Tu cerebro está preso en una rutina cuando se trata de ciertos asuntos? ¿Existe algo que analizas una y otra vez? Escribe estos asuntos en tu diario personal. Ahora «busca nieve sin estrenar» al elegir pensar sobre la situación de una manera nueva.

En una tarjeta, escribe lo que pensaste al respecto. Lee lo que has escrito en voz alta. Acabas de crear un nuevo sendero para que tus pensamientos «esquíen». Ahora léelo de nuevo. Y hazlo otra vez. Cada vez que lo lees haces que el sendero de pensamiento sea más pronunciado.
5. Lee Filipenses 4:8-9 (tu versículo para memorizar en esta lección).
   a. Escribe tu propia definición de lo que significa «pensar».
   b. ¿Sobre qué cosas permites que tu mente «piense»? ¿En qué cosas te niegas a permitir que piense?
   c. ¿Cómo lo vas a aplicar hoy?
6. Actividad de clase: Intenta hacer este juego de agilidad mental. Forma tres grupos. Toma la palabra *xenoestrógenos* y observa cuántas palabras puedes formar con esas letras en tres minutos.

*¡Hazlo tuyo! Memoriza:* «Por lo demás, hermanos, piensen en todo lo que es verdadero, en todo lo honesto, en todo lo justo, en todo lo puro, en todo lo amable, en todo lo que es digno de alabanza; si hay en ello alguna virtud, si hay algo que admirar, piensen en ello». —Filipenses 4:8 (RVC)

## LECCIÓN TRES (Capítulos 5-6)

Mira el vídeo de la lección 3 en www.lorrainepintus.com (recurso en inglés)

¡Esta es una reunión «original», así que piensa de forma creativa! El tiempo que dispones va a estar dividido en dos partes.

*Parte uno*: Completa las preguntas de estudio que se encuentran más adelante. Comparte lo que te ha ayudado a aliviar tus síntomas físicos en el pasado, así como también las nuevas acciones que intentas llevar a cabo.

*Parte dos*: Dedica veinte minutos a alguna forma de actividad física que hagan juntas. Caminen alrededor de la iglesia seis veces si el clima lo permite. Si no, suban y bajen las escaleras o caminen por el centro comercial. Disfruten de un paseo por el parque. Vayan a jugar bolos o a una pista de patinaje. (En mi estudio una mujer nos guiaba para hacer ejercicios de estiramiento y tonificación mientras escuchábamos música de adoración). Concluyan la reunión dándose el gusto de un saludable refrigerio, un tiempo de oración y viendo el vídeo de la lección 3 en www.lorrainepintus.com.

1. Escribe

Elije dos acciones que tienes la intención de hacer para ayudar a aliviar los síntomas físicos. Escoge alguno de mis once consejitos (capítulos 5 y 6) o registra tus propias ideas. Incluye lo que vas a necesitar para hacer que tus intenciones se hagan realidad. Por ejemplo: «Necesito más vitamina B-6 en mi dieta. Comprar una buena vitamina B en la farmacia».

2. Reflexiona
   a. Lee 1 Corintios 9:24-27. ¿Qué significa «golpear» tu cuerpo?
   b. Lee Santiago 1:23-25. ¿Por qué piensas que Santiago enfatiza la importancia de «hacer» lo que ha escuchado?
   c. La próxima vez que el SPM te haga sentir molesta e incómoda, ¿vas a ser una hacedora o simplemente una oidora? El cambio puede resultar incómodo, sin embargo, ¿qué lastima más: quedarte como te encuentras o moverte hacia nuevos hábitos que te ayuden a ser quien quieres ser? ¿Qué otra cosa puedes hacer para alentar el cambio de comportamiento en tu vida? ¿Cómo puedes apoyar a otros en su búsqueda de un cambio?

3. Comparte

Eclesiastés 4:9-10 describe el beneficio de tener un amigo que te apoye. Comparte tu plan de acción con el grupo y explica lo que esperas obtener de tus elecciones. Dale permiso a cada una para que sean las que te animen.

4. Confía

Completa los espacios en blanco:
«Separados de mí no pueden ustedes
_____». (Jesús hablando en Juan 15:5b).
«_____ lo puedo en Cristo que me fortalece». (Pablo hablando en Filipenses 4:13).

¿Cómo sigues estos principios en la vida real en medio de las interminables actividades y las prolongadas listas de «cosas por hacer»?

*¡Hazlo tuyo! Memoriza:* «Encomienda al Señor tu camino; confía en él, y él actuará». —Salmo 37:5

## LECCIÓN CUATRO (Capítulos 7-8)

Mira el vídeo de la lección 4 en www.lorrainepintus.com (recurso en inglés)

Haz la «Evaluación de los síntomas mentales/anímicos» de la página 98 y escribe tu puntaje aquí: _____.

1. Durante los próximos cinco días, elije varios versículos para cada día del Salmo 139 e interactúa con ellos de dos maneras: (a) escribe pensamientos sinceros en tu diario y (b) ora con las Escrituras a Dios. Por ejemplo:
   *Señor, tú me examinas, tú me conoces* (versículo 1).
   Anotación en el diario del día lunes: Dios, tu examinas mi corazón. ¡Ese pensamiento me da un poquito de temor! Conoces todo sobre mí, aun las cosas secretas, y Dios, tengo que decir que algunos de mis pensamientos secretos son bastante feos.
   Oración del lunes: *Señor, gracias porque me conoces muy bien y a través del amor de Cristo me aceptas como soy.*
2. Tiempo de grupo: Comienza adorando a Dios de forma colectiva por la asombrosa manera en que entretejió tu cuerpo.
3. Comparte alguna revelación que hayas tenido sobre Dios o acerca de ti misma en base a tu interacción con el Salmo 139.

Actitudes sobre las diferencias masculinas/femeninas

4. Lee Génesis 2:15-25. Observa si puedes encontrar al menos tres diferencias en la manera y las condiciones en que Dios creó al hombre a diferencia de la mujer.
5. ¡Los hombres y las mujeres son diferentes! Enumera varias diferencias que necesitas aceptar en tu esposo o un amigo cercano. Enumera varias diferencias que te gustaría que él aceptara de ti.

Actitudes acerca del SPM

6. Culpar al SPM por el mal comportamiento. ¿Utilizas el SPM como una excusa para el mal comportamiento? ¿Puedes recor-

Estudio bíblico

dar alguna situación en la que otras personas lo hayan hecho? ¿Cómo piensas que Dios ve estas prácticas? ¿Por qué?
7. El túnel hormonal del tiempo. ¿Lo has experimentado? Nombra un ejemplo. Ahora que entiendes el concepto, ¿cómo va a cambiar esto tu comportamiento en el futuro?
8. Señales de alerta. Escribe una lista breve y clara de las señales de alerta que recibes antes de tu período. Colócala en un lugar en el que puedas encontrarla la próxima vez que suene la «alarma». Escribe tres beneficios que esperas experimentar como resultado del registro de tu ciclo (véase el cuadro de la página 259).

Actitudes acerca de tu menstruación
9. ¿Quién te contó por primera vez acerca de la menstruación? ¿Te la presentaron de una forma positiva o negativa? Registra varios recuerdos (positivos o negativos) en tu diario personal.
10. Enumera cinco palabras o frases que describen tu actitud actual acerca de tu ciclo mensual. ¡Sé sincera!
11. ¿Qué instrucciones se dan en Tito 2:3-4? Escribe un párrafo que describa cómo esperas que la próxima generación femenina se vea a sí misma como mujeres.
12. En tu diario personal, registra cualquier pensamiento que hayas tenido sobre (a) negarte a escuchar los mensajes de tu cuerpo y (b) tener problemas de control con la comida. Si gustas, compártelo con tu grupo.

*¡Hazlo tuyo! Memoriza:* «¡Te alabo porque soy una creación admirable! ¡Tus obras son maravillosas y esto lo sé muy bien!». —SALMO 139:14

## LECCIÓN CINCO (Capítulos 9-10)

Mira el vídeo de la lección 5 en www.lorrainepintus.com (recurso en inglés)

Actitudes acerca de tu cuerpo y tu dieta
1. ¿Qué dice 1 Corintios 6:19-20 acerca de tu cuerpo? ¿Puedes honrar algo si lo ignoras? ¿Cómo se ve el hecho de honrar tu cuerpo?

2. El templo del Antiguo Testamento era exquisito, artístico, impresionante, magnificente, imponente e inolvidable. Era un lugar de adoración; un lugar para encontrarse con Dios. Debido a que tú eres el templo del Espíritu Santo, ¿cómo puedes demostrar estas cualidades?
3. Escríbele una oración personalizada a Dios sobre tu cuerpo basada en Romanos 12:1.
4. Lee el Salmo 32:3-5. ¿Qué le sucedió a David cuando se mantuvo en silencio? ¿Qué hizo que su cuerpo fuera sanado? Lee 1 Juan 1:9 y Santiago 5:16. ¿Qué promete Dios en estos versículos?
5. Lee Gálatas 5:16-18. ¿De qué manera estas instrucciones pueden ayudarte a tratar con la rebelde en cuanto a la comida que reside en ti? ¿De qué manera este consejo puede ayudarte la próxima vez que tengas tu SPM?
6. Lee Génesis 25:24-34. En el Antiguo Testamento, la «primogenitura» era la herencia de mayor valor que un padre le daba a su hijo. ¿Por qué Esaú vendió su primogenitura? ¿Crees que tenía alguna otra opción? ¿Qué dicen sus acciones acerca de sus valores? Nombra al menos tres consecuencias que experimentó Esaú al comer la comida que tan desesperadamente exigió.
7. Si no tienes una filosofía acerca de la comida, es tiempo de hacer una por escrito. Escribe al menos dos principios que van a regir lo que comes y lo que bebes. Féchala y fírmala con tu nombre. Regresa a esta página y revísala al ir avanzando en este estudio.

Actitudes acerca del estrés
Se necesita una cierta cantidad de estrés para el crecimiento. En realidad, los viticultores a menudo estresan intencionalmente la viña para que las raíces se arraiguen en el suelo con más profundidad. Aquí principalmente vemos la manera en que confiar en Dios y encontrar descanso en él puede reducir el estrés.
8. Lee Juan 14:1. ¿Qué da a entender este versículo acerca de nuestra capacidad para elegir sentirnos o no ansiosas por algo? ¿Cuál es la respuesta para un corazón atribulado?
9. En Filipenses 4:11-13, Pablo dice que ha aprendido un secreto. ¿Cuál es?

### Estudio bíblico

10. Lee Mateo 14:1-33. Además de la crucifixión, tal vez este haya sido el día más estresante de Jesús. ¿De qué manera manejó Jesús el estrés? (Mateo 14:13,19, 23). ¿De qué manera la vida de Jesús te moldea?
11. Algunos estudios científicos recientes confirman que la oración y la meditación reducen el estrés y mejoran la salud. Pablo lo sabía hace miles de años. Lee Filipenses 4:6-7.
12. ¿Te resistes a quedar detenida? ¡Ay! Quiero decir, a detenerte y descansar. Después de todo, una siesta no es un delito. El Salmo 62:1 dice: «Sólo en Dios halla descanso mi alma». Dios vuelve a hacer esta invitación en Jeremías 6:16, ¿cómo respondió el pueblo?

    Circula tu respuesta aquí:
    
    | | | |
    |---|---|---|
    | Me permito descansar. | Sí | No |
    | Dios me permite descansar. | Sí | No |

*¡Hazlo tuyo! Memoriza:* «Depositen en él toda ansiedad, porque él cuida de ustedes». —1 Pedro 5:7

## LECCIÓN SEIS (Capítulo 11)

Mira el vídeo de la lección 6 en www.lorrainepintus.com (recurso en inglés)

Muchas mujeres me cuentan que lo peor de su cambio hormonal es que de repente desarrollan una boca fuera de control. El ciclo es el siguiente: Las emociones se agitan, la ansiedad se agudiza y la tensión interior se intensifica. Para deshacernos de los sentimientos tóxicos, los lanzamos verbalmente hacia otras personas. Nos sentimos mejor de forma momentánea, sin embargo, ¿qué sucede con nuestras víctimas? Se sienten terriblemente. Y entonces nosotras también nos sentimos muy mal por hacerlos sentir así, y el ciclo se repite una y otra vez. ¡Esto debe cesar! Recuerda que tienes los «guardias de la boca» del Salmo 141:3 (Boris y Brutus). ¡Llámalos!

Eclesiastés 3:7 dice hay un tiempo para callar y un tiempo para hablar. Vamos a mirar estos dos tiempos.

A. Un tiempo para callar

1. ¿Cuándo deberías cerrar la boca? Haz una lista de las consecuencias que pueden surgir de las quejas, las críticas, las palabras duras, las mentiras o el hablar descuidado o excesivo (Proverbios 10:19; 13:3; 15:1-2, 4-5; 18:21; 25:9-10; Eclesiastés 6:11; 2 Timoteo 2:16).
2. De acuerdo con Proverbios 17:28, incluso hasta a un necio se le cree sabio si _____. Y se le considera prudente si _____.
3. Efesios 4:29-30 da a entender que nuestras palabras inoportunas y poco saludables agravian al Espíritu Santo. Cuando estoy a punto de decir algo que entristece al Espíritu Santo, recibo un pequeño «vuelco» en mi corazón, una advertencia. ¿Acaso esto te sucede a ti? ¿Cómo detienes o cambias tus palabras en medio de la corriente? O, si ya has agraviado al Espíritu Santo, ¿qué deberías hacer? Debátanlo como grupo.
4. Jesús fue acusado y condenado por los principales sacerdotes y los ancianos (Mateo 27:12-14). ¿Cómo respondió a sus acusaciones? ¿De qué manera su ejemplo, y su Espíritu, pueden ayudarte la próxima vez que experimentes el SPM? ¿Puedes pensar en alguna forma saludable de deshacerte del revuelo emocional dentro de ti que no implique abrir la boca?

*Lleva a cabo el desafío de las pulseras «Quejas, váyanse»*: Te desafío a pasar una semana sin proferir ni una sola queja ni crítica. Adquiere una pulsera en mi sitio de la Internet y colócatela en la muñeca derecha. Este es el día uno. Si te quejas, cambia la pulsera a tu muñeca izquierda y comienza la cuenta regresiva de nuevo. Diles a otros lo que estás haciendo y por qué (esto te hará ser responsable y provocará que las demás personas piensen en sus palabras). ¡Cuando estés libre de quejas durante una semana, entrégale la pulsera a alguna otra persona que crees que podría beneficiarse al aceptar el desafío!

    B. Un tiempo para hablar
5. Lee Proverbios 15:23; 16:23-24. ¿Qué cosas pueden darnos gozo? ¿Qué da como resultado una mujer con un corazón sabio? ¿Qué pueden hacer las palabras amables?

6. Escribe sobre algún momento en que alguien te dijo una «palabra dicha a tiempo» y compártela durante tu estudio para animar a otras personas. ¿Cómo describe Proverbios 11:25 una palabra acertada, dicha a tiempo?
7. ¿Qué dice Efesios 4:29 que nunca deberías hacer? ¿Qué dice qué deberías hacer siempre?
8. Según Mateo 12:37, nuestras palabras provocarán que experimentemos dos cosas el día del juicio. ¿Cuáles son?

*Interacción*: Observa a la mujer que se encuentra a tu derecha. Pídele a Dios que te indique una palabra positiva y alentadora que la describa. Anótala en un trozo de papel. Luego recorran la habitación, compartan las palabras que escribieron y entréguense los papeles cada una como regalo. Esto sigue las instrucciones de Efesios 4:29, que dice que debemos utilizar nuestras palabras para edificarnos unos a otros de acuerdo a las necesidades de cada uno y beneficiar a aquellos que las escuchan.

¡*Hazlo tuyo!* *Memoriza:* «Porque por tus palabras se te absolverá, y por tus palabras se te condenará». —MATEO 12:37

## LECCIÓN SIETE (Capítulos 12-13)

Mira el vídeo de la lección 7 en www.lorrainepintus.com (recurso en inglés)

Haz la «Evaluación de síntomas espirituales» de la página 176. Escribe tu puntaje aquí: _____.

**Mentira #1: El SPM no es una batalla *espiritual*.**
1. Lee Efesios 6:12. ¿Contra qué cosas debemos pelear? ¿Contra qué cosas no debemos pelear? ¿De qué manera el hecho de saber esto puede ayudarte en tus batallas actuales o la próxima vez que te encuentres en conflicto con alguien?
2. Lee *¿Quién es el enemigo?* (página 188). Elige tres atributos de la lista y escribe un párrafo sobre cada uno que describa un momento de tu vida o la vida de algún personaje bíblico en el que se manifieste este rasgo del carácter.

**Mentira #2:** *No soy digna.*

3. En 2 Corintios 2:11 se nos advierte que no permitamos que Satanás se aproveche de nosotros. Luego el texto dice: «Pues no ignoramos sus artimañas». ¿Cuáles son las artimañas de Satanás relacionadas contigo? ¿Acaso piensas que tiene alguna?
4. Lee Mateo 16:23. ¿Por qué piensas que Jesús se refirió a Pedro como Satanás? ¿Crees que es posible que el espíritu de Satanás hable a través de las personas que son creyentes? Respalda tu opinión con ejemplos personales y de las Escrituras.

**Mentira #3:** *Dios me odia.*

5. Lee Génesis 3:1-7.
    a. ¿Qué insinuaba Satanás sobre Dios en su pregunta? (3:1)
    b. ¿Qué mentira le dijo Satanás a Eva? (3:4)
    c. ¿Qué señuelo le ofreció a Eva? (3:5)
    d. ¿Por qué esto la atrajo?

**Verdad #1: Puedo ganar la batalla del SPM.**

6. ¿Por qué piensas que Dios decretó que Eva tuviera un ciclo mensual? ¿Crees que su período tuvo lugar antes de su acto de desobediencia o después? Ofrece razones para respaldar tu teoría. (¡Disfruten de un alegre debate debido a que las Escrituras no brindan respuestas claras!).
7. Lee Hebreos 9-10 y responde las siguientes preguntas.
    a. Dios nos dio un Antiguo Pacto y un Nuevo Pacto. ¿Cuál fue el «sello» de ambos (9:18)?
    b. Enumera al menos cuatro beneficios que recibes de la sangre de Cristo.
    c. ¿Cómo debemos tratar la sangre de Cristo? (10:29).
    d. Escribe un párrafo agradeciéndole a Jesús por derramar su sangre por ti.

**Verdad #2: «Soy increíblemente valiosa».**

8. Elije una de las declaraciones *¿Quién soy?* (página 204) como tu enfoque para esta semana. En tu diario personal escribe todos los atributos, las características y las implicaciones de esta declaración. Memoriza dos versículos que la respalden. Escríbelos en tarjetas y pégalos en lugares que observes con frecuencia (el auto, la heladera, etc.).

Estudio bíblico

**Verdad #3: «Dios ama a las mujeres hormonales».**

9. Busca dos versículos en la Biblia que declaren que Dios te ama. Escríbele una oración a Dios, agradeciéndole por su amor y pidiéndole que te haga más consciente de las maneras en que expresa su gloria.

*¡Hazlo tuyo! Memoriza:* «Así que no nos fijamos en lo visible sino en lo invisible, ya que lo que se ve es pasajero, mientras que lo que no se ve es eterno». —2 Corintios 4:18

## LECCIÓN OCHO (Capítulos 14-15)

Mira el vídeo de la lección 8 en www.lorrainepintus.com (recurso en inglés)

1. De las diez disciplinas que sugerí, registra en tu diario personal las dos más importantes que deseas practicar con más frecuencia. Agrega tus ideas sobre la manera de hacer esta disciplina más activa en tu vida. (Por ejemplo: Quiero crecer en la disciplina de la adoración. Plan: Esta semana voy a comprar dos CDs nuevos de adoración y a dedicar un mínimo de una hora de «tiempo a solas» con Dios en adoración).
2. Considera la disciplina de la limpieza.
    a. ¿Con qué frecuencia lavas tu cuerpo físico? ¿Crees que necesitas lavar frecuentemente tu espíritu? ¿Cómo lo haces? ¿Con qué frecuencia? ¿Por qué es necesario?
    b. ¿Existe una conexión entre el hecho de practicar esta disciplina y experimentar la presencia de Dios? ¿Puedes ofrecer versículos de las Escrituras que respalden tu opinión?
3. Completa los espacios en blanco basándote en Proverbios 25:28: «Como ciudad _____ es quien no _____». Escribe un párrafo personalizando este versículo y describe la manera en que puedes aplicarlo cuando llega el SPM.
4. Como grupo, hablen acerca de la disciplina de la gracia. ¿Cómo se ve el hecho de concederte gracia a ti misma? ¿Y a otros?
5. Completa los espacios en blanco según el Salmo 103:2: «Alaba, alma mía, al Señor, y _____
_____.

Escribe los dos beneficios del SPM que más te animaron de este capítulo. ¿Experimentas acaso algún beneficio del SPM que no se mencionó? _____.

6. Deuteronomio 4:9 dice: «¡Pero tengan cuidado! Presten atención y no olviden las cosas que han visto sus ojos, ni las aparten de su corazón mientras vivan».
   a. Escribe tres cosas que puedes hacer para evitar que los beneficios del SPM se escapen de tu mente. _____
   _____.

   b. Escríbele una oración breve a Dios pidiéndole que selle esta nueva perspectiva de forma profunda en tu espíritu. _____
   _____.

7. Para que Dios otorgue un beneficio a partir de una situación dolorosa se necesita *fe*. Completa los espacios en blanco en base a Efesios 3:16-17: «Le pido que, por medio del Espíritu y con el _____ que procede de sus gloriosas riquezas, los _____ a ustedes en lo íntimo de su ser, para que por _____ Cristo habite en sus corazones».

8. ¿Qué pregunta se formula en Lucas 18:8? ¿Por qué piensas que Jesús va a estar buscando esto?

9. Escribe Hebreos 11:1 y 11:6 en tu diario personal y responde las siguientes preguntas:
   a. Con tus propias palabras, ¿cómo describirías la fe?
   b. ¿Por qué la fe es importante para ti?
   c. ¿Por qué la fe es importante para Dios?
   d. ¿Cuál es el vínculo entre la fe (creer) y las acciones (hacer)? Observa Santiago 2:14-22.
   e. ¿Qué rol juega la fe en la tierra y cómo crees que este rol pueda cambiar en el cielo? (Aquí no existen respuestas correctas ni incorrectas. Solo he hecho la pregunta para hacerte pensar. Tal vez quieras considerar 1 Corintios 13:9-12 a la hora de dar la respuesta).

10. En fe, escríbele una oración a Dios agradeciéndole por tu SPM.

*¡Hazlo tuyo! Memoriza:* «Bendeciré al S̃eñor en todo tiempo; mis labios siempre lo alabarán. Mi alma se gloría en el S̃eñor; lo oirán los humildes y se alegrarán». —Salmo 34:1-2

## LECCIÓN NUEVE (Capítulos 16 – «El fin comienzo»)

Mira el vídeo de la lección 9 en www.lorrainepintus.com (recurso en inglés)

1. Compartí tres acciones que me ayudaron a descubrir la fortaleza de Dios durante la debilidad de mi SPM: danzar, arrodillarme y levantarme. ¿Cuáles de estas estrategias te parece mejor? Cuenta sobre algún momento en que hayas puesto en práctica alguna de estas estrategias y explica lo que aprendiste sobre ti misma y Dios.
2. Cuando era chica me dijeron: «No te quedes parada ahí, haz algo». Siendo una adulta que enfrenta la guerra espiritual, descubrí que estar parada ahí *es* hacer algo. Como escribió un autor: «Permanecer de pie, a pesar de la guerra; permanecer de pie, a pesar de la resistencia; permanecer de pie, a pesar de los problemas; permanecer de pie, a pesar del desánimo; permanecer de pie, a pesar de las tentaciones; permanecer de pie, a pesar del fracaso personal y del colapso; permanecer de pie, a pesar del dolor; permanecer de pie, a pesar de la soledad […] tan solo permanecer de pie»[2].

    a. ¿Ves el «permanecer de pie» como una disciplina activa o pasiva? Explica.

    b. Escribe tres cosas contra las que luchas.

    c. Escribe tres cosas que apoyas.

    d. Escribe un párrafo (o haz un dibujo) en el que expreses un sentimiento áspero y brusco hacia Satanás. Dile que estás harta de sus mentiras y cansada de sus engaños, que ya has tenido suficiente de sus burlas y que te niegas a seguir aceptándolas.

    e. Escribe un párrafo (o haz un dibujo) en el que expreses un sentimiento de exuberante alabanza hacia Dios. Agradécele por lo que hace y quién es.

3. La imagen de un aguijón representa una situación o una persona que provoca irritación o dolor de forma continua. ¿Cuáles son tus tres aguijones o espinas más importantes? (No tienen que relacionarse con el SPM).
4. Pablo se describe a sí mismo como débil y hace referencia a que su espina contribuyó a su debilidad. En nuestra cultura, a menudo vemos la debilidad como algo malo. De acuerdo con 2 Corintios 12:9, ¿qué podríamos perder si no experimentamos la debilidad? ¿Cuál es el equilibrio entre aceptar tu espina y hacer algo para eliminarla de forma activa? ¿Cómo sabes si Dios te está diciendo: «Sé sabia; cambia tu situación» o «He permitido esto con un propósito, confía en mí y en mi fortaleza sobrenatural mientras lo soportas»?
5. ¿Contra qué nos advierte la Biblia en Habacuc 1:11? Los versículos del Salmo 118:8-9 son los centrales de la Biblia; el «gozne» en el que se conectan todos los demás versos. ¿Qué principio se describe ahí?
6. Lee 2 Corintios 11:23-28. Enumera las cosas que hicieron que Pablo sufriera. Según Filipenses 3:7-8, 10-11, ¿cómo vio Pablo su sufrimiento? ¿Cuál es la perspectiva del sufrimiento en Romanos 8:17-18?
7. En Santiago 1:1-4, ¿por qué nos dice Santiago que seamos dichosos en las pruebas? ¿Cuál es nuestro objetivo principal como seguidoras de Cristo? ¿Qué rasgo del carácter nos ayuda a alcanzar ese objetivo?
8. En 2 Corintios 4:8-9, Pablo presenta dos listas opuestas: (1) las cosas que soy y (2) las cosas que no soy. Haz tres columnas en tu diario. Márcalas (1) «Cosas que soy durante el SPM», (2) «Cosas que no soy durante el SPM» y (3) «Cosas que elijo ser durante el SPM porque Cristo vive en mí». Registra las palabras apropiadas en cada columna. ¿Cómo tus listas le dan forma a tu perspectiva?
9. Esta semana, toma un pensamiento de la carta de amor de Dios para ti de la página 254 y regístralo en tu diario. Reflexiona en el pensamiento a lo largo del día. Prepárate para compartir con tu grupo los siete pensamientos que elegiste y explicar cómo cambiaste al reflexionar en ellos.

10. Escríbele una carta a tu Padre celestial que describa qué amas acerca de él y por qué.

*¡Hazlo tuyo! Memoriza:* «Hace mucho tiempo se me apareció el Señor y me dijo: "Con amor eterno te he amado; por eso te sigo con fidelidad"». —Jeremías 31:3

## LECCIÓN DIEZ

¡Un tiempo de celebración!
Mira el vídeo de la lección 10 en www.lorrainepintus.com (recurso en inglés)

Durante diez semanas has estudiado la Palabra de Dios y considerado los aspectos físicos, mentales y espirituales del SPM. Tu reunión final va a ser un tiempo de celebración en el que cada persona tendrá diez minutos para compartir algo con el grupo. Ten presente realizar este evento en la casa de alguien y dedicarle un poco de tiempo extra.

Antes de la reunión del grupo:
1. Repasa tu diario y este libro. Escribe varios párrafos que expresen lo que has aprendido *sobre Dios* en este estudio.
2. Escribe varios párrafos que expresen lo que has aprendido *sobre ti* durante las últimas semanas.
3. Expresión creativa: Tendrás diez minutos durante la reunión para compartir una expresión de quién eres que bendiga a Dios y/o las mujeres en el estudio.

   Piensa en tus deseos y talentos. ¿Escribes? ¿Pintas? ¿Cocinas? ¿Eres una persona que por naturaleza brinda aliento? ¿Cantas? ¿Tocas un instrumento? ¿Eres generosa? ¿Te gusta la jardinería? ¿Sabes algo que puede bendecir a otros? Ora y pídele a Dios que te muestre cómo te va a usar durante este tiempo y prepárate en consecuencia. No tiene por qué ser complicado, tan solo una simple expresión que diga algo sobre ti y que honre a Dios y aliente a las demás (ten en cuenta las ideas que se muestran a continuación).

En la reunión del grupo:

Durante diez minutos, comparte lo que has planeado. A continuación se enumeran algunas expresiones creativas que quizá quieras tener en cuenta:

- Lee una carta de amor que le hayas escrito a Dios.
- Entrégale una nota a cada mujer resaltando un rasgo del carácter positivo que le hayas visto demostrar durante el estudio. Lee tus palabras frente al grupo como una manera de afirmarlas.
- Canta una canción graciosa que hayas compuesto sobre el SPM.
- Lee un poema que hayas escrito que exprese tu gratitud a Cristo por derramar su sangre por ti.
- Entrégale a cada mujer un «Estuche de supervivencia para el SPM» con una tableta de chocolate (ochenta por ciento de cacao) y un versículo de las Escrituras a fin de ayudarla durante su próximo ataque del SPM.
- Lee algo que hayas escrito en tu diario personal que anime a otras.
- Cita un versículo de la Biblia que haya sido significativo para ti.
- Pinta un cuadro que ilustre la guerra espiritual que las mujeres pelean durante el SPM.

Por último, agradécele a tu líder del estudio bíblico. Como dice Gálatas 6:6: «El que recibe instrucción en la palabra de Dios, comparta todo lo bueno con quien le enseña». Si quieres llevar este versículo un paso más adelante, envía algunas de las cosas creativas que hayas escrito a mi sitio en la Internet y comparte uno o dos comentarios conmigo. Me encantaría escuchar acerca de cómo Dios te ha bendecido a ti y tu grupo (www.lorrainepintus.com).

Vamos a alentarnos una a la otra, ¿te parece?

# NOTAS

## Capítulo 1: Diario de una mujer con las hormonas enloquecidas
1. Algunas personas quizá digan que me he beneficiado de ver a un consejero o recibir medicación para la depresión. Nunca ha sido mi intención negar otras formas de ayuda, solo enfatizar que durante demasiado tiempo hemos descuidado el hecho de mirar las implicaciones espirituales del SPM, lo cual constituye el enfoque de este libro.
2. Marcelle Pick, OB/GYN NP, *Woman to Woman, Hormone Replacement Therapy*, http://www.womentowomen.com/bioidentical-hrt/bioidenticalhormones.aspx.

## Capítulo 2: SPM y perimenopausia: El qué, cuándo y por qué
1. Los estudios demuestran una fuerte correlación entre los síntomas del SPM y el perfeccionismo.
2. Dagmara Scalise, *The Everything Health Guide to PMS*, Adams Media, Avon, Mass., 2007, p. 7.
3. Información general sobre el Colegio Estadounidense de Obstetricia y Ginecología, www.acog.org.
4. Christiane Northrup, M.D., *Women's Bodies, Women's Wisdom: Creating Physical and Emotional Health and Healing*, Bantam Books, Nueva York, 1999, p. 500.
5. Jerusha Clark, *Living Beyond Postpartum Depression: Help and Hope for the Hurting Mom and Those Around Her*, NavPress, Colorado Springs, 2010, p. 48.
6. Scalise, *The Everything Health Guide to PMS*, p. 32. Como declara 2 Corintios 3:5: «No es que nos consideremos competentes en nosotros mismos. Nuestra capacidad viene de Dios».
7. Kathryn R. Simpson, MS, Dale E. Bredesen, M.D., *The Peri-menopause & Menopause Workbook: A Comprehensive, Personalized Guide to Hormone Health for Women*, New Harbinger Publications, Oakland, Calif., 2006, p. 11.
8. T. Hertoghe, *The Hormone Handbook*, International Medical Books, Windhof, 2006.
9. Jonathan S. Berek, *Novak's Gynecology*, Lippincott Williams & Wilkins, Philadelphia, 2002, p. 163.
10. Simpson y Bredesen, *Perimenopause & Menopause Workbook*, p. 16.
11. Simpson y Bredesen, *Perimenopause & Menopause Workbook*, p. 16.
12. Joseph Collins, N.D., *Discover Your Menopause Type*, Three Rivers Press, Nueva York, 2000, p. 55.
13. The North American Menopause Society, «Confirming Menopause», www.menopause.org/MF200901two_menopausestatus.
14. Entrevista personal con Roy Stringfellow, M.D., 11 de agosto de 2010.
15. Ibid.

## Capítulo 3: El drama mensual: En la montaña rusa de las hormonas

1. El material dramatizado fue tomado de hechos reales del sitio en la Internet del Dr. Daniel Amen y del material que aparece en su excelente libro *Sex on the Brain: 12 Lessons to Enhance Your Love Life*, Harmony Books, Nueva York, 2007.
2. Deborah Sichel, M.D. y Jeanne Watson Driscoll, *Women's Moods: What Every Woman Must Know About Hormones, The Brain, and Emotional Health*, Harper Collins, Nueva York, 2000, p. 19.
3. Louann Brizendme, M.D., *The Female Brain*, Morgan Road Books, Nueva York, 2006, p. 3.
4. Dagmara Scalise, *The Everything Health Guide to PMS*, Adams Media, Avon, Mass., 2007, p. 13.
5. La regularidad del período está determinada por una compleja interacción del cerebro, los ovarios y el útero. Un ciclo promedio dura veintiocho días, pero para algunas mujeres son normales los ciclos más cortos o más largos. La duración de un ciclo también puede cambiar con las estaciones, la dieta, los viajes, el estrés y la edad.
6. La mayoría de las mujeres se mantienen aparentemente tan ocupadas que no escuchan los susurros del alma, y por lo tanto ignoran el ritmo más profundo de pérdida y vida que experimentan cada mes.
7. Los cristianos que observan los hechos científicos en conjunto con la Palabra de Dios por lo general entienden que la vida comienza en la concepción, en la unión del esperma y el óvulo. Algunas organizaciones sostienen creencias diferentes. Por ejemplo, el Colegio Estadounidense de Obstetricia y Ginecología (ACOG, por sus siglas en inglés) cree que la vida no comienza hasta que el óvulo fertilizado se implanta en la placenta.
8. Christine Miles, KOIN 6 News, «Puberty Hitting Girls at Younger Age», miércoles 30 de enero de 2002, http://www.freerepublic.com/focus/fr/618790/posts.
9. Philip Shabecoff y Alice Shabecoff, *Poisoned Profits: The Toxic Assault on Our Children*, Random House, Nueva York, 2008, p. 41.
10. Para hacer referencia a diversos estudios que citan las crecientes preocupaciones acerca de los problemas de salud relacionados con el BPA, véase «Concerns Over Bisphenol A Continue to Grow: New Studies of Plastics Chemical Measure Effects, Exposures», *Science News*, Janet Raloff, julio de 2009. Al menos seis senadores estadounidenses pidieron la prohibición federal del BPA, y la creciente preocupación pública está promoviendo la legislación y una investigación más exhaustiva.
11. Para saber qué productos y marcas constituyen un riesgo, chequea en www.cosmeticsdatabase de Skin Deep (sostenido por el Environmental Working Group) que enumera los ingredientes de casi veinticinco mil productos con la información de toxicidad.
12. Instituto Nacional del Cáncer, SEER: Surveillance Epidemiology and End Results, SEER Stat Fact Sheets: Breast, Lifetime risk, http://seer.cancer.gov/statfacts/html/breast.html

13. Kristine Klitzke, R.N., *Hormone Balance: A Matter of Life and Health*, Sound Concepts Inc., Orem, Utah, 2007, p. 81.
14. Ibid, p. 81.
15. Laura Engleman, ed., *Hot Flash! HRT Simplified*, College Pharmacy, Colorado Springs, 2003, p. 28.
16. Kathryn R. Simpson, Dale E. Bredesen, M.D., *The Perimenopause & Menopause Workbook*, New Harbinger Publications, Oakland, Calif., 2006, p. 23.
17. Nena Baker, *The Body Toxic*, North Point Press, Nueva York, 2008, p. 36.
18. Kelly Dinardo y Rebecca Webber, «Why are so Few Chemicals Tested», Intelligence Report, Parade, 23 de mayo de 2010, p. 24.
19. Recomiendo hormonas bioidénticas de origen vegetal, que son molecularmente similares a las propias hormonas del cuerpo a diferencia de las hormonas sintéticas. Sin embargo, algunos prestadores de servicios de salud creen que las bioidénticas son sospechosas debido a la insuficiente información y a los estándares del gobierno.

## Capítulo 4: Tu cerebro y las hormonas: Medio cerebro es algo terrible para desperdiciarlo

1. Louann Brizendme, M.D., *The Female Brain*, Morgan Road Books, Nueva York, 2006, p. 48.
2. Daniel G. Amen, M.D., *Magnificent Mind at Any Age*, Three Rivers Press, Nueva York, 2009.
3. Brain Basics, Know Your Brain, Jumpstart—Life Science, Sciencemaster.com.
4. Daniel G. Amen, M.D., *Making a Good Brain Great*, Harmony Books, Nueva York, 2005, p. 20.
5. John J. Ratey, M.D., *Spark: The Revolutionary New Science of Exercise and the Brain*, Little Brown and Company, Nueva York, 2008, p. 5.
6. «Remodeling the Brain... Rehab Therapy Causes Increase in Gray Matter», The University of Alabama at Birmingham, Newswise, www.newswise.com.
7. Definición de neuroplasticidad, MedicineNet.com, 6 de noviembre 2004, http://www.medterms.com/script/main/art.asp?articlekey=40362.
8. Amen, *Making a Good Brain*, p. 113.
9. D. Barbato, O. Kinouchi, «Optimal Pruning in Neural Networks», *Physical Review E*, Vol. 62, issue 6, 2000, pp. 8387-8394, http://pre.aps.org/abstract/Pre/v62/i6/p8387_1.
10. «The Ultimate Brain Igniter, imusic», www.vth.biz/driver/music.
11. La idea de tocar el piano y cómo dispara las neuronas está tomada de Amen, *Making a Good Brain*, p. 115.
12. «7 Easy Ways to Get your Brain Back Into Shape in '08», Brain Ready: Getting Your Aging Brain Back Into Shape Naturally, www.brainready.com.
13. Kate Melville, «Naps Vital for Efficient Brain Function», 4 de julio de 2002, www.scienceagogo.com/news/20020603215435data_trunc_sys.shtml.
14. «The Laughing Brain», Science Netlinks, http://www.sciencenetlinks.com/lessons.php?docId=381

15. Amen, *Making a Good Brain*, p. 117.
16. David Biello, «Searching for God in the Brain: Science», *Scientific American*, www.sciam.com/article.

## Capítulo 5: Las diez cosas más elegidas para el alivio físico

1. Elizabeth Scott, M.S., «Sleep Benefits: Power Napping for Increased Productivity, Stress Relief and Health», About.com: Stress Management, http://stress.about.com/od/lowstresslifestyle/a/powernap.htm.
2. Ibid.
3. Christiane Northrup, M.D., *Women's Bodies, Women's Wisdom: Creating Physical and Emotional Health and Healing*, Bantam Books, Nueva York, 1999, p. 111.
4. Chosun Iibo, «Why Sleep Is the Best Skin Treatment», englishnews@chosun.com/mayo 08, 2010.
5. Doug Podolsky, «Charting Premenstrual Woes», *U.S. News and World Report*, 15 de abril de 1991, p. 69.
6. Cita del Dr. Carrie Ruxton, Kings College London, «Tea "Healthier" Drink than Water», BBC news, http://news.bbc.co.uk/2/hi/health/5281046.stm, jueves 24 de agosto de 2006.
7. Mary Jane Minkin, M.D., «News This Month: Association Issues PMS Guidelines», 15 de agosto de 2001, Yale New Haven Hospital, como se cita en el sitio en la Internet de HealthLink Women's Website, http://www.ynhh.org/healthlink/womens/womens_8_01.html.
8. «Calcium for PMS», *Reader's Digest*, junio de 1992, p. 102 (2).
9. Ibid.
10. Diana Taylor, R.N., Ph.D. y Stacey Colino, *Taking Back the Month*, Berkley Publishing Group, Nueva York, 2002, p. 63.
11. Dagmara Scalise, *The Everything Health Guide to PMS*, Adams Media, Avon, Conn., 2007, p. 206.
12. PMS Relief, Foods to Avoid During PMS, http://www.pmsrelief.net/foods-toavoid.html.
13. http://articles.mercola.com/sites/articles/archive/2004/02/11/vitamin-d-types.aspx.
14. «Group Wants Children to Double Vitamin D Intake», Colorado Springs *Gazette*, 13 de octubre de 2008, A15. Véase también, Office of Dietary Supplements, National Institute of Health, «Dietary Supplement Fact Sheet: Vitamin D», http://ods.od.nih.gov/factsheets/vitamind.asp.
15. Diana Taylor, R.N., Ph.D., y Stacey Colino, *Taking Back the Month: A Personalized Solution for Managing PMS y Enhancing Your Health*, Penguin Putnam Inc., Nueva York, 2002, p. 63.
16. Thomas H. Maugh, «Diet Sodas Just as Risky, Study Shows», *Los Angeles Times*, como se informó en Colorado Springs *Gazette*, 24 de julio de 2007, pp. 1 y A5.
17. Janice Eastmond, LifeScript Connect Network, http://www.lifescript.com, «The Health Benefits of Drinking Water», Lifescript.com.
18. Ibid.

19. Caleb Hellerman, CNN, «Nutritionists: Soda Making Americans Drink Themselves Fat», http://www.cnn.com/2007/HEALTH/diet.fitness/09/18/kd.liquid.calories/index.html.
20. Nota: No hay requerimientos diarios recomendados para el azúcar debido a que el cuerpo no la necesita. Estos son los límites recomendados por la American Heart Association en septiembre de 2009.
21. Julie Deardorff, «Shocking Sugar», *Chicago Tribune*, como apareció en Colorado Springs *Gazette*, 31 de marzo de 2010, pp. 1 y 3.
22. Citas de Wellness, http://www.workfromhomenetworkmarketing.com/wellnessquotes.html.
23. «High Peak of Consumption in U.S. Predicted by Experts», *New York Times*, 19 de junio de 1921.
24. Jenny Thompson, «Diabetes and Sugar Consumption», The Health Sciences Institute, http://www.hsibaltimore.com/ealerts/ea200209/ea20020904.html.
25. Mary Ann Mayo y Joseph L. Mayo, M.D., *The Menopause Manager: A Safe Path for a Natural Change*, Revell, Grand Rapids, 1998, p. 16.
26. Jillian Michaels con Mariska Van Aalst, *Master Your Metabolism: The 3 Diet Secrets to Naturally Balancing Your Hormones for a Hot and Healthy Body!*, Crown Publishers, Nueva York, 2009, p. 154.

## Capítulo 6: El descubrimiento físico

1. «Exercise May Extend the Life of Your DNA», Philadelphia *Inquirer*, como se publicó en Colorado Springs *Gazette*, 29 de enero de 2008, en la sección Salud.
2. Estas sabias palabras provienen de Eileen McGuire, entrenadora de ejercicios.
3. «Menstrual Cramps (Dysmenorrhea)», University of Michigan Health Systems, http://www.med.umich.edu/.
4. Physical Activity and Public Health Guidelines, American Association of College Sports Medicine, www.acsm.org, 2007.
5. Guía de referencia, http://www.sparkpeople.com/resource/reference_aerobic.asp.

## Capítulo 7: Líbrate de los altibajos hormonales

1. N. Shirao, Y. Okamoto et al., 2005, «Gender differences in brain activity toward unpleasant linguistic stimuli concerning interpersonal relationships: An fMRI study». Eur Arch Psychiatry Clin Neurosci 255 (5), pp. 327–33.
2. E. Benedek, «Premenstrual Syndrome: A New Defense?», in *The Psychiatric Implications of Menstruation*, ed. Judith Gold, American Psychiatric Press, Inc., Washington, 1985, p. 24.
3. Joan C. Chrisler, *Charting a New Course for Feminist Psychology*, chapter 11: «Hormone Hostages: The Cultural Legacy of PMS as a Legal Defense», Praeger, Santa Barbara, Calif., 2002, p. 289.
4. ¡Gracias, Melvin Durai, por permitirme añadir tu exclusivo estilo de humor masculino en el libro!

## Capítulo 8: Actitudes peligrosas
1. Gracias, Sandy Clark, por compartir tu graciosa carta conmigo.
2. Propaganda para cigarrillos Virginia Slims.
3. Si luchas contra la infertilidad, quizá tu período te haga recordar una pérdida profunda y personal. Oro que Dios te consuele y te permita ver otras formas en que das vida a muchos.
4. Luisah Teish, *Metaformia: A Journal of Menstruation and Culture*, Orikire Publications, Oakland, Calif., 2000.
5. Passport 2 Purity es un excelente recurso disponible en familylifetoday.com.
6. Aunque es difícil encontrar estadísticas exactas debido a que muchos casos de abuso sexual no se informan, este estudio muestra que el veinticinco por ciento de las mujeres experimentaron abuso sexual de niñas. S. R. Dube, R. F. Anda, C. L. Whitfield, D. W. Brown, V. J. Felitti, M. Dong y W. H. Giles, «Long-term Consequences of Childhood Sexual Abuse by Gender of Victim», *American Journal of Preventive Medicine*, 2005, 28 (5), pp. 430-38.
7. Christiane Northrup, M.D., *Women's Bodies, Women's Wisdom: Creating Physical and Emotional Health and Healing*, Bantam Books, Nueva York, 1998, p. 387.
8. Por supuesto que se puede encontrar ayuda para temas como el abuso sexual a través de muchos otros recursos (consejeros, programas, libros), pero la búsqueda de ayuda sobrenatural debería ser siempre, en mi opinión, el primer paso.
9. En mis viajes por el país veo un creciente problema entre las mujeres creyentes que llevan su libertad cristiana de beber vino (u otras formas de alcohol) a niveles peligrosos. Este tema necesita tratarse en la comunidad cristiana, por ese motivo lo planteo aquí. No me corresponde a mí traer convicción; eso es tarea del Espíritu Santo. Si esto es un problema para ti, oro que junto con la clara convicción del Espíritu Santo, él te hable su verdad: «No se emborrachen con vino, que lleva al desenfreno. Al contrario, sean llenos del Espíritu» (Efesios 5:18).

## Capítulo 9: Actitudes positivas
1. Gracias, Marshele Waddell, mi alocada y creativa amiga escritora, por el permiso de reimprimir tu invitación.
2. Lara Owen, *Her Blood Is Gold: Celebrating the Power of Menstruation*, Harper Collins, Nueva York, 1993, p. 24.
3. Christiane Northrup, M.D., *Women's Bodies, Women's Wisdom: Creating Physical and Emotional Health and Healing*, Bantam Books, Nueva York, 1999, p. 53.
4. Ibid, pp. 27-28.
5. Kathy Loidolt, *Shopper's Guide to Healthy Living*, Booksurge, Charleston, S.C., 2007.
6. Algunos versículos que se relacionan con la gula y la borrachera son Proverbios 23:2,21 y Efesios 5:18.

## Capítulo 10: Diecisiete maneras de aplacar el estrés

1. Esta es una versión exagerada y llevada a la ficción de lo que «Mary in Quebec» afirma ser un suceso real, escrito para Ann Landers, 11 de noviembre de 1987.
2. Deborah Sichel, M.D., y Jeanne Watson Driscoll, M.S., R.N., *Women's Moods: What Every Woman Must Know about Hormones, the Brain, and Emotional Health*, HarperCollins, Nueva York, 1999, p. 106.
3. Kathryn R. Simpson, M.S., Dale E. Bredesen, M.D., *The Perimenopause and Menopause Workbook: A Comprehensive, Personalized Guide to Hormone Health for Women*, New Harbinger Publications, Oakland, Calif., 2006, p. 13.
4. Don Colbert, M.D., *Deadly Emotions: Understand the Mind-Body-Spirit Connection That Can Heal or Destroy You*, Thomas Nelson, Nashville, 2003, p. 75.
5. W. H. Frey et al., «Effect of Stimulus on the Composition of Tears», *American Journal of Ophthalmology*, vol. 92, no. 4, 1982, pp. 559-67.
6. «Effects of Strength and Endurance Training on Brain-Derived Neurotrophic Factor and Insulin-Like Growth Factor 1 in Humans», http://www.ncbi.nlm.nih.gov/pubmed/18975254.
7. «Bar Allows Stressed Out Customers to Beat Up Staff», http://www.chinadaily.com.cn/china/2006-08/07/content_658196.htm.
8. Amanda Grace, «The Smash Shack», XETV informe en CNN noticias, 18 de agosto de 2008.
9. «Fifty Ways to Fix Your Love Life», *US News y World Report*, p. 27, diciembre 2004-enero 2005.
10. Katherine Griffin, «Calcium for PMS», in *Health*, como se informa en *Reader's Digest*, «News from the World of Medicine», p. 32. Estudio realizado por el psicólogo James Penland de U.S. Department of Agriculture's Human Nutrition Research Center en Grand Forks, N.D.
11. El *Calm* natural de Peter Gillham puede adquirirse a través de dietéticas.
12. Steve Dale, Tribune Media Services, 9 de noviembre de 2006, www.stevedalepetworld.com.
13. Cita de Laura Berman, Ph.D., una profesora ayudante de psiquiatría clínica y una obstetra y ginecóloga en Northwestern University's Feinberg School of Medicine. «Six Surprising Stress Fixes», *Good Housekeeping*, agosto de 2007, http://www.goodhousekeeping.com/surprising-stress-fixes-0907/.
14. Stacy Short, «Stop and Smell the Roses: Using Scent to Improve Your Mood», http://www.scienceofsmell.com.
15. De acuerdo con Smell and Taste Treatment and Research Foundation.
16. Kathi Keville, «Aromatherapy Stress Relief», http://health.howstuffworks.com/aromatherapy.
17. Dr. Mark Liponis, «Alternative Therapies That Really Work», *Parade: The Sunday Newspaper Magazine*, 14 de diciembre de 2008, p. 16.
18. Un estudio croata del 2002 publicado en los Archivos de Ginecología y Obstetricia.

19. Patti Darragh, «Owner Rejuvin Essence Day Sap», como se informa en *Reader's Digest*, abril de 2007, p. 50.

## Capítulo 11: El descubrimiento mental

1. Donna Jackson, «New News Relationship», *New Woman*, mayo de 1998, p. 20.
2. MSNBC.com, «Are Ya Kidding Me?! No Complaining for 21 days», *Reporter's Notebook*, George Lewis, corresponsal de NBC News, 6 de marzo de 2007, http://www.msnbc.mn.com/id/17362505.
3. Puedes solicitar una pulsera amarilla en www.lorrainepintus.com.
4. Elisabeth Elliot, *A Chance to Die: The Life and Legacy of Amy Carmichael*, Revell, Grand Rapids, MI, 2005.
5. Gracias, autora y oradora Cynthia Heald, por decir esto en un retiro espiritual al que asistí en Tri-Lakes Chapel. Tus sabias palabras me afectaron profundamente.
6. Beth Moore, estudio *Believing God*, Week 6: «Believing God's Word Is Alive and Active in You».

## Capítulo 12: Rechaza las mentiras espirituales

1. Linda Dillow y Lorraine Pintus, *Gift-Wrapped by God*, Water-Brook Press, Colorado Springs, 2002, p. 154.
2. Efesios 6:12; 2 Corintios 4:18.
3. John Eldredge, *Waking the Dead*, Thomas Nelson, Nashville, 2003, p. 13.
4. Denise Frangipane, *Deliverance from PMS: Practical Principles of Christlikeness*, Arrow Publications, Cedar Rapids, IA, 1992, p. 10.
5. La interpretación de la frase «tu deseo será para tu marido» se ha discutido por mucho tiempo. La palabra hebrea para deseo es *tshuwqah*, que significa anhelar algo de manera tal que te estiras para alcanzarlo. Es la misma palabra que se utiliza en Génesis 4:7 cuando Dios le advirtió a Abel que el pecado estaba acechando a su puerta y que su deseo (*tshuwqah*) iba a controlarlo. Pareciera probable entonces que el deseo de Eva sería controlar a su esposo, como lo aclara la siguiente parte del versículo: «y él te dominará».
6. C. S. Lewis, *Cartas del diablo a su sobrino*, Ed. Andrés Bello, 2009, última edición.
7. *The Lexicon Webster Dictionary*, Vol. 1, p. 17.
8. William F. Arndt y F. Wilbur Gingrich, *A Greek-English Lexicon of the New Testament and Other Early Christian Literature*, University of Chicago Press, Chicago, 1952, p. 182.
9. *The Lexicon Webster Dictionary*, Vol. II, p. 908.
10. Arndt y Gingrich, *A Greek-English Lexicon of the New Testament and Other Early Christian Literature*, p. 152.
11. Dean Sherman, *Spiritual Warfare for Every Christian: How to Live in Victory and Retake the Land*, YWAM Publishing, Seattle, 1990, p. 39.

## Capítulo 13: Abraza las verdades espirituales

1. He omitido el rol de Adán en nuestro debate debido a que el foco de este capítulo está puesto en Eva.
2. Basado en Levítico 11-12.
3. Andrew Murray, *The True Vine*, Whitaker House, Springdale, PA, 1982, p. 9.
4. Algunos podrían argumentar que la menstruación hacía que una mujer fuera «impura» para la ley levítica (Levítico 15). Esto es verdad (por esta razón no creo que Eva tuviera su período mientras se encontraba en el jardín). Sin embargo, ya no estamos bajo la ley levítica, nos encontramos bajo un nuevo pacto (véase Hebreos 8:7-13). En este pacto, a lo que Dios ha limpiado no debemos llamarlo inmundo (Hechos 10:14). Y «a nadie debo llamar impuro o inmundo» (Hechos 10:28). Romanos 14:14 señala: «Yo, de mi parte, estoy plenamente convencido en el Señor Jesús de que no hay nada impuro en sí mismo. Si algo es impuro, lo es solamente para quien así lo considera». Este versículo da a entender que tenemos una opción. Podemos vernos a nosotras mismas como puras durante el período o no. ¡Yo sé lo que elijo! Jesús confirma mi elección a través de la cariñosa forma en que le respondió a la mujer con el «flujo de sangre» (Marcos 5:24-34).
5. Robert Lowry, «Solo de Jesús la sangre».
6. Estas verdades, que se encuentran en las Escrituras, se exponen en el excelente libro de Neil Anderson, *Living Free in Christ*, Regal Books, Ventura, CA, 1993. Observa que muchos de estos conceptos, incluyendo el de ser sal y luz, en realidad son colectivos, no hablan de los cristianos como individuos.
7. Como declara 2 Corintios 3:5: «No es que nos consideremos competentes en nosotros mismos. Nuestra capacidad viene de Dios».

## Capítulo 14: Las diez mejores disciplinas para permanecer conectadas con Dios

1. Si observaste la palabra *corrección* en ambos versículos, obtienes puntos extras, pero no lo menciono porque el enfoque principal de este capítulo es la disciplina.
2. *Webster's New Collegiate Dictionary*, G & C Merriam Company, Springfield, MA, 1980, p. 322.
3. Richard J. Foster, *Celebration of Discipline*, HarperCollins, Nueva York, 1988, p. 28.
4. Gracias, Mark Altrogge, por permitirme citar el coro de tu asombrosa canción «I stand in Awe of You».
5. Adaptado y revisado por Linda Dillow, *My Worship Journey*, Nav-Press, Colorado Springs, 2007.
6. Foster, *Celebration of Discipline*, p. 175.
7. A. W. Tozer, *Whatever Happened to Worship?*, Christian Publications, Camp Hill, PA, 1985, p. 30.

## Capítulo 15: SPM y perimenopausia: Los beneficios
1. Tammy Maltby es autora del excelente libro *Confessions of a Good Christian Girl: The Secrets Women Keep and the Grace That Saves Them*, Thomas Nelson, Nashville, 2008.

## El fin comienzo: Lánzate a sus brazos
1. Abba es el término cariñoso que Jesús utilizaba para Dios. En nuestros días, podría traducirse a nuestro idioma como «papi» (Marcos 14:36).
2. El enfoque de esta carta es el amor de Dios por sus hijas. Todo el consejo de la Palabra de Dios deja en claro que Dios no es tan solo un Dios de amor, sino también de juicio y justicia, y que debe ser temido y reverenciado. La carta se basa en los siguientes pasajes de las Escrituras: 1 Juan 4:3; 3:1; Jeremías 29:11; 31:3; 1 Pedro 1:9; 5:7; Isaías 46:4; Sofonías 3:17; Mateo 10:30; Salmo 139:2-4, 8, 14, 17-18; 45:16; 1 Corintios 6:19; Filipenses 4:19; Efesios 3:18 y Romanos 5:8.

## Estudio bíblico
1. Las pulseras pueden adquirirse en www.lorrainepintus.com.
2. Bob Sorge, *Secrets of the Secret Place*, Oasis House, Lee's Summit, Mo., 2001, pp. 163-64.